남북한의

인문적 통일과 삶

충북대학교 통일교육 사업단

김종균 김태옥 김채원 남영호
양수경 엄순천 천현식 최성호

충북대학교 출판부

| 발간사 |

충북대학교 통일교육선도대학 사업단에서 추진하는 통일 교육은 대한민국에서의 통일 문제는 단순한 체제의 통일을 넘어 '사람과 사회의 통합'이라는 인문·사회적 통일이 필요하다는 인식에서 출발한다. 이에 따라 사업단은 인문과 문화, 정치와 경제, 이공계·농림·의약, 예체능 등 인간의 삶과 관련된 모든 분야에서 북한 주민의 실제 삶과 가치관을 이해하고, 이러한 이해를 바탕으로 남북 간 이질성을 상호 존중하며 북한을 통일 한국을 함께 이뤄 나갈 대등한 협력자로 인식하는 시민의식을 기르고자 하는 뚜렷한 목표 의식을 가지고 사업을 운영하고 있다.

이번에 발간되는 '남북한의 인문적 통일과 삶'은 충북대학교 통일교육의 핵심을 관통하고 목표를 구현하는 값진 교재이다. '인문적' 통일을 시대적 소명으로 여기고 인문적 통일 교육의 정립과 발전을 위해 귀중한 시간을 열정을 다해 헌신해 주신 집필진들께 깊은 감사의 말씀을 전한다. 특히 연구책임자로 교재개발을 위한 연구와 집필의 책임을 맡아 주신 최성호 교수께 심심한 고마움을 표한다.

본 도서가 인문적 통일교육의 내실 있는 발전과 활성화에 크게 이바지하는 중요한 토대가 되기를 바란다.

이연호(충북대학교 통일교육선도대학 사업단장, 경제학과 교수)

| 서문 |

대한민국에서의 통일 논의는 대체로 정치와 경제 등 사회과학적 시각에서 전개되어 왔음은 주지의 사실이다. 남북한의 통일 문제는 남북한 두 정치 체제의 통일 방안에 관련되어 왔고, 통일의 필요성의 주된 논거는 대체로 경제적 편익과 비용이라는 측면에서 찾아졌다. 남북한 철도 등의 인프라 구축, 지하자원 개발, 개성공단, 금강산 관광 등이 경제적 측면에서 남북이 서로 윈윈하는 사업으로 인식되고, 이러한 사업이 통일의 당위성 및 필요성에 대한 주요 논거가 되어 왔다는 것이다.

이러한 사회과학적 시각에서의 통일 논의가 지금까지의 통일 담론의 주된 내용이고, 이러한 논의가 중요하다는 점은 두말할 필요가 없다. 그러나 본 교재를 집필하는데 참여한 인문학자들은 통일 전 그리고 통일 후 과정에서 가장 중요한 점은 남북한 간의 "인문적" 통일이라고 생각한다. 정치 체제나 경제 체제의 차이는 결국 해당 체제에서 살아가고 있는 사람들의 세계관과 가치관의 차이를 발생시키고, 이는 심대한 소통의 실패를 가져올 수 있기 때문이다. 소통의 실패는 결국 남북한 국민 간 심각한 정서적 갈등 및 불신을 가져오고, 이는 통일 한국의 사회적 통합에 최대 걸림돌이 될 것이 분명해 보인다. 필자들은 인문학적 시각에서의 통일 논의가 필요한 이유가 여기에 있다고 믿는다.

그렇다면 남북한 주민 사이의 의사소통이 원만하고 성공적으로 이루어지는, 진정한 의미에서의 통일 국가를 획득하기 위한 인문학적 통일 담론은 어떻게 구성되어야 하는가? 70여년간 이념적으로 단절되어 살아온 남북한 사이에는 다양한 인문적 "차이"가 존재함이 틀림없다. 언어 사용, 역사 인식, 여러 예술적 구현물(가령, 문학, 미술, 음악, 무용 등)에 대한 가치 또는 해석 등 다양한 측면에서 차이가 노정되어 온 것이다. 이러한 실존적 차이는 단시일 내에 자연적으로 소멸되거나 혹은 어느 일방에 의해서 인위적으로 제거될 수도 없다. 좋고 나쁨이라는 가치 판단, 옳고 그름이라는 논리적 판단으로 두 체제에서 보이는 인문적 가치를 재단하기도 어려운 문제이다.

이러한 상황에 대한 문제 의식에서 우리는 현 단계에서 중요한 작업은 남북한의 "인문적" 차이를 가능한 한 객관적으로 파악하여 드러내는 것이라고 생각한다. 차이를 명확하게 인식할 수 있을 때, 남북의 이질성 문제 해결의 실마리가 찾아질 수 있을 것이라고 생각하기 때문이다. 차이를 알고 있으면, 상대방에 대한 오해의 소지가 줄어들고, 상대방을 이해할 여지가 넓어진다고 생각한다. 남북한 공히 차이에 대한 인식을 바탕으로 차이를 줄여나가는 노력을 경주할 때, 우리는 진정한 의미의 남북한 통합이 가능해질 것이라고 믿는다.

본서는 일차적으로는 충북대학교 교양 교과목 또는 옴니버스 교과목으로 운영될 '통일인문과 삶'의 교재로 사용하기 위해 집필된 도서이다. 교재를 집필하기 위해 두 차례의 사전 연구의 과정을 거쳤다. 2020년에는 4명의 인문학자(언어와 말, 문학, 신화

연구자)가 각자의 학문적 시각에서 한반도 통일 또는 통합이라는 미래 가능성을 염두에 두고 각자의 연구 결과를 보고서에 담았다. 2021년에는 재차 인문학자 4명(민속, 음식, 음악, 무용)이 모여 2차 연구보고서를 작성했다. 연구보고서는 개별 연구자가 학계에서 이미 발표된 연구 결과와 이번 연구를 위해 수행한 개인 연구 성과를 아우른다. 본서는 이러한 두 차례의 연구보고서를 바탕으로 대학의 교재라는 목표에 걸맞게 그 내용과 형식에 있어 대학생 또는 일반 대중의 눈높이에 맞추려고 노력했다.

끝으로 통일 인문학의 필요성을 인지하시고 흔쾌히 충북대학교 통일 사업단의 '인문 통일과 삶' 프로젝트에 참여해 주시고, 교재를 완성해 주신 집필진 여러분께 심심한 사의를 표한다. 그리고 프로젝트에 대한 아이디어를 제공하시고, 연구와 교재 편찬의 여러 단계에서 격려와 후의를 베풀어 주신 사업단장이신 충북대 경제학과 이연호 교수님에게도 이 자리를 빌어 깊은 감사의 말씀을 드린다.

최성호(충북대학교 통일사업단, 연구책임자)

| 차례 |

제1장. 언어의 장벽? 마음의 장벽?
남북한의 의사소통 1

제2장. 남북한 어문 정책 38

제3장. 남북한 주민들의 이질성 극복을 위한
통일 문학교육 60

제4장. 단군신화에 대한 남북한 인식 및
수용의 차이와 극복 방안 92

제5장. 북한의 명절과 가정의례 117

제6장. 북한의 음식문화 172

제7장. 북한음악의 이해 204

제8장. 북한 춤에 대한 이해 257

제1장

언어의 장벽? 마음의 장벽? 남북한의 의사소통

양수경(서울대 언어학과)

본 장에서는 북한의 언어와 언어문화에 대한 이해를 바탕으로, 북한 사람과 북한의 사회 문화에 대한 이해의 폭을 넓히고자 한다. 또한 북한이탈주민들이 겪는 의사소통의 문제를 소개함으로써, 통일 시대에 당면하게 될 남북한 사람 간의 의사소통 문제를 예상해 볼 것이다. 이어 남북 언어의 차이를 극복하고 원활한 소통을 하기 위해 지금부터 어떤 준비를 할 수 있을지 구체적 방법을 모색해 보고자 한다.

〈차례〉

Ⅰ. 남북한의 언어 차이는 왜 생겨났을까?
Ⅱ. 북한의 방언과 문화어
Ⅲ. 북한의 언어관과 언어문화
Ⅳ. 남북한 사람의 소통 경험: 남한 토박이와 북한이탈주민
Ⅴ. 남북한 사람의 원활한 소통을 위한 노력

#1. 소개팅을 나간 북한이탈청년 남호씨. 맘에 든 상대에게 적극적으로 만남을 약속하려고 하지만, 남한 여성 미연씨는 간접적으로 거절의 뜻을 비춘다. 그러나 남호는 알아듣지 못하고 계속 얘기를 시도한다.[1)]

남호: 미연씨, 영화 좋아하세요? 다음 주에 영화나 같이 보러 갈까요?

미연: 제가 다음 주는 좀 바빠서. 그때 가봐야 알 것 같아요.

남호: 미연씨, 제가 앞으로 전화해도 됩니까?

미연: 남호씨는 참 좋은 분 같아요. 오늘 만나서 반가웠습니다.
죄송하지만 약속이 있어서 저는 이만 가볼게요.
(인사하고 자리를 뜬다)

남호: (혼잣말) 많이 바쁜가 보네.
근데 미연씨는 어쩜 저리 말을 이쁘게 하는지 모르겠다.
나보고 좋은 분 같다고, 만나서 반갑다고 그랬지.
내가 좋다는 거 맞지? (웃음)

[질문] 탈북청년 남호는 미연의 거절을 왜 알아듣지 못했을까요?

Ⅰ. 남북한의 언어 차이는 왜 생겨났을까?

남북 주민이 만났을 때 의사소통의 문제가 생겨나는 원인은 무엇일까? 우리는 흔히 '남북한의 언어 차이'라고 하면 '민주주의' 대 '사회주의'라는 정치체제의 차이에서 비롯된 언어 차이가 전부라고 생각하는 경향이 있다. 그러나 이는 단편적인 시각이다. 분단 이전부터 존재해 온 방언의 차이, 남북한 언어정책의 차이 등 다양한 요인들이 복합적으로 작용한 결과가 현재 남북의 언어 상태로 나타났다고 보는 것이 더 사실에 가깝다. 남북한의 언어 차이를 가져온 대표적 요인들을 살펴보자.

1) 이 에피소드는 최성국 작가의 네이버 웹툰 '로동심문' 3화 '결혼합시다-3'의 내용을 각색한 것임

첫째, 분단 이전부터 존재해 온 방언의 차이를 들 수 있다. 방언의 차이는 같은 한국어 사용자 안에서도 가장 뚜렷이 관찰되는 언어 차이이다. 북한의 방언에는 크게 서북방언과 동북방언, 중부 방언이 있는데, 방언의 어휘 일부가 북한의 표준어인 문화어 단어로 지정되어 사용되고 있다. 즉 북한 사람들이 사용하는 생소한 단어 중 일부는 분단 이전부터 북한 지역에서 사용되던 방언에서 온 것이다. 우리의 '거위'가 북한에서는 '게사니'라고 불리며, 우리는 '나비'와 '나방'을 구별하지만 북한에서는 둘을 구별하지 않고 모두 '나비'라고 부르는 차이는 방언적 차이에 기인한다.

둘째, 남북이 독자적으로 표준어를 제정하고 서로 다른 언어정책을 펴왔다는 점이다. 원래 남북 모두 '현재 중류층 사람들이 쓰는 서울말'을 표준어로 삼았으나 북한은 1966년의 김일성 교시를 따라 평양말을 중심으로 한 표준어인 '문화어'를 제정하였다. 그 배경에는 서울말을 바탕으로 하는 남한의 표준어와 구별되는 규범어를 가짐으로써 북한 체제의 독자성을 확립하고자 한 정치적 의도가 있었다. 이로 인해 표준발음, 표준어휘, 표기법 등에서 남북이 약간씩 다른 모습을 띠게 되었다. 또한 북한의 언어정책은 한자어, 영어 차용어 등 외래 요소를 불순한 것으로 간주하여 '말다듬기'(언어 순화)가 대대적으로 이루어진 반면, 남한의 언어정책은 언중의 필요에 따른 자율적 언어 변화를 규범으로 수용하는 입장이 중심이 되어 왔다.

셋째, 남북이 70여년 간 독자적 사회·문화를 형성해 왔고 그 영향으로 언어(특히 어휘 면)가 일부 달라졌다. 사회의 근간을 이루는 것은 정치와 경제라고 할 때 남한은 민주주의와 자본주의, 북한은 사회주의와 공산주의라는 상이한 체제 속에서 각자의 사회와 문화를 형성해 왔다. 언어는 진공상태에 존재하지 않는다.

그것이 사용되는 사회와 문화의 특성을 고스란히 보여준다. 그중에서도 가장 민감한 것이 어휘의 부분이다. 북한이탈주민[2]들이 개념부터 어려워하는 '야당/여당', '신용카드'의 단어들은 남북한의 언어 차이가 단순히 언어 차원의 차이가 아니라 남북의 사회문화 차원의 차이와 밀접히 연관되어 있음을 보여준다.

넷째, TV·라디오·신문 등의 미디어 및 인적 교류가 거의 단절된 상태였다는 점을 들 수 있다. 서로의 방송을 볼 수 있었고 관광 등 부분적 이동이 가능했던 구동독, 구서독과 달리 남북한의 경우 사람의 직간접 교류가 극히 제한되었다. 만약 분단 이후 서로 다른 정치, 경제 체제로 사회문화적으로 많이 달라졌다 하더라도 정기적 교류, 미디어의 개방만 이루어졌다면 지금처럼 서로에 대해 잘 모르는 상태로 남아있지는 않았을 것이다.

Ⅱ. 북한의 방언과 문화어

1. 북한의 방언들

[그림 1] 국어 방언 구획[3]

[그림 2] 앞엣말과 북쪽말 경계

2) 공식적 법률 용어는 '북한이탈주민'이나 본고에서는 약어인 '탈북민'을 이후 사용하기로 한다. 이에 대응하는 남한 출신의 화자들은 '남한 토박이'로 지칭한다.

군사분계선 이북의 방언은 모두 하나의 '북한말'로 인식하는 경향과 달리 북한에도 다양한 방언이 존재한다는 사실을 기억할 필요가 있다. 북한의 방언은 크게 동북방언(함경도와 량강도), 서북방언(평안도와 자강도), 중부방언(황해도와 강원도)으로 구분된다. 학자마다 경계선이 조금씩은 다르나, 큰 범위는 거의 비슷하다. 어떤 학자는 두만강 유역 최북단 지역을 '육진방언'으로 따로 분류하기도 한다. 북한의 표준어인 '문화어'는 이 방언들 중에서 서북방언에 속하는 평양말을 중심으로 형성되었다고 얘기된다.

북한 사람들의 인식 속에서 북한 방언은 크게 '앞엣말'과 '북쪽말'로 양분되는 양상을 보인다.[4] 대체로 '앞엣말' 지역은 평안도와 황해도 및 강원도 북부 지역이 포함되고, '북쪽말' 지역은 함경도와 자강도, 량강도가 포함된다. 북쪽말의 별명에서는 주로 부정적인 태도가, 앞엣말의 별명에서는 긍정과 부정의 양가적 태도가 나타난다. 두 지역의 구분은 북한 사람들 사이에 분명해서 앞엣말 화자와 북쪽말 화자 간에 서로 낙인을 찍고 소외시키는 경우도 나타난다고 한다. 그 결과 두 지역 사이에 이주를 한 사람들은 되도록 새로 정착한 지역의 방언을 습득하고 사용하기 위해 노력하는 경향이 있다.

한편 남한에 온 탈북민의 80% 이상은 현 북한 행정구역상 함경북도와 량강도 출신으로 동북방언을 구사한다. 우리가 방송에서 접하는 탈북민의 말은 동북방언일 확률이 높다. 그러나 남한 사람들은 북한 방언 전체를 한 덩어리로 인식하는 경우가 많으며, 말소리나 억양이 다르다는 것을 눈치채도 그것이 어떤 지역

---

3) 김병제(1988: 209)

4) 북한 사람들이 북한 방언에 대해 갖는 인식은 탈북민의 언어 태도를 조사한 김주성(2014)에서 가져왔다.

의 방언인지는 잘 모른다. 중부방언에 속한 황해도 출신의 말은 경기방언과 유사하다는 사실도 알지 못한다. 북한 방언에 접촉할 수 있는 기회가 적어 방언 차이를 인지할 수 있는 경험을 충분히 갖지 못했기 때문일 것이다.

> 필자가 속해 있는 겨레말큰사전편찬사업회의 일로 평양에서 회의를 할 때의 일이다. 사회과학원 소속의 학자가 자신의 이름을 소개하는 것을 듣고 "아, 장용남 선생님이시라구요." 했더니 상대는 "아니요, 장용남입니다." 한다. 그래서 "아, 네. 장용남 선생님이요." 하니 다시 "아닙니다. 장. 용. 남. 입니다." 한다. 이 웃지 못할 해프닝은 결국 그가 연필로 자신의 이름을 '장영남'이라고 적어주고서야 끝이 났다. **평양말은 '어'와 '오'의 간격이 서울말보다 가까워 우리로서는 잘 구별이 되지는 않는다.** 필자가 매우 무안해하자, 그는 대수롭지 않다는 듯이 **"일없습니다. 개성 사람들도 선생과 꼭같이 잘 못 알아듣습니다." 한다.** 개성은 방언 구획상 서울, 충청, 강원 등과 더불어 중부 방언권에 속하는 지역이다.[5]

위의 사례에서 보듯이 서북방언인 평양말은 모음 '오'와 '어'가 가까워 우리 귀에는 거의 구별되지 않는데 반해 중부방언(황해도)에 속하는 개성말은 같은 중부방언인 서울말과 비슷하다. 이처럼 북한의 각 방언은 말소리, 어휘, 문법 면에서 고유한 특성을 지니고 있다.

2. 북한의 표준어 '문화어'

'문화어'는 우리의 표준어가 서울말 중심으로 이루어진 것에 대한 반발로 제정된 북한의 표준어이다. 북한에 따르면 문화어는

5) 김병문(2015)

평양말을 중심으로 노동 계급의 이상과 생활 감정에 맞도록 규범화한 언어라고 한다. 김일성은 1966년의 교시를 통해서 혁명의 수도인 평양을 중심으로 하고 평양말을 기준으로 하여 언어를 발전시켜 가야 할 필요가 있다고 주장했고, 서울말을 표준으로 하는 원래의 '표준어'와 구별하기 위해 '문화어'라는 명칭을 사용할 것을 제안했다. 이후 북한 당국은 '문화어 운동'이라는 군중운동을 벌여 평양말을 중심으로 하여 북한 언어의 규범들을 정리했다.[6)]

1) 말다듬기

문화어의 가장 큰 특징으로는 '말다듬기'를 들 수 있다. 남한 사람들이 북한말에 대해 갖는 인상으로 '고유어/순우리말이 많다'가 빈도 높게 나타나는 것과 연관된다. 말다듬기는 어휘 정리 사업으로서, 외래어와 한자어를 고유어로 다듬는 데 주안점을 둔 언어 순화 운동이다. 이 운동은 특히 방식 면에서 전문가와 일반인들의 협력을 통해 진행되었다는 점이 주목할 만하다. '로동신문'에 '우리 말 다듬기 지상토론'을 연재하여 소통을 도모했던 것이다. '로동신문'은 1966년 7월 9일부터 1973년 10월 28일까지 모두 554회에 걸쳐 우리 말 다듬기 지상토론을 연재했다.[7)]

우리말 다듬기 지상토론은 내각 직속 국어사정위원회, 사회과학원의 국어사정지도처, 사회과학원 언어연구소의 18개 전문용어 분과위원회의 연구와 토론 결과를 신문에 게재하고 그것에 대한 독자 의견을 받는 식으로 진행되었다. 매주 2-3회 정도 게

---

6) 전미영(2006: 96)

7) '우리 말 다듬기 지상토론'에 대한 자세한 내용은 이정복(2014)을 참조할 것.

재되었고 지상토론에는 언어학자 등 전문가뿐만 아니라 노동자, 농민, 학생, 교원 등 다양한 계층의 사람들이 적극 참여했다고 한다. 1회 원고에 15개 안팎의 어휘가 다루어졌고, 독자 의견은 해마다 500건에서 2500건에 이르렀다. 이러한 지상토론 내용은 다른 신문, 잡지에 동시 게재됨으로써 전국적으로 말다듬기 운동을 확산시키려 했다.

그 결과 한자어와 외래어가 고유어로 다수 대체되고 북한의 일상어와 전문어에 다량의 고유어가 등장하게 된다. 말다듬기에 방언의 어휘를 활용한 점은 흥미롭다. 한자어인 '채소', '야채' 대신 방언 어휘였던 고유어 '남새'를 문화어로 지정한 것이 대표적이다.

* 말다듬기한 단어의 예

'공기갈이'(환기, 換氣), '물들이기'(염색, 染色), '굽이길'(커브),
'내민대'(발코니), '첫째켠'(일인칭, 一人稱), '물결길이'(파장, 波長),
'가는밸'(작은창자, 小腸) 등

그러나 말다듬기 사업이 완전한 성공을 거두었다고 평하기는 어렵다. 1960년대부터 시작한 말다듬기 사업의 결과 1982년 5만여 개의 '다듬은 말'을 발표하였지만 1986년의 『다듬은 말』에서는 그 절반 정도를 폐기하여 2만 5천 개만을 올렸고 이들은 1992년 발간한 『조선말대사전』에서도 제외되었기 때문이다.[8] 우리가 흔히 아이스크림을 부르는 북한말로 알고 있는 '얼음보숭이'도 한때 다듬은 말이었으나 현재는 거의 사용되지 않는다.

8) 조오현 외(2002)

2) 어문규범

남북의 어문규범은 1933년 조선어학회에서 마련한 〈한글마춤법 통일안〉을 그 기본으로 출발하였으나 분단 이후 남과 북 각자 일부 규정을 수정한 결과 조금씩 달라지게 되었다. '문화어'는 두음법칙, 사이시옷, 띄어쓰기, 외래어표기법 등에서 '표준어'와 일부 차이를 보인다.

이중에서 가장 뚜렷한 차이는 두음법칙과 사이시옷에서 나타난다. 북한의 문화어 규범에서는 두음법칙을 인정하지 않고 한자의 원래 음을 그대로 발음하고 표기한다. 또한 고유어가 들어간 합성어를 이룰 때 삽입하는 사이시옷을 문화어에서는 표기하지 않는 것이 원칙이다.[9] 띄어쓰기와 외래어 표기법도 약간의 차이를 보인다. 다음은 그 예들이다. 앞의 것은 표준어 표기, 뒤의 것은 문화어 표기이다.

* 표준어와 문화어의 맞춤법 차이
- 두음법칙의 차이:
  여자/녀자, 익명/닉명, 역사/력사, 유행/류행, 노인/로인, 내일/래일 등
- 사이시옷의 차이:
  바닷가/바다가, 숫자/수자, 햇빛/해빛, 깻잎/깨잎, 콧물/코물 등

9) '두음법칙'의 경우, 표준어의 맞춤법에서는 첫소리가 ㄴ, ㄹ인 한자가 단어의 첫머리에 올 때, 현실 발음에 따라 ㄴ, ㄹ이 탈락되거나 변한 소리대로 표기한다. 반면에 문화어의 맞춤법에서는 단어의 첫머리이건 아니건 어느 경우에나 일정하게 한자의 본음 ㄴ, ㄹ을 밝혀 표기한다. '사이시옷'의 경우, 표준어에서는 순우리말 또는 순우리말과 한자어로 된 합성어 가운데, 소리가 덧나는 경우에 사이시옷을 적는다. 반면 문화어에서는 소리가 덧나더라도 사이시옷을 표기하지 않는다.

• 띄어쓰기의 차이:
  갈 바를 알 수 없다/갈바를 알수 없다, 한 사람/한사람,
  가고 있다/가고있다 등
• 외래어 표기법의 차이:
  토마토/도마도, 트랙터/뜨락또르, 헝가리/마자르 등

Ⅲ. 북한의 언어관과 언어문화

여기서는 북한의 언어문화 중에서도 정치 체제의 영향을 받았다고 생각되는 면을 집중해 볼 것이다. 먼저 언어를 단순한 의사소통의 도구를 넘어 혁명과 건설의 무기로 보는 북한의 언어관을 다룬 후, 북한 언어정책에 나타나는 대표적 언어문화 특성을 네 가지로 나누어 살펴보도록 하겠다.

1. 북한의 언어관: '언어는 혁명과 건설의 힘 있는 무기'

북한의 언어관은 『우리 당의 언어정책』(1976년)이라는 문서에 잘 드러나 있다.

> 말과 글은 사람들의 자주적이며 창조적인 활동을 보장하기 위한 필수적 수단이며 혁명과 건설의 힘 있는 무기이다.

이처럼 북한에서는 언어를 단순히 소통의 수단이 아니라 사회주의 혁명과 건설을 이루는 중요한 수단으로 보고 있다. 이는 북한뿐 아니라 구동독이나 구소련 등 사회주의 국가에서 공통적으로 볼 수 있는 언어관이다. 언어를 사회주의 이념을 일상에서 실천하는 중요한 도구로 바라보는 것이다.

[그림 3] 북한의 선전 조형물

즉 주민들에게 효과적으로 사회주의 사상을 교육하고 여러 사업에 군중을 동원하기 위해서는 국가가 국민의 언어와 언어 사용에 대해 지대한 관심을 가지고 통제와 지도를 할 필요가 있다고 본다. 특히 정치적 선전·선동을 효과적으로 하기 위해 언어의 대중화를 추구하게 된다. "말은 될수록 로동자, 농민이 알아들을 수 있는 그들 자신이 쓰는 쉬운 말로 해야 합니다."라는 김일성의 교시 역시 언어의 대중화를 강조하는 말이라 할 수 있다. 문맹 퇴치, 한자 폐지와 한글 전용, 말다듬기 등 북한의 대표적인 언어정책들은 노동자와 농민이 문자 생활에 참여하도록 함으로써 사상 교육과 사업 참여를 촉진하기 위한 것이었다. 기본적으로 언어를 정치적 도구로 여기는 언어관에 바탕을 둔 정책이라 볼 수 있다.

2. 북한의 언어문화

북한의 언어정책을 통해 드러나는 언어문화에 대해 살펴보자. 북한은 사회주의 이념을 사회에 구현하기 위해서는 '봉건 문화'와

'자본주의 사회의 부르주아 문화'를 타파하고 '사회주의적 민족문화'를 확립해야 한다고 보고 있다. 즉 양반, 지주, 부르주아 등 지배계급의 지향이나 생활 감정에 기반한 문화 또는 외래에서 온 문화는 철저히 배격하면서[10] 노동자, 농민의 지향과 요구에 맞는 문화와 고유의 민족문화를 추구해야 한다는 것이다.

이를 언어생활에 적용하면 '대중을 위한 말과 글', '민족 고유의 언어'를 가꾸어 가는 것이 구체적 목표가 된다. 이처럼 언어생활에서 사회주의적 민족문화를 확립해 나가는 것을 북한에서는 '언어생활에서 주체를 튼튼히 세우는 것'이라 표현한다.

> **자기 민족의 고유한 언어**를 가지고 **인민대중을 위한 립장**에서 말을 하고 글을 써야 언어생활에서 주체가 섰다고 말할 수 있다.[11]

언어생활에서 주체를 세우는 것은 다시 말해 첫째, 무엇보다도 우리 민족이 창조하고 가꾸어온 말과 글을 적극적으로 살려 쓰는 것, 둘째, 대중의 지향과 요구, 사상 감정과 정서에 맞게 말을 하고 글을 쓰는 것이다.

이러한 기조 아래 형성된 북한 언어문화의 대표적 특성으로는 '언어 순수주의', '통속성(대중성)의 추구'를 들 수 있으며, 이외에 정치적 이념을 노골적으로 반영하는 특성으로 '최고 지도자에 대한 우상화', '적대 세력과 반동적 사상에 대한 전투성'을 들 수 있다.

10) 『언어생활론』에서는 대표적으로 사대주의 요소를 들고 있다: "언어생활에서 주체를 세우는 사업은... 사대주의, 교조주의를 철저히 뿌리빼기 위한 사업이기도 하다. (중략) 일부 사람들속에서는 아직까지도 남이 잘 모르는 어렵고 까다로운 한자말이나 외래어를 쓰는것을 마치 유식한것으로 생각하면서 한자말이나 외래어를 쓰는 현상이 없어지지 않고 계속 나타나고 있다".

11) 리정용(2005: 183)

마지막 두 가지 특징은 김정일 시대부터 두드러지게 나타난다.

1) 언어 순수주의

한자 폐지와 한글 전용, 고유어 강조, 외래어와 외국어 사용을 부정적으로 인식하여 제한적으로 사용하도록 하는 정책은 '언어 순수주의'라는 언어 이데올로기에 토대를 두고 있다. 언어 순수주의는 주체사상과 우리민족제일주의 등 북한의 민족주의적 정치사상이 문화 규범화한 것으로 평가된다.

북한에서는 문화의 생명이자 언어의 생명은 민족적 특성이라고 간주한다. 문화와 언어가 그 민족적 특성을 잃는다는 것은 더 이상 별개의 문화, 별개의 언어로서 존재하지 못한다는 뜻이다. 만약 우리가 한국어의 민족적 특성을 보존하고 발전시키지 못한다면 우리 문화와 우리 언어, 나아가서는 우리 민족 자체가 소멸된다고 본다. 결국 언어가 민족문화와 민족의 생사존망과 흥망성쇠를 좌우하는 주요한 수단이므로, 우리는 언어의 민족적 특성을 지키고 가꾸어가기 위해 최선을 다해야 한다는 것이다. 북한에서는 아래와 같이 언어에서 외래 요소를 받아들이는 것은 언어, 문화, 민족의 생존을 위협하는 위험한 행위로 철저히 배격해야 한다고 강조한다.

> 제국주의자들은 다른 민족, 다른 인민의 문화를 없애려고 그 민족의 언어를 말살하기 위한 반동적인 민족어 말살 책동을 벌이는 것이다. 제국주의자들이 이른바 '국경없는 문화' 건설을 떠들면서 '다언어공용', '영어공용' 책동을 벌이는 것도 바로 민족말살, 민족문화말살에 그 음흉한 속심이 있는 것이다.[12]

12) 사회과학원 언어학연구소(2011: 15)

특히 봉건시대와 일제 강점기 들어온 한자말과 일본말 등은 사대주의적 요소라고 평가하면서 아직까지 이런 말들이 남아있는 것은 민족의 수치라고까지 표현한다. 또한 외래어와 외국어를 계속 사용함으로써 우리 말과 글의 발전에 부정적인 영향을 미치고 있다고 진단한다. 언어생활에서 민족 고유의 말과 글을 적극 살려쓸 때 우리 민족의 말과 글이 아름답고 우수하다는 것을 깨닫게 될 것이라 강조한다. 그래야만 민족적 자부심을 가지게 되고 이를 통해 민족성을 지키고 발전시켜나갈 수 있다는 것이다.

2) 통속성(대중성) 추구

북한에서는 말을 하고 글을 쓸 때 고유어 및 이해하기 쉽고 통속적인 어휘와 표현을 사용하도록 권장하고 있다. 언어생활의 중심이 노동자와 농민과 같은 일반대중이 되어야 하므로 이들의 눈높이에 맞출 것을 요구하는 것이다.

언어의 통속성은 '인민대중에게 복무하는 말과 글'이 되기 위해, 정치적 선전과 선동을 효과적으로 하기 위해 필수적으로 전제되어야 할 요소이다. '글이나 문장을 어렵게 만드는 것은 자기만을 생각하고 쓰는 주관주의에 기초하고 있으며 남이야 어떻게 리해하든 관계하지 않는 낡은 관점에 있다'라고 하여 북한에서 대중적이지 않은 현학적인 말과 글은 강하게 비판받는다.

> 한마디로 맹물 먹고 속이 얹힌 소리 같은 철면피하고 뻔뻔스러운 내용만 구구하게 늘어놓았다. (중략) 자기변명과 책임회피, 뿌리깊은 사대주의로 점철된 남조선 당국자의 연설을 듣자니 저도 모르게 속이 미슥미슥해지는 걸 느꼈다.
>
> —김여정의 담화문 중[13]—

이러한 언어의 대중성은 글말에 입말체 요소를 도입한 데서도 찾아볼 수 있다. 위의 담화문에서처럼 남한의 기준으로 볼 때 입말의 요소가 북한의 글에서 나타나는 경우를 종종 보게 된다. 문자생활에서 소외되었던 대중을 문자생활에 적극 참여하도록 하기 위해[14] 글말에 입말의 요소, 즉 대중적이며 통속적이며 표현성이 높은 어휘, 표현과 문법을 끌어들인 결과라 할 수 있다.

『언어생활론』에 따르면 북한의 글쓰기에서는 '사상 내용을 누구나 다 알 수 있도록 쉬운 말로 소박하고 구수하게 나타내는 표현적 효과'를 중시하는데 이는 다음의 두 가지로 실현된다고 한다: '첫째, 같은 사상도 쉽게 표현한다. 즉 쉬운 말과 어려운 말이 동의적 관계에 있을 때 쉬운 말을 골라쓴다. 둘째, 내용을 통속화한다. 내용의 본질을 정확히 반영하면서도 대중이 누구나 쉽게 이해할 수 있도록 내용 자체를 쉽게 풀이한다.'

*** 통속적 문장의 예**

군중과의 호흡이란 인민이 삽을 들 때 자기도 삽을 들고 인민이 조밥을 먹을 때 자기도 조밥을 먹으며 모든 것을 인민과 함께 나눈다는 것을 의미한다.[15]

13) 조선중앙통신이 보도한 김여정 조선로동당 중앙위원회 제1부부장 담화문 중 인용함. 출처: 시사매거진 2000년 6월 17일자
http://www.sisamagazine.co.kr/news/articleView.html?idxno=322762 [2022.7.10. 검색]

14) 북한에서는 입말과 글말의 차이가 생기게 된 원인이 과거 글자와 글이 지배계급의 소유물이었기 때문이라 본다. 사회주의 사회에서는 글말이 대중의 소유물로 복귀해야 한다고 보아 입말과 글말의 차이를 줄이는 것을 중시한다.

15) 리정용(2005: 130)

글쓰기에서 통속성을 보장하기 위한 구체적 방법으로는 고유한 말을 기본으로 하여 대중이 알기 쉬운 말을 적극 살려쓰는 것, 논리와 문장구조도 이해하기 쉽게 쓸 것(단순문, 단일문을 기본으로 하여 간편하게 구성할 것), 비유하는 대상을 사람들에게 잘 알려진 알기 쉬운 것으로 잡는 비유법을 사용할 것 등을 제시하고 있다.

3) 최고 지도자에 대한 우상화

'최고 통치자를 우상화하는 문화'는 김정일이 자신의 정치세습을 정당화하기 위해 김일성을 우상화하기 시작하면서 등장하였다고 한다. 이후 점차 언어생활의 규범으로 자리잡게 되었다. 예를 들어 '원수님', '장군님', '경애하는', '위대한', '여사'(女士), '댁', '가계'(家系), '자제'(子弟) 등의 어휘는 일반 주민들끼리는 서로 사용할 수 없으며 김일성 일가에 한정해서만 사용해야 한다. 김일성 일가를 언급할 때에는 반드시 '-께서'와 '-시-'를 필수적으로 사용해야 할 뿐 아니라 미화 표현, 신격화 표현, 충성을 강조하는 표현을 동반할 것이 암묵적으로 요구된다. 이렇듯 북한에서는 김일성 일가에 대한 언어예절이 구체적으로 규정되어 있다.

인쇄물에서도 김일성 일가의 이름이 나오는 경우 아직 줄의 빈칸이 남았다 할지라도 줄을 바꾸어 새 줄의 맨 처음에 이름이 오도록 편집해야 한다. 이를 '대두법(擡頭法)'이라고 부르는데, 편집방법에 의해 대상을 높이는 방법이다. 원래 왕조 국가에서 왕과 왕비, 왕실 구성원의 이름을 역사서에 기록할 때 경의를 표하기 위해 사용했던 문서상의 높임법이다.

영광의 일

《누가 보건말건 당이 맡겨 준 혁명조소에서 자기의 지혜와 정력을 다 바쳐 성실하게 일하는 사람이 생을 빛나게 사는 사람입니다.》

[그림 4] '로동신문'에 나타나는 대두법

4) 적대 세력, 반동적 사상에 대한 전투성

언어의 전투성, 선동성도 북한 언어문화의 특성으로 언급되는 것 중 하나이다. 김정일의 선군정치에 영향을 받은 것으로 알려졌다. 선군정치란 군대 중심의 통치방식으로 모든 사회와 인민을 군대화하는 것을 말한다. 언어 면에 끼친 영향으로는 첫째, 일상에 전투 용어를 사용(예. 교육장과 공장을 '전투장'으로 부름)한다는 것, 둘째, 시대에 뒤떨어진 부정적 요소, 반동적인 사상에 대해 '전투', '투쟁'의 인식 틀에서 바라보는 언어를 사용한다는 것이다. 따라서 공식 석상이라 할지라도 적대 세력이나 반동적 요소가 그 대상이 되면 비속어, 은어 등에 가까운 직설적 표현을 쓰기도 하며 정치적 풍자나 조소와 야유를 거침없이 사용하기도 한다.

전투적인 언어문화는 우리의 초등학교에 해당하는 북한 소학교 교과서에서도 찾아볼 수 있다. 어린 학생들이 보는 교재임에도 불구하고 '지주, 순사, 선교사, 남조선 교장' 등 적대 세력에 대해서는 거친 말, 비속어가 여과 없이 사용되고 있다. '눈알', '대가리' '까부시다', '지껄이다', '쳐죽이다' 등이 그 예이다.[16]

---

16) 자세한 내용은 교과서의 언어를 분석하여 북한의 언어문화를 고찰한 강보선(2013)을 참고할 것.

* 북한 소학교 교과서의 전투적 언어 사용 예

ㄱ. 원쑤놈, 일제놈, 왜놈, 미국놈, 순사놈, 승냥이놈, 눈알, 대가리 등

ㄴ. 미제놈의 기관총을 까부시지 않고서는 한 걸음도 나갈 수 없었습니다.

ㄷ. 일제 장교놈이 지껄이였습니다.

ㄹ. 그들은 제놈의 집에 숨어 있는 미제놈을 찾아 내여 그 자리에서 쳐죽이고 말았습니다.

ㅁ. 미제승냥이놈을 때려 부시자!

교과서 언어에 드러나는 계급적, 민족적 원수에 대한 증오 문화는 어린 학생들이 학교 교육을 통해 적대 세력에 대한 증오심, 경멸의 감정을 키워가도록 정권에 의해 계획적으로 의도된 것이다. 출판, 방송 보도나 외교 담화문에 나타나는 반북 국가 및 반북 집단에 대한 노골적 전투성 또한 외부의 적에 대한 적개심을 극대화함으로써 북한 사회의 사상 통제와 내부 결속을 이끌기 위한 장치로 볼 수 있다.

이러한 북한 출판물, 방송 보도, 교과서 등에 나타난 적대적이고 전투적인 언어문화는 그 대상이 정치적 대립 집단에 한정되어 있으며, 북한 정권의 정치적 의도에 의해 인위적으로 조장되고 형성되어 온 것임을 기억할 필요가 있다. 사상과 이념을 비판받을 수 있는 공식적 장면을 제외한다면 일상 속 북한 사람들의 언어생활은 우리와 공유하는 면이 더 클 수 있다.

Ⅳ. 남북한 사람의 소통 경험: 남한 토박이와 탈북민

생각해 보기

1. 남북한 언어 이질화의 정도는 어느 정도라고 생각하는가?
2. 남북한 사람들이 만나 의사소통할 때 어떤 점이 주요한 장애 요소가 될 것이라고 생각하는가?

남북한 사람이 어울려 살아갈 시대에는 남북 언어 차이로 여러 가지 크고 작은 문제들이 발생할 것으로 예상된다. 이를 미리 보여 주는 것이 바로 탈북민들이 겪는 언어 문제이다. 탈북민들은 학교, 직장, 일상생활에서 남북한 간의 단어, 말씨(발음과 억양), 화법, 어문규범 등의 차이로 인해 불편을 경험한다.

탈북민 언어 적응 실태 조사에 따르면 정착 초기 남한 사람들의 말을 '전혀' 또는 '거의' 이해하기 어려웠다고 한 응답자가 44.8%에 달했으며, 남북한 언어 차이로 인해 불편을 '많이' 느낀다는 응답이 최빈도로 나타났다.[17] 구체적으로 남한말 적응이 어려운 원인으로는 생소한 단어, 발음과 억양, 의미 차이 순으로 나타났다.[18]

언젠가는 그런 상황들을 한 번 부딪쳐야 되는데. 거기서 내가 모르는 것 물어 보면서 알아가야 하는데, 그 부딪치는 게 두렵고 싫어서 피하는 거예요. 이곳 사람들은 뻔히 다 아는 말들을 모르니까 상대가 '어디서 왔는가?'는 표정으로 이상하게 쳐다보고 그런 시선을 받으면 다음부터는 되도록 말을 안 하게 돼요. 옷 사러 가서 딱 두 마디 해요. "얼마에요?"하고 "이거 주세요." 말이 길어지면 말투 때문에 거기서 왔다는 거 알릴 수 있으니까.[19]

17) 문금현(2005)
18) 정경일(2001)

취업, 진학 등 남한에서 자신의 진로를 찾아갈 때도 언어는 주요 장벽으로 작용한다. 탈북민 스스로 취업의 애로점을 보고하게 했을 때 건강 문제, 학력이나 경력 같은 직업 능력 부족 외에도 '언어 및 문화의 차이'가 비중 있게 나타난다. 일례로 탈북민 여성을 대상으로 진로 장벽 요인을 조사한 전연숙(2010)에서 '언어 및 문화의 차이'는 '학력 부족' 다음으로 가장 높은 순위로 나타났다.[20]

[표 1] 진로 장벽 척도 평균과 표준편차(5점 척도)

	진로 장벽 정체	자신감 및 자기 이해 부족	가족 및 경제적 문제	북한 이탈주민에 대한 차별	언어 및 문화의 차이	직업 정보 및 이해 부족	직업 능력 부족	학력 부족	사회적 지지 기반 약함
M	3.049	2.496	2.925	3.303	3.339	3.184	3.216	3.361	3.249
SD	.650	.172	.142	.105	.121	.071	.077	.075	.046

탈북민들의 언어 적응 모습을 크게 '단어', '말씨(발음과 억양)', '화법', '어문규범', '언어 태도'로 나누어 살펴보면 다음과 같다.

1. 단어

탈북민들이 가장 먼저, 가장 심각하게 체감하는 남북한의 언어 차이는 '어휘'이다. 이들은 북한에서는 들어보지 못한 낯선 단어들, 북한과는 다른 의미나 어감으로 쓰이는 단어들로 인해 남한 사람의 말을 이해하지 못하거나 자신의 의도대로 소통하지 못한다고 한다.

19) 양수경(2013: 120)
20) 전연숙(2010)

어휘 문제가 제일 어려웠어요. 말을 알아듣는 문제. 난생 처음 듣는 단어들이 많았어요. 북한에서 대학을 졸업했어도 단어 때문에 의사소통이 안 되니까 답답했어요. 영어 교육을 받았지만 영국식 발음으로 교육받아서 미국식 발음을 쓰는 한국 외래어는 들어도 잘 알아듣지 못해요. 여기선 '박스'라고 하는데 우리는 '복스'라고, '샵'은 '숍'으로 배웠거든요.[21]

먼저 고유어, 한자어, 외래어/외국어라는 어종 면에서 살펴보면, 탈북민들은 한국에서 빈번하게 사용되는 '외래어/외국어'를 특히 어려워한다. 이는 남한 어휘 가운데 영어 외래어와 외국어가 상당한 비중을 차지하고 있는 것도 주요한 원인이 된다. '박스, A4 용지, 컨디션, 포스트잇, 블라인드, 아이스커피, 레드, 블루, 옐로우, 네이비…….' 우리에겐 일상적인 이런 단어들이 탈북민에겐 높은 언어 장벽으로 다가가는 것이다.

북한이 외래어나 외국어를 전혀 사용하지 않는 것은 아니지만 말다듬기 사업이 대대적으로 진행되어 상대적으로 순우리말을 많이 사용하는 경향이 있기 때문에 남한에서 많이 사용되는 영어 외래어나 외국어는 탈북민들에게 매우 생소한 것이 된다. 탈북 대학생들은 수업 시간이나 일상에서 자주 사용되는 외래어와 외국어를 제대로 이해하지 못하여 학업뿐 아니라 교우 관계에도 지장을 받는다고 한다.

다음으로 남북한 어휘 대응 면에서 탈북민이 어려워하는 단어들을 살펴보자. 모든 단어는 남북한에서 형태와 의미 면에서 어떻게 대응되는지 그 관계에 따라 [표 2]처럼 다섯 가지로 분류할 수 있다.[22] '남북 동형동의어', '남북 이형동의어', '남북 동형이의

21) 양수경(2013: 126)

어', '남한 특수어', '북한 특수어가 그것이다. 이중 탈북민이 특히 어려움을 느끼는 부류(*로 표시함)는 남북 이형동의어, 남북 동형이의어, 남한 특수어이다.

[표 2] 남북한 어휘의 대응 체계

분류	설명	예
남북 동형동의어	남북에서 형태와 의미가 동일한 어휘	남 북 '책상': '책상'
	남북의 규범(두음법칙, 사잇소리 등) 차이로 **형태 일부**가 달라진 어휘	남 북 노 인: 로인 바닷가: 바다가
*남북 이형동의어	같은 의미가 남북에서 서로 **다른 형태**로 나타남	남 북 '볼 펜': '원주필' '에어컨': '랭풍기'
*남북 동형이의어	동일한 형태가 **다른 의미나 어감**으로 사용됨	북 '바쁘다': '힘들다'의 뜻도 있음 예. 요즘 공부하기가 바쁘다
*남한 특수어	남에만 **존재**하는 문물, 현상, 개념 등을 가리킴 (북의 대응어가 존재하지 않음)	남 북 '야당/여당': ∅ '공 채': ∅
북한 특수어	북에만 **존재**하는 문물, 현상, 개념 등을 가리킴 (남의 대응어가 존재하지 않음)	북 남 '교 시': ∅ '공훈배우': ∅

첫째, '남북 이형동의어'는 '남볼펜: 북원주필'처럼 동일한 대상을 남북이 다르게 부르는 경우를 말한다. 그러나 이 경우는 북한의 대응어가 있고 그 개념이 북한에도 존재하는 경우로, 남북의 단어를 일대일로 대응하여 습득하면 되므로 나머지 두 부류에 비해서는 어렵지 않다고 할 수 있다.

---

22) 다섯 가지 명칭은 신명선 외(2012)를 따랐으며 설명과 예는 필자가 수정하고 보충하였다.

*** 남/북이 다르게 부르는 단어**
화장실/위생실, 도시락/곽밥, 코너킥/구석차기,
에어컨/랭풍기, 사인/수표, 콘센트/접속구, 가출/탈가,
검문소/차단소, 달걀/닭알, 곡예/교예, 교도소/교화소,
아내/안해, 도넛/가락지빵, 드레스/나리옷, 식목일/식수절 등

둘째, '남북 동형이의어'는 같은 단어를 남북이 서로 다른 의미나 어감으로 사용하는 경우를 말한다. 북한에서 '바쁘다'를 '힘들다/어렵다'의 의미로도 사용하는 예를 들 수 있다. 또한 남한에서는 주로 부정적인 맥락에서 사용되는 '소행', '방조', '늙은이', '사변', '소환', '선생질' 등이 북한에서는 긍정적 맥락에서도 자주 사용된다. 이러한 의미나 어감 차이를 인지하지 못한 상태에서 남북한 사람들이 소통하게 되면 그 단어로 인해 의도하지 않은 오해가 발생하기도 한다.

[그림 5] 북한의 우표 (남오징어: 북낙지)

동형이의어에는 단어를 쓸 수 있는 대상 또는 단어가 가리키는 대상의 범위가 남북 간에 다른 경우도 포함된다. 예를 들어 최고지도자에 대한 우상화에서 소개했듯이 '여사(女士)', '댁', '가계(家系)', '자제(子弟)' 등의 높임말은 북한에서 김일성과 그 가계에만 사용된다. 특정 단어를 쓸 때 동물과 사람을 구별해 사용하느냐

그렇지 않느냐의 남북 차이도 발견된다. 남한에서는 '머리'를 동물과 사람 모두에게 사용하지만 북한에서는 동물은 '대가리', 사람은 '머리'로 구별해 사용한다. '살찌다'도 비슷하다. 남한에서는 '살찌다'를 동물과 사람 모두에게 쓰지만 북한에서는 동물은 '살찌다', 사람은 '몸이 나다'로 구별해 사용한다. 따라서 '돼지 머리 국밥', '사람이 살쪘다'처럼 동물에게 '머리'를 쓰거나, '살찌다'를 사람에게 쓰는 경우를 보게 되면 탈북민들은 상당히 어색하게 들린다고 한다.

셋째, '남한 특수어'는 '야당/여당', '공채'처럼 한국에만 존재하는 문물, 현상, 개념 등을 가리키는 단어들이다. 탈북민들은 이런 단어들을 들어도 이에 해당하는 북한 대응어를 떠올리지 못한다. 북한에서는 그 개념조차 없는 단어들이기 때문이다. 특히 한국에 대한 사회·문화적 지식이 부족한 정착 초기 탈북민의 경우 남한 특수어에 속하는 단어들은 심각한 소통의 장벽이 된다. 남한 특수어는 남북의 사회·문화적 차이를 직접 반영하는 언어적 차이로서, 탈북민의 언어적 어려움이 단순히 언어 차원의 문제가 아님을 보여준다.

2. 말씨(발음과 억양)

탈북민들은 출신 지역에 따라 함경 방언, 평안 방언 등의 말씨를 쓰는데, 그중 일부는 자신의 말씨를 표준어로 고치고 싶어한다. 자기 말씨를 잘 알아듣지 못하는 남한 사람과 원활하게 소통하기 위해서이다. 탈북민 중에는 '으'를 '우'와 비슷하게 입술을 둥글여 발음하거나 '어'와 '오'를 거의 구별이 되지 않을 정도로 가까운 조음 위치에서 발음하기도 한다. 이 경우 남한 사람의 귀에 '글/굴', '영희/용희'는 잘 분간이 되지 않는다.

그러나 말씨를 고치려는 주된 동기는 심리적인 것으로 보인다. 말씨 때문에 자신이 탈북민이라는 사실이 드러나 특별한 시선을 받지 않을까 하는 우려가 있는 것이다. 즉 탈북민들의 말은 자신이 원하든 원치 않든 남한 토박이들에게 '북한에서 온 사람'임을 알리는 표지가 된다. 일단 북한 출신임이 알려지면 일부 남한 토박이들의 선입견, 편견에 맞닥뜨려야 한다.

> 북한 말을 쓰니까 처음에는 호기심을 갖고 나한테 물어 보거든요. 그러다 나중에 **'무슨, 되지도 않은 데서 살다 와 가지고 네가 말할 게 뭐 있어?'** 이렇게 말하더라구요. **말 고쳐야겠다, 다음부터는 내가 북한에서 왔다는 거 말 안 듣게 살아야겠다 이렇게 마음먹게 됐어요.**[23)]

남한의 방언 화자들도 수도권에 이주하게 되면 사회생활의 필요 때문에 자신의 말씨를 표준말에 가깝게 고치려고 노력하는 경우가 있다. 그러나 탈북민들은 자신의 말씨가 '북한 출신'이라는 정체성으로 연결되어 타자화되는 정도가 비교할 수 없이 크다. 남한의 다른 방언 화자들과 비교할 때 표준어 동화의 압력을 더 강하게 받는다고 할 수 있다.

3. 화법

2000년대 이후 탈북민들의 입국이 증가하여 한국 토박이들과 일상적으로 의사소통하는 경험들이 축적되면서 탈북민들과 남한 토박이들 간의 화법 차이가 보고되고 있다. 감사하기, 사과하기,

23) 양수경(2013: 127)

칭찬하기, 거절하기, 요청하기, 사교적인 말하기 등에 대한 인식, 사용 빈도, 표현 방식에서 다소 차이를 나타낸다는 것이다.[24)]

실제로 남한 토박이들과 탈북민들이 서로의 화법에 대해 어떻게 인식하고 있는지 조사한 결과를 소개한다.[25)] 먼저 탈북민들은 남한 토박이들에 대해 '사과나 감사 표현을 자주 한다', '빈말이나 가식적인 말을 많이 한다'고 인식하고 있었다. 남한 토박이들이 하는 사과나 감사 표현을 긍정적으로 보기도 했지만 빈말이나 가식적인 말로 받아들이는 경우도 적지 않았다. 한편 남한 토박이들은 탈북민들에 대해 '직설적으로 말한다', '공격적인 표현을 많이 쓴다'고 생각하고 있었다.

이렇게 상대의 화법에서 느끼는 이질감은 어디서 비롯된 것일까? 먼저 분단의 기간 동안 남북한이 화법 면에서도 달라졌기 때문이라는 설명이 있을 수 있다. 탈북민의 화법은 북한 화법의 특성이라고 보는 것이다. 그러나 탈북민의 화법은 대다수 탈북민의 모방언인 동북방언의 화법 특성일 가능성도 있다. 그 정확한 원인이 어느 것인가와 상관없이 화법의 차이를 서로가 인지하지 못한 상태에서 소통하게 되면 괜히 불쾌하거나 감정이 상할 수 있다. 감사, 사과, 거절, 빈말에 대해 탈북민들이 느끼는 화법의 차이를 좀 더 살펴보자.[26)]

24) 더 자세한 내용은 양수경(2018)을 참고할 것.
25) 강진웅(2017)
26) 이 내용은 국립국어원(2018)에서 필자가 집필한 부분을 가져왔다.

1) 감사: "남한 사람들은 고맙다는 말을 왜 그렇게 많이 합니까?"

> 북한에서는 김일성 부자와 관련된 정치 구호에서 '고맙습니다', '감사합니다'가 사용되기 때문에 일상적으로는 잘 쓰지 않는다. 남한에서 이런 말을 들으면 **간사한 말투라는 생각이 들고, 가볍고, 굽신거리며, 아첨한다는 생각이 들었다.**

상대와의 원만한 관계 유지를 위해 남한에서는 사소한 일에도 감사하는 마음을 표현하는 경향이 있다. 그러나 북한에서는 일상생활에서 '고맙다', '감사하다'는 말을 자주 사용하지 않는다고 한다. 북한 사람들은 이런 남한 사람들을 보며 '왜 이런 것까지 감사하다고 해야 하는 거지?'라고 처음에는 의아해한다.

2) 사과: "북한에서 '미안하다', '죄송하다'는 말은 신중하게 해야 합니다"

> 북한에서는 **예의상 사과 표현을 하는 일은 없고,** 사과할 때는 '잘못했습니다'라고 한다.
>
> 북한에서는 사과를 잘 하지 않으며 **'죄송합니다'는 잘못을 인정한다는 말인데, … 처벌을 받거나 교화 대상이 되는 것이어서 더더욱 사용하기 어렵다.**

북한에서는 미안하다는 말을 하면 잘못에 책임을 져야 한다고 생각하거나 상대방과의 거리감이 느껴진다고 생각하여 남한에 비해 '미안하다'는 말을 쉽게 하지 않는다. 그러나 남한 사람들은 상대와 불편한 일이 있을 때 상대방의 마음을 달래기 위해 '미안합니다', '죄송합니다'라는 말을 흔히 사용한다. 북한이라면 사과를 안 해도 될 상황에서 사과하는 경우가 많은 것이다. 사과하는 말도 남한에서는 '미안하다', '죄송하다'를 많이 쓰지만 북한에서는 '미안하다', '잘못했다'는 말을 많이 쓴다.

3) 거절: "돌려서 거절하는 사람들이 솔직하지 못해 보입니다."

조직생활과 집체생활을 하는 북한 사회에서 모든 상황에서 정답이 정해져 있기 때문에 **돌려서 거절하는 사람은 '애매한 놈', '나쁜 놈'이라고 생각하며** 모든 상황에서 책임감 있게 자기를 드러내는 것이 바른 화법이다.

남한 사람들은 상대방의 체면을 생각해 분명하게 거절하는 것을 꺼리는 경향이 있다. 거절의 말을 하지 않고 거절할 수밖에 없는 사정만을 말하거나 그냥 미안하다고만 말하기도 한다. 거절의 말을 하더라도 '안 될 것 같다', '어려울 것 같다', '힘들 것 같다'처럼 약하게 거절 의사를 나타내는 경우가 많다. 그런데 북한에서는 상대가 오해하지 않도록 분명히 말하는 것을 중요하게 생각한다. '예'와 '아니요'를 확실히 말하는 것이 솔직하고 좋다고 여기는 것이다. 따라서 북한에서는 '안 된다', '싫다', '못 한다'라고 분명히 거절하는 사람들이 남한에 비해 많다. 이렇게 서로의 거절 표현이 다르다 보니, 서로 오해하고 당황하는 일들이 발생할 수 있다.

상대방이 무언가를 권할 때 사양하는 말로 남한에서는 주로 '괜찮다'를 쓰지만 북한에서는 '괜찮다'보다는 '일없다', '됐다'를 많이 사용한다. 북한 사람들의 '일없다'는 남한의 '괜찮다'처럼 정중한 사양의 말인 셈이다.

4) 빈말(인간관계를 위해 관습적으로 하는 말):
"'밥 한번 먹자' 해 놓고 왜 연락을 안 합니까?"

북한 사람들은 남한에서 관습적으로 사용하는 '술 한잔 해요', '밥 한번 먹자', '전화할게'와 같은 빈말의 의미를 잘 알지 못한다. 북한 사람들의 경우 이런 말을 곧이듣고 연락을 기다리다 실망하기도 한다. 나중에서야 이런 말이 약속이 아니라 인간관계를 위해 서로 관습적으로 주고받는 말임을 알게 된다.

4. 어문규범

앞서 '문화어' 부분에서 소개했듯이 분단 이후 남북의 어문규범은 두음법칙, 사이시옷을 비롯해 띄어쓰기, 외래어표기법에서 일부 달라졌다. 어문규범의 차이는 동일한 대상을 서로 다르게 발음하고 표기하게 만들기 때문에 탈북민들은 남한의 규범에 적응하느라 어려움을 겪는다. 특히, 탈북 청소년과 탈북 대학생들이 한국에서 공부할 때 규범 차이로 인해 학업에 지장을 받는 경우도 많다고 한다.

5. 언어 태도[27)]

남한 사회에서 탈북민은 북한 각 방언의 화자가 아니라 '북한말' 화자로 뭉뚱그려 인식되는 경향이 있으며, 다른 남한 지역 방언 화자들보다 타자화되는(심리적 이질감, 거리감) 정도가 크다.

남한 사람들이 개별 북한 방언에 대한 인지가 어렵다는 사실은 언어 의식 조사나 방언 구획 인지 연구를 통해 드러난 바 있다.

27) 이 내용은 주로 양수경(2013)에서 가져온 것임

남한 사람들이 북한 방언들을 얼마나 구별할 수 있는지 조사한 연구에서는 평안 방언, 함경 방언, 황해 방언에 대해 각각 37%, 24%, 10%의 응답자만이 구별 가능했다.[28] 충남 지역 사람들의 심리적 방언 구획을 조사한 연구에서도 제보자들은 북한 방언 전체, 즉 황해, 평남, 평북, 함남, 함북을 하나의 더미로 분류하는 경향이 높게 나타났다.[29] 방언 지도 그리기 방법으로 심리적 방언 구획을 조사한 연구에서도 아래 그림에서 보듯이 북한 지역이 모두 하나의 방언 지역으로 묶였다.[30]

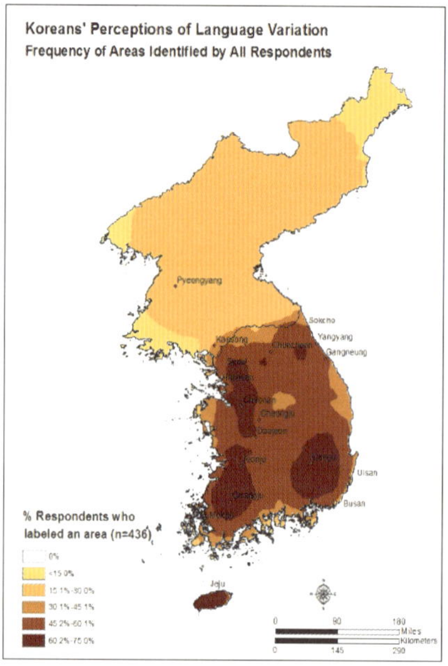

[그림 6] 한국인들이 가장 뚜렷하게 인지하는 방언 경계[31]

28) 조준학 · 박남식 · 장석진 · 이정민(1981)
29) 강현석(2010)
30) Jeon & Cukor-Avila(2015: 29-30)
31) Jeon & Cukor-Avila(2015: 30)

이는 북한 방언들과의 접촉 부족으로 북한 방언 간의 유사성과 차별성에 대한 지식이 많이 감퇴한 결과로 볼 수 있으며, 남한 방언들과는 다른 특성을 보이는 북한 방언과 그 방언 화자들을 하나로 뭉뚱그려 인식하고 있음을 드러낸다.

단순한 심리적 거리감, 이질감에서 더 나아가, 북한 체제에 대한 반감이나 거부감 또는 사회·경제적으로 열등한 북한에 대한 무시의 감정이 남한 사람들의 태도를 통해 은연 중 전달되는 경우도 많다. 북한말은 가난하고 촌스러운 동네인 '북쪽'에서 왔다는 것을 한눈에 알아볼 수 있게 하는 '낙인'(stigma)이 되는 것이다[32]. 신명선 외(2010)에서도 탈북민이 느끼는 심리적 위축감은 사회 계층적 차별감에서 비롯되는 모멸감에 더 가깝다고 보면서, 북한말이 하층 방언(basilect)으로 인식되는 현실은 북한어가 사회 방언의 성격을 띠고 있음을 함의한다고 보았다.

남한 사람들이 무심코 던지는 '어디서 오셨어요?', '조선족이세요?' 말 한 마디, 낯선 시선 앞에서 탈북민은 외집단의 일원으로 타자화되면서 심리적 장벽을 경험하게 된다. 이런 경험들이 반복되면서 탈북민 중에는 북한식 말투의 낙인화를 두려워하여 아예 남한 사람들과의 의사소통을 회피하는 경우도 있다. 이런 소극적 대처는 의사소통 문제를 극복해 갈 수 있는 기회를 놓치게 될 뿐 아니라 이로 인해 제한된 반경 안에서 사회적으로 고립되는 결과를 가져온다.

낙인화를 피하기 위해 자신의 말투를 바꾸기 위해 노력하기도 한다. 그 결과 어느 정도 알아듣고 어색하지 않은 정도가 되면 취업이나 이직을 할 때 북한 사람임을 숨기거나 '강원도 사람'이라고 말하기도 한다. 문제는 '언어적 낙인'이 제거되기까지 겪어야

32) 조정아 외(2006)

하는 의사소통의 부자유스러움과 인간관계의 왜곡이다.[33)]

> 사실 나 같은 경우는 스트레스 안 받는다고 생각하는데도 진짜 스트레스 많이 받거든요. 아닌 것처럼 하고 넘길 뿐이지. 지금 탈북자라는 거 모르는 데서 일하고 있거든요. **탈북자라는 거 노출되는 순간, 대우가 틀려져요. 그렇기 때문에 (말을 바꾸려는) 노력을 하는 거죠.** 대하는 태도가 손님들부터 그래요. 벌써 태도가 틀려지잖아요.[34)]

탈북민들이 호소하는 언어 적응의 문제는 남북한 언어의 차이와 함께 남한 사회의 북한말, 즉 북한 출신의 사람에 대한 태도가 함께 작용한 결과라 볼 수 있다. 탈북민 10명 중 7명은 한국에서 북한 말씨를 사용하는 것이 본인에게 부정적인 영향을 준다고 인식한다는 조사 결과[35)]는 북한말에 대한 우리의 태도를 돌아보게 한다. 탈북민이 기를 쓰고 말씨를 고치려고 애쓰는 것도, 모르는 단어가 나와도 편하게 물어보며 자연스럽게 배워갈 수 없는 것도 우리 사회에 북한말, 북한 출신의 사람에 대한 편견이 존재하기 때문일 것이다.

Ⅴ. 남북한 사람의 원활한 소통을 위한 노력

탈북민이 겪는 언어 적응의 문제들을 통해 향후 남북한 사람들의 의사소통에서 문제가 될 수 있는 요소들을 예측해 볼 수 있다.[36)]

---

33) 조정아 외(2006)

34) 양수경(2013: 127)

35) 박종선 외(2016)

36) 단, 탈북민 집단이 출신 지역, 계층적으로 편중되어 있어 북한 주민들을 대표한다고 볼 수 없으며 더구나 이들은 우리 사회에 편입되어 살아가는 '이주민'이라는 점에서 통일 시대의 북한 주민들과는 다른 사회적 위치에 있다. 탈북민의 언어 적응 모습을 통해 통일 시대 남북 주민의 소통 양상을 예측할 때 이러한 한계를 인식해야 할 것이다.

지금부터 남북한 사람들의 소통을 원활하게 하기 위한 준비를 해 나간다면 앞으로 언어로 인해 발생할 수 있는 소통의 문제, 이로 인한 사회 갈등의 문제를 줄이는 데 기여할 수 있을 것이다.

> 생각해 보기
> 남북 교류 협력 시대에 남북한 사람들이 원활하게 소통하려면 지금부터 어떤 대비를 할 수 있을까? 탈북민과의 소통 경험을 토대로 발생할 수 있는 문제를 예측해 보고 그에 대한 구체적인 대비책을 제시해 보자.

1. 남북한 간 언어 접촉

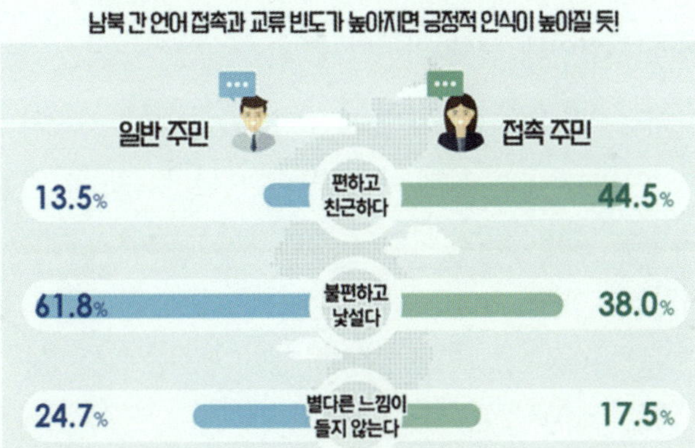

〈탈북민 접촉 주민과 일반 주민의 북한말에 대한 인식
–2016 언어의식조사(국립국어원)–〉

서로의 언어에 대해 긍정적인 태도를 지니려면 잦은 교류와 접촉이 필요하다. 국립국어원의 조사 결과에 따르면 한국 토박이들의 62%는 북한말을 사용하는 사람을 '불편하고 낯설다'고 느끼고 14%만이 '편하고 친근하다'는 느낌을 받는다고 하였지만 탈북민을 자주 접해 본 한국 토박이들은 38%가 '불편하고 낯설다',

45%는 '편하고 친근하다'라고 응답하였다.[37] 이는 남북 간 언어 접촉 빈도가 높을수록 상호 긍정적 인식이 높아질 수 있음을 의미한다.

다행히 북한 사람들은 현재 비밀리에 한국 영화나 드라마를 보면서 남쪽의 말을 자주 접하고 있다고 한다. 반면 남한은 북한의 영상물을 볼 수 있는 기회가 거의 없다. 이는 북한의 영상이 이념적 색채가 강하기 때문에 어쩔 수 없는 일이지만, 앞으로 정치적 성향이 짙지 않은 북한 방송을 선별하여 한국 토박이들로 하여금 북한말을 접할 수 있는 기회를 많이 갖도록 할 필요가 있다.

2. 서로의 언어에 대한 이해와 존중

앞서 언급하였듯이 탈북민들이 호소하는 언어 적응의 문제는 남북의 언어의 차이와 함께 남한 사회의 언어 태도가 작용한 결과로 보아야 한다. 대북 사업에 오래 종사한 한 남한 전문가는 언어 이질화에 따른 갈등으로 생각하는 현상이 사실은 남북한 주민의 태도에 따른 결과라고 해석하기도 했다. 억양이나 표현이 달라도 서로 여유나 포용의 자세를 갖는다면 갈등의 소지가 되지 않는다는 것이다. 결국 남북의 언어 차이를 문제와 갈등으로 점화시킬지 아니면 그 차이를 이해하고 수용하면서 서로 성장해갈지 결정하는 것은 바로 대화 참여자들의 '마음'이라 할 수 있다.

37) 박종선 외(2016)

> 언어의 차이, 갈등이 있을 수 있죠. 그런데 그게 마음인 것 같아. 내가 마음의 여유나 포용할 자세가 있으면 북측 분들 만날 때 하나도 문제가 안 되거든요. 어떤 사람은 갈등이라고 표현하는 사람도 있고 나 같은 경우에는 전혀 갈등이 없고 오히려 재미있죠. 서로 상대방 억양을 따라 하기도 하고 그 사람들 하는 말을 우리가 하고 그쪽은 또 우리가 하는 말을 쓰고 하면서…
>
> (50대 남성, 공무원)[38]

체제 통합이 되면 상대적으로 사회·경제적으로 우위에 있게 되는 한국 토박이들은 어떤 식으로든 구별 짓기를 시도할 것이고 이를 언어 태도를 통해 구현할 가능성이 높다. 따라서 남북 의 원활한 소통을 위해 가장 중요한 것은 남과 북이 서로의 언어를 이해하고 존중하는 태도를 갖는 것이라 할 수 있다. 특히 남한 토박이들이 북한말을 무시하지 않고 이해하고 존중하는 태도를 가지는 것이 중요하다.

38) 김석향(2005)

참고문헌

강보선(2013), 북한이탈주민 대상 교육용 어휘의 유형 및 선정 방법 연구, "국어교육학연구" 47, 국어교육학회, 125-152.

강보선(2014), 북한 소학교 국어 교과서에 나타난 북한의 언어문화 연구, "화법연구" 22, 한국화법학회, 259-284.

강보선·변정훈(2016), 탈북 대학생의 의사소통 문제에 대한 국어교육적 접근, 제128차 전국학술대회 자료집, 한국국어교육학회.

강현석(2010), 충남 지역 화자들의 방언 구획, 방언 태도 및 인지에 대한 연구, "사회언어학" 18-2, 249-286.

국립국어원(2014), 통일을 가지고 온 아이들, 탈북 청소년, 온라인 소식지 쉼표, 마침표 2014년 1월호, 국립국어원.

국립국어원(2018), 남에서는 이런 말, 북에서는 저런 뜻(간추린 남북 언어 차이), 국립국어원.

강현석(2010), 충남 지역 화자들의 방언 구획, 방언 태도 및 인지에 대한 연구, "사회언어학" 18(2), 249-286.

김병문(2015), 가장 늦은 통일을 가장 멋진 통일로-겨레말큰사전의 사회언어학적 의미에 대하여, "통일코리아" 통권 7호.

김병제(1988), 조선언어지리학시고, 평양: 과학백과사전종합출판사.

김석향(2005), 남북한 언어 이질화 정도에 대한 집단별 인식의 차이 고찰 -남북관계 전문가 집단과 새터민(북한이탈주민) 비교를 중심으로-, "현대북한연구" 8(2), 북한대학원대학교, 85-124.

김주성(2014), 북한이탈주민의 언어태도에 대한 연구, 연세대 국어국문학과 석사논문.

리정용(2005), "언어생활론", 사회과학출판사.

박노평·김봉기 편저(2016), "평양말·서울말", 메인파워(주).

박종선·도원영·최호철·최경봉·한정미·이상혁·강진웅·이대성(2016), 2016년 남북 언어의식 조사 보고서, 국립국어원.

사회과학원 언어학 연구소(2011), "우리말례절법", 사회과학출판사.

신명선·권순희·김영순·양수경·강보선(2010), 새터민 어휘 학습 교재 개발을 위한 기초 연구, 국립국어원.

신명선·권순희·강보선·양수경·정성훈·정호성·남건우(2012), "새터민을 위한 한국어 어휘 교육", 박이정.

양수경(2013), 북한이탈주민의 언어적응실태에 관한 연구, 서울대 언어학과 박사논문.

양수경(2018), 남북한 화행 연구의 현황과 과제: 북한이탈주민의 화행 연구를 중심으로, "한국어 연구의 새로운 흐름", 박이정, 387-426.

양수경·이주랑(2019), 탈북민 화법 연구에 나타나는 언어 이데올로기 연구, "민족문화연구" 82, 고려대 민족문화연구원, 393-426.

이정복(2014), 북한 언어문화 운동의 역사와 시사점, "배달말" 55(0), 159-191.

전미영(2006), 북한 '문화어' 화술의 수사학적 특성 연구, "현대북한연구" 9(2), 89-131.

조오현, 김용경, 박동근(2002), "남북한 언어의 이해", 역락.

조정아·임순희·정진경(2006), "새터민의 문화갈등과 문화적 통합방안", 한국여성개발원.

조준학·박남식·장석진·이정민(1981), 한국인의 언어의식: 언어접촉과 관련된 사회언어학적 연구, "어학연구" 17-2, 167-197.

Jeon, L., & Cukor-Avila, P. (2015). "One country, one language"?: mapping perceptions of dialects in South Korea. Dialectologia: revista electrònica, 17-46.

제 2 장

남북한의 어문 정책

최 성 호(충북대학교 러시아언어문화학과)

본 장의 목표는 남한과 북한의 표준적 글(가령, 신문이나 잡지, 문학 작품 등)에서 보이는 실제 표기상의 차이를 인지하고, 그러한 차이를 가져온 남북한의 표기법적 규범을 이해하는 데에 있다. 다음의 북한식 표기 예들을 분석하여, 남한의 표기방식과 비교하여, 그 특성을 이해할 수 있어야 한다.

북한: 텔레비죤방송보도, 라지오방송, 록화화면, 멀리할수밖에, 예술수양이라곤 빵점이여서, 률동, 소리빛갈, 쟝르, 빠스깔, 께임, 빠찌, 스펙따끌영화, 딜렘마
남한: 텔레비전 방송 보도, 라디오 방송, 녹화 화면, 멀리 할 수밖에, 예술수양이라곤 빵점이어서, 율동, 소리 빛깔, 장르, 파스칼, 께임, 배지, 스펙터클 영화, 딜레마

〈차례〉

Ⅰ. 들어가기
Ⅱ. 예비적 논의. 언어와 말. 메시지와 텍스트
Ⅲ. 맞춤법
Ⅳ. 외래어 표기법
Ⅴ. 로마자 표기법

Ⅰ. 들어가기

역사적으로 한반도에서 삶을 영위해 온 모든 '한국인(Koreans)'들은 자신의 의사소통 수단으로 '한국어(the Korean language)'

라는 단일한 언어를 사용해 왔다. 그런데 20세기 중반 한반도가 대한민국(Republic of Korea, 남한South Korea)과 조선인민민주주의공화국(Democratic People's Republic of Korea, 북한North Korea)의 두 정치 체제로 분단된 70여년 동안 한국어는 언어적 단일성을 말하기가 무색할 정도로 이질화 과정을 겪어온 것으로 보고되었다.

그런데 남한에서 사용되는 한국어와 북한에서 사용되는 한국어가 의사소통이 불가능할 정도의 상황이 아님은 명백하다. 불과 70여년의 남북한 교류 단절이 단일한 한국어를 심각한 이질화 과정을 겪은 별개의 두 언어로 변화했다고 보는 것은 언어 발달과 분화에 관한 일반 언어학적 사실에도 부합되지 않는 해석이다. 실제로 남북한 주민 간에 언어적 의사 소통이 불가능하지 않다는 것은 경험적으로 확인된다.

그러나 다른 한편으로는 남북한 주민 사이에 아무런 저항이나 제약 없이 원활하게 의사소통이 진행되는 것도 아니다. 분명히 남북한 주민이 각자의 언어를 사용하면서 소통할 때, 서로에게 익숙하지 않는 언어적 특성이 존재하고 그것을 의식한다. 그런데 우리가 중요하게 인식하고 있어야 할 점은 이러한 차이가 지리적 차이로 인해 자연적으로 형성되는 방언적 차이와는 분명히 그 성격을 달리한다는 사실이다.

다시 말해 현재의 남북한의 언어는 이질적인 두 언어가 아니고, 여전히 단일한 한 언어라고 보아야 하지만, 그 둘 사이에는 방언적 차이로 특성화할 수 없는 어떤 언어 차이가 존재한다고 보여진다. 필자는 이 차이는 두 대립적 정치 체제가 만들어 낸 언어 정책 상의 차이에 의해 발생한 사회언어학적 차이(즉, '표준어' vs. '문화어', 표기법 등)라고 생각한다. 본 장에서는 이러한 견해를 뒷받침하는 약간의 이론적 설명을 개진하고, 남북한 어문 정책적 차이점들을 논의한다.

이러한 면에서 본 장의 목적은 분명하다. 우선 남한에 거주하는 사람들의 언어와 북한에 거주하는 사람들의 언어는 본질적으로 동일하다는 사실을 강조함으로써, 두 지역 주민들의 언어적 동일성을 확인하고, 따라서 언어를 통한 의사소통 시 발견되는 현상적 차이는 자연적으로 발생한 언어 내적 차이가 아니라, 두 체제가 여러 정치적, 사회문화적 이유로 실시한 인위적 언어 정책상의 차이에 의해 발생한 언어 외적 차이임을 명확히 하고자 한다. 그리고 이러한 정책적 차이는 남북한 전문가의 구체적이고도 객관적인 토론에 기초한 상호 이해와 공감을 통해 극복될 수 있을 것으로 본다.

본 장은 다음과 같은 순서로 서술된다. 일종의 예비적 논의의 장으로서 2장에서는 언어와 말의 두 개념을 구분한다. 대한민국의 국어학계나 언어학계에서 두 단어는 동의어적으로 사용하고 있으나, 일상생활에서는 그 용법이 상이하다는 사실을 주목한다. 또 한편으로는 텍스트로서의 말과 글, 전달 매체로서의 소리와 문자 등의 개념에 대해서 논의한다. 말 차원에서의 차이에 대해서는 다음 장에서 소개가 되기 때문에 여기에서는 글 차원에서의 차이, 즉 맞춤법 차이에 대해서 논의한다. 3장은

Ⅱ. 예비적 논의

2.1 언어 vs. 말. 인간의 의사 소통은 주로 말 또는 글을 통하여 이루어진다는 데에 모두 동의한다. 그렇다면 의사 소통은 어떠한 과정을 거치는가? 이 과정을 이해하기 위해서는 우리는 언어라는 개념과 말이라는 개념을 구별해야 한다. 한글학회 이사장

이었던 고 눈뫼 허웅 선생은 그의 저서 〈국어학〉에서 다음과 같이 두 가지 다른 모습의 '말'에 대해 다음과 같이 서술한다(허웅 1983, 21쪽).

> 상식적으로 생각하고 있는 '말'과는 달리, 말은 그것을 보는 각도에 따라 두 가지, 꽤 다른 모습을 나타낸다. 구체적으로 부려 쓰인 말이 있는 반면, 머리 속에 기억되어 있는(갈무리되어 있는) 말이 있는데, 이 두 가지 말은 꽤 다른 모습을 띠고 있다.

인간(즉, 화자)의 머리(정신) 가운데에 갈무리되어 있는 말과 그가 구체적인 대화 상황에서 그러한 '갈무리되어 있는 말'을 부려 써서 만들어진 말로 구분한다는 것이다. 다시 말하면, 화자는 자신의 머리 속에 저장되어 있는 '말을 사용하여', 해당 대화 상황에서 자신이 전달하고자 하는 바를 '말로 나타낸다'('표상하다' 혹은 '표현하다')는 것이다. 가령, 한국어 화자가 지금 현재의 대화 상황에서 전달하고자 하는 바가 영어의 'how are you?'라는 문장이 나타내는 바라면, 이 전달코자 하는 바는 갈무리되어 있는 말인 '안녕', '하다', '시', '어', '요' 등의 형태소들과 이들 형태소의 연결을 통제하는 문법을 부려 써서, '말'인 문장 '안녕하세요?'로 나타내어질 수 있다.

이렇게 갈무리되어 있는 말과 부려 쓰인 말은 분명히 상이한 개념을 나타낸다. 필자는 전자의 개념은 '언어(言語)'라는 한자어로 지칭하고, 후자의 개념은 '말'이라는 고유어로 지칭하는 것이 적절하고 유용하다고 생각한다. 실제로 이 단어의 쓰임새는 많이 다르다. 가령 '언어'는 '언어 정책', '언어 사용', '언어 구사력', '개별 언어', 등 다소 추상적인 개념을 나타내는 데에 사용되는 반면, '말'은 '말하다', '말이 짧다', '낮말은 새가 듣고, 밤말은 쥐가 듣는다', '발 없는 말이 천리 간다', 등 화자에 의해 발화된 구체적인 현상을 나타내는 데에 사용된다. 물론 '말'과 '언어'가 동일한 의미로 사용되는 경우도 있지만(가령, '한국말'과 '한국어'는 거의 동의적이다), 위의 용례에서처럼, '언어'와 '말'이 상호 대체가 불가능한 경우도 있는 것이다.

이렇게 구분해 놓고 보면, '언어'는 사회적인 존재인 동시에, 개인적인 존재라고 볼 수 있는 반면, '말'은 전적으로 개인의 것이다. 다시 말해 '언어'는 해당 언어로 의사소통하는 공동체에 존재하는 사회적 공유물인 동시에, 그것이 존재하는 장소(처소)는 공동체를 구성하는 개개인의 정신 속이라는 점에서 개인적인 것이다. 반면에, '말'은 특정 담화 상황에서 화자 자신의 머릿속에 있는 언어를 사용하여, 자신이 전달하고자 하는 바(=메시지 message)를 표상한 결과를 나타내는 것이기 때문에 화자 개인의 것일 수밖에 없다. 따라서 개인적 성향이나 성품, 태도 등에 따라서, 말은 장황할 수도 있고, 간결할 수도 있고, 예의 바른 말이 가능하고, 거친 말, '말이 짧다' 등의 표현도 가능하다.

2.2 메시지와 텍스트, 그리고 말과 글. 소통(즉 대화)의 당사자는 화자와 청자이다. 대화의 주체인 화자는 객체인 청자에게 무엇인가를 '말한다'. 이때 '무엇'은 특정의 담화 상황(맥락)에서 화자가 청자에게 전달하고자 하는 바, 즉 '메시지'이다. 이 메시지는 화자의 어떤 경험에 의해 형성된 생각이나 느낌 등인데, 화자는 이 메시지를 언어를 수단으로 하여 '텍스트'로 표상한다. 밖에 비가 오는 광경을 목격한 화자가 이 경험한 바를 특정 담화 상황에서 메시지로 삼고 청자에게 전달하고자 할 때, 이 메시지는 한국

어 화자라면 한국어를, 영어 모국어 화자라면 영어를 수단으로 하여, 텍스트로 표상한다. 이렇게 표상된 텍스트가 소리라는 매체로 청자에게 전달되면 '말'이 되고, 글자라는 매체로 청자에게 전달되면 '글'이 된다. 전자는 청각으로, 후자는 시각으로 감각된다.

이렇게 텍스트를 언어를 수단으로 해서 표상화된 말/글로 이해하면, 남북한 소통 수단상의 차이는 언어적 차이[1]에 있는 것이 아니고, 말과 글에서의 차이에 있다고 이해할 수 있는 것이다. 이러한 이해는 한반도에서 사는 한국인들이 자연적으로 습득한 언어, 즉 한국어라는 언어적 동질성은 남한과 북한에서 그대로 유지되고 있다는 전제를 가능하게 한다. 남북한에 의해 공유된 이러한 전제는 매우 중요하고 소중하다고 본다. 그리고 소위 "언어 이질화" 문제는 사실 남북한 당국의 '어문 정책'에 의해 발생하는 말과 글에서의 차이라고 이해할 수 있다. 이러한 차이는 본질적 차이가 아니라 표면적인 차이이며, 따라서 '남북한 언어 이질화'의 문제가 아니라 '남북한 어문 정책의 차이'의 문제로 치환해서 생각할 수 있는 것이다.

우리의 논의가 통일 한국의 시대에 필요한 단일한 어문 정책의 수립을 위해 중요한 작업이 될 것임은 두말할 필요가 없다. 그러나 어느 정책이 우월한지의 가치적 판단은 본 논의에서 유보한다. 가치 판단은 다양한 요인을 고려한 뒤에 결정해야 하기 때문이다. 가령 '띄어쓰기'라는 글 관련 정책은 한국어 통사 구조에 대한 깊이 있는 이해가 전제되어야 하며, '고유어 사용'이라는 말 관련 정책은 외래어 수용이라는 사회적 가치 판단과 맞물려 있다.

1) 앞에서 지적한 바와 같이, 북한의 지역적 방언, 즉 평안 방언, 함경 방언 등의 방언적 차이, 그리고 약간의 어휘적 차이는 있다(1장 참고).

다음 3장에서는 언표화된 텍스트를 한글을 사용하여 적는 맞춤법 규정, 4장에서는 한국인이 외국어 문자(가령, 로마자)로 적혀져 있는 '글-텍스트'나 외국어(가령 영어)로 발화된 '말-텍스트'를 한글로 표기하는 외래어 표기법, 그리고 마지막으로 5장에서는 한글로 적혀진 '글-텍스트'를 로마자로 전사(표기)하는 로마자 표기법에 대해 논의한다.

Ⅲ. 맞춤법(정서법/표기법, orthography)

이미 주지하는 바와 같이, 남한과 북한이 각각 규정하고 있는 맞춤법은 1933년 조선어학회에서 제정한 〈한글 마춤법 통일안〉에서 유래한다. 다시 말하면, 남한의 '한글 맞춤법(1988)', 북한의 '조선말규범집(1987)'[2]은 모두 조선어학회 제정 통일안에 기초한다는 것이다(고창운 1999: 3, 박갑수 1999: 419-, 연규동 2015, 47, 등).

그런데 조선어학회 통일안은 북한에서 1948년 제정하고 1950년에 간행된 〈조선어신철자법〉이후 적지 않은 변화가 발생하고, 이것으로 인해 남북한 맞춤법에 중요한 차이[3]가 도래된다. 남한의 경우에는 조선어학회의 〈한글 마춤법 통일안〉을 거의 그대로 계승하다가, 1980년에 한글학회가 현실을 반영하여 많이 간소화된 맞춤법, 〈한글 맞춤법〉을 발표한다.

---

2) 한글 맞춤법은 1988년에 공포되고, 1989년에 시행되었고, 조선말규범집은 1966년에 조선어철자법(1954년)을 반영하는 규정이 제정된 후에, 1987년에 새로 개정해서 공포하고 익년도에 간행되었다.

3) 가령, (1) 겹자모 글자(이중모음을 적는 'ㅘ, ㅝ' 등, 된소리를 적는 'ㄲ, ㄸ' 등)를 독립된 하나의 글자로 간주하며, (2) 자모 명칭의 변경('기역' -〉 '기윽', '디귿' -〉 '디읃', '시옷' -〉 '시읏', 등)하고, (3) 사이시옷을 "'(소위, "절음부호")로 표기, (4) 두음법칙 폐지, (5) 전설 계열의 모음 뒤 '-어, -었'을 '-여, -였'으로 표기 등이다.

여기에서는 북한의 조선말규범집에 규정되어 있는 맞춤법에 따른 표기의 실제, 남한의 한글맞춤법에 따른 표기의 실제를 서로 비교하여, 그 차이점을 적시한다.

1. "자모"(글자)

우선, 남한은 독립적인 낱글자(한글 맞춤법의 용어로는 "자모")가 자음글자가 14자, 모음글자 10자로 모두 24자로 규정하는데, 이와 달리 북한은 모두 자음 글자 19자, 모음 글자 21자로 모두 40자로 규정한다.

남한의 "자모": 24자, 자음자 14, 모음자 10.

1. 자음자

ㄱ(기역) ㄴ(니은) ㄷ(디귿) ㄹ(리을) ㅁ(미음) ㅂ(비읍) ㅅ(시옷)
ㅇ(이응) ㅈ(지읒) ㅊ(치읓) ㅋ(키읔) ㅌ(티읕) ㅍ(피읖) ㅎ(히읗)

2. 모음자

ㅏ(아) ㅑ(야) ㅓ(어) ㅕ(여) ㅗ(오) ㅛ(요) ㅜ(우)
ㅠ(유) ㅡ(으) ㅣ(이)

이러한 "기본자모"로 적을 수 없는 소리는 두 개 이상의 자모를 어울러서 적는다고 되어 있어서, 이러한 "합성" 자모는 낱글자로 취급하지 않는다. 그런데, 북한에서는 이 합성 자모 16개도 낱글자로 규정한다.

ㄲ(쌍기역[4]) ㄸ(쌍디귿) ㅃ(쌍비읍) ㅆ(쌍시옷) ㅉ(쌍지읒)
ㅐ(애) ㅒ(얘) ㅔ(에) ㅖ(예) ㅘ(와) ㅙ(왜)
ㅚ(외) ㅝ(워) ㅞ(웨) ㅟ(위) ㅢ(의)

사전에서의 글자 배열 순서는 다음과 같다.

남한의 자모 순서
자음.
ㄱ ㄲ ㄴ ㄷ ㄸ ㄹ ㅁ ㅂ ㅃ ㅅ ㅆ ㅇ ㅈ ㅉ ㅊ ㅋ ㅌ ㅍ ㅎ
모음.
ㅏ ㅐ ㅑ ㅒ ㅓ ㅔ ㅕ ㅖ ㅗ ㅘ ㅙ ㅚ ㅛ ㅜ ㅝ ㅞ ㅟ ㅠ ㅡ ㅢ ㅣ

남한의 자모 배열 원리는 기본 자모의 배열 순서를 중심으로 해서, 같은 '계열'에 속하는 합성 글자를 같은 범주에 위치시킨다는 것이다. 즉, 쌍기역은 기역 바로 뒤에 인접시키고, 쌍디귿은 디귿 바로 뒤 위치이다. 모음도 'ㅐ'는 'ㅏ' 뒤, 'ㅒ'는 'ㅑ'뒤에 인접 위치한다. 이와 달리 북한의 자모 순서는 기본 자모를 먼저 배열하고, 이들 뒤에 합성 글자를 위치시키는데, 그 순서는 대체로 기본 자모의 순서에 따른다.

북한의 자모 순서
자음.
ㄱ ㄴ ㄷ ㄹ ㅁ ㅂ ㅅ (ㅇ) ㅈ ㅊ ㅋ ㅌ ㅍ ㅎ ㄲ ㄸ ㅃ ㅆ ㅉ
모음.
ㅏ ㅑ ㅓ ㅕ ㅗ ㅛ ㅜ ㅠ ㅡ ㅣ ㅐ ㅒ ㅔ ㅖ ㅚ ㅟ ㅢ ㅘ ㅝ ㅞ

북한 사전의 자모 순서 원리는 40개 각각의 글자가 독립적인 지위를 갖는 별개의 기호라는 전제에 기반하고 있다. 따라서 '된자음' 글자는 각각의 음성적 문자적 성질은 고려하지 않고, 'ㅎ'

4) 북한은 "쌍–" 대신 "된–'으로 부른다.

뒤에 위치시킨다. 모음의 경우에도 소위 '이중모음' 글자는 'ㅣ' 뒤에 위치시키고, 문자의 형상적 모양과 음성적 가치를 고려하여 배열한다. 즉, 'ㅐ'는 'ㅏ+ㅣ'이고, 'ㅔ'는 'ㅓ+ㅣ'이므로, 전자가 후자에 앞서고, 'ㅒ'는 'ㅐ'계 이중모음이므로 인접 후행한다.[5)]

2. 맞춤법의 실제

연규동(2015)에서 밝힌 바와 같이, 남북의 맞춤법(표기 규범)은 그렇게 현저하게 차이 나는 것은 아니다. 기호로서의 어휘소는 하나의 기의(어휘적 의미)와 하나의 기표(어휘적 형태)를 가지는 것이 일반적이기 때문에, 기표를 적는 문자인 한글의 경우, 문장에 사용된 어휘소, 즉 단어는 해당 어휘소의 어휘적 형태를 그대로 적는다는 원리를 준수한다. 즉, 단어는 '원형을 밝혀' 적는다.[6)] 한편, 조사나 어미와 같은 "관계소"(문법형태소)의 경우는 선행하는 어휘소의 음성적 특성에 따라 자신의 형태가 변동될 수 있는데(가령, '을~를', '은~는', '어~아', '니~으니', 등) 이 경우에는 발음되는대로 적는다.[7)] 이러한 맞춤법의 큰 원리는 남북이 다르지 않다. 북한의 신문이나 잡지 등을 읽는 데 별 어려움이 느껴지지 않는 이유이다.

그럼에도 불구하고 몇 가지 차이가 존재한다.

---

5) 어느 순서가 더 적절한지는 여기에서 다루지 않는다. 여러 요인, 가령 형상적, 음성적, 전통적 가치 등 여러 요인이 복합적으로 게재되어 있어 쉽지 않은 문제이다.

6) 남한의 맞춤법은 "어법에 맞도록"이라고 기술하고 있고, 북한의 규범에서는 "단어에서 뜻을 가지는 매개 부분을 언제나 같게 적는 원칙"이라고 기술한다. 북한의 기술 내용은 두음법칙 등과 관련한 한자어의 표기에 연동되어 있는 것 같다. 한국어의 한자어 어휘소에는 두 개의 중국어 형태소로 이루어진 것이 많은데(가령, 휴식休息, 국가國家 등), 북한의 규정은 중국어 형태소가 동일하면 동일한 기표로 적는다는 원칙을 세운 것으로 보인다(가령, 노력努力, 사고력思考力, 력학力學, 력동적力動的 등).

7) 그러나 된소리는 발음대로 적지 않는다. '잡-고/*꼬', '잡-지/*찌', '잡-자/짜', 등.

첫째, 발음상의 차이로 인해 표기상의 차이가 나타나는 경우가 있다. 남한에서는 유음 [ㄹ]은 어두에서 발음되지 않으며, 비(鼻)자음 [ㄴ]은 'ㅣ'와 'ㅣ'-상향이중모음 계열('ㅑ ㅕ ㅛ ㅠ') 앞에서는 발음되지 않는다. 가령, 둘 이상의 형태소로 이루어진 한자어 '낙엽(落葉), 이론(理論)' 등에서 어두 초성 발음이 [ㄴ]이거나 부재하지만, 같은 형태소가 비-어두에 위치하면, [ㄹ]로 발음된다('당락當落, 추리推理', 등). 또한 '이익(利益), 여자(女子)' 등의 어두 초성 자리에는 자음이 부재하지만, 비-어두 위치에서는 [ㄴ]이 발음된다('편리便利, 미녀美女', 등). 이러한 발음 현상을 '두음법칙'이라 지칭함은 주지의 사실인데, 이 현상이 북한에는 부재한다. 즉, 북한에서는 '락엽, 리론, 리익, 녀자' 등으로 발음하고 그대로 적는다.[8)]

둘째, 두 체언 어휘소가 모여 형성된 합성어(compound)에서 선행 어휘소가 모음으로 끝나고 후행 어휘소의 초성 진자음이 경음으로 발음되거나 초성 자리에 [ㄴ] 소리가 나는 경우(가령, [시내까], [깻닙], 등), 남한 맞춤법은 소위 '사이시옷(ㅅ)'을 적는 반면, 북한 표기법은 적지 않는다. 즉, '시냇가, 깻잎' vs. '시내가, 깨잎'.[9)] 그러나 사이시옷 문제는 비단 표기의 문제에만 머무르지 않고, 발음의 문제와 연루되어 있기도 하다. 가령, '베갯잇'[베갠닏] vs. '베개잇'[베개읻]인 반면, '수여우'[수여우] (그러나 '암여우'[암녀우]~?[아며우]) vs. '수여우'[순녀우]이다. 또한

8) 성씨 '柳'는 그대로 '류'로 적으며, '라면, 라디오, 라꾸라꾸, 라식, 러시아, 로봇, 루즈' 등 외래어에서는 어두에 [ㄹ]이 가능하다. 전자는 유(劉), 유(兪) 등의 성씨와 구별하기 위한 인위적 노력이고, 후자는 외래어임을 지표하는(index) 발음이라고 보인다.

9) 두 체언 어휘소가 모여 합성어를 만드는 경우와 통사적 구성을 형성하는 경우, 그 발음 양상이 좀 다르다는 점을 지적해 둔다. '나무(의) 잎이 노랗다' vs. '떨어진 나뭇잎'. 전자의 '나무 잎'은 나무의 잎을 뜻하는 통사적 구성인 반면, 후자는 잎의 종류를 뜻하는 합성어이다.

'사랑니, 송곳니, 간니' vs. '사랑이, 송곳이, 간이'의 표기 차이도 지적한다.

셋째, 두 번째 사항과 연관되어 있는 문제로 '띄어쓰기'가 있다. 한글 맞춤법(1988)에서는 '문장의 각 단어는 띄어 씀을 원칙으로 한다'고 되어 있는 반면, 조선말규범집(1987)에서는 '조선어의 글에서는 단어를 단위로 하여 띄여쓰기는 것을 원칙으로 하되 자모를 소리마디단위로 묶어쓰는 특성을 고려하여 특수한 어휘부류는 붙여쓰도록 한다'라고 규정하고 있다. 이에 따라 남한은 불완전명사 역시 단어로 보아 띄어쓰기를 하는 반면, 북한은 붙여쓴다. '아는 것이 힘이다', '먹을 만큼 먹어라', '떠난 지가 오래 되었다' vs. '좋은것', '모를리가 없다', '떠난지가 오래다'. 몇 가지 경우를 더 예시한다. 단위명사의 경우: '한 개, 소 한 마리, 옷 두 벌' vs. '두살, 다섯개, 세마리' 등. 수사: '십이억 삼천사백오십육만 칠천팔백구십팔(12억 3,456만 7,898)' vs. '십이억 삼천 사백 오십 륙만 칠천 팔백 구십팔(12억 3천 4백 56만 7천 8백 98)'. '이름+직명' 표현: '김구 선생, 이승만 박사, 김 과장' vs. '김춘식박사, 김철이박사선생, 조창진부장'.[10)]

넷째, 어미 '-어(서)', 선어말어미 '-었'은 'ㅣ' 계열 모음('ㅣ, ㅐ, ㅔ, ㅚ, ㅟ, ㅢ') 뒤에서는 [여], [였]으로 발음되기도 하는데, 남한에서는 원형 그대로, 북한에서는 발음되는 대로 적는다. 남한에서는 '개어, 개었어'지만, 북한에서는 '개여, 개였다'로 표기한다. 나아가 '이+어'의 연쇄체를 가지는 어휘소에서도 차이가 나타

10) 띄어쓰기 문제의 핵심은 해당 표현이 어휘소인 합성어인지 문장에 사용된 통사적 구성인 구인지를 구별하는 데에 있다고 본다. 대체로 합성어는 붙여쓰고, 통사적 구성인 구의 두 단어는 띄어쓰기를 하는 것이 타당하다고 본다. 그러나 구체적인 사례에 대한 세부적 논의는 별도로 있어야 할 것이다.

나는데, 남한에서는 '드디어[여]', '헤엄[염]'으로 적지만, 북한에서는 '드디여, 헤염'으로 적는다. 그러나 '기억, 이어도, 비어(卑語)' 등에서는 [여]로 발음되지 않는다. 적어도 남한에서는 발음상의 변이가 존재한다. 그 외 여러 어휘소의 표기에서 차이가 나타나기도 한다. '널따랗다, 얄따랗다' vs. '넓다랗다, 얄따랗다', '살살이, 쌕쌕이' vs. '살사리, 쌕쌔기', 등.

이상의 논의를 살펴보면, 맞춤법의 원리 '원형을 밝혀 적음'이 남북한 모두에 적용되는 것을 알 수 있다. 차이 나는 점은 어느 경우에 예외적으로 '발음나는대로' 적을 것인가에 있다.

Ⅳ. 외래어의 한글 표기법

한국어에는 고유어 외에 외국어의 단어가 들어와 한국어의 어휘의 일부가 된 소위 "외래어" 또는 "차용어"가 많다. 예전에는 중국어에서 차용된 외래어, 즉 '한자어'가 있고, 요즘에는 특히 영어(국제 공용어)에서 차용된 외래어가 많다. 한자어의 차용은 이미 오래전에 발생한 일이어서 한국인에게 외래어로 인지되지는 않을 것으로 생각되고, 비교적 최근에 유입된 영어 기원 외래어인 커피, 버스, 골프 등도 이미 일상생활에서 자주 사용되고 있는 익숙한 단어이다. 그러나 북한의 경우 최근에 유입된 외래어는 대체로 러시아어에 기원을 둔 것이 상대적으로 많고, 외래어 표기 역시 러시아어 끼릴(cyrillic) 문자나 음운목록에 대응시켜 규칙화하고 있음이 주목된다.

본 절에서는 외래어의 한글 표기법 상 남북한의 차이에 대해 논의한다. 1986년에 제정된 남한의 '외래어 표기법'에 적시된 표기 기본 원칙은 5개항으로 이루져 있다.

제1항은 '국어의 현용 24자만으로' 적는다는 것이다. '24자'로 적시한 것은 남한의 경우 'ㄸ' 등의 된소리 글자나 'ㅘ' 등의 이중모음 글자는 독립된 별개의 문자로 보지 않기 때문이다.

제2항은 '외래어의 1 음운은 원칙적으로 1 기호로' 적는다는 것인데, '원칙적으로'라는 단서를 붙인 이유는 외래어의 하나의 음운이 둘 이상의 변이음을 가지고 있는데, 그 변이음들이 한국어의 별개의 두 음운에 대응될 수 있는 경우가 있어서, 이러한 경우에는 두 기호로 적는 게 적절하기 때문이다.

제3항 '받침에는 'ㄱ ㄴ ㄹ ㅁ ㅂ ㅅ ㅇ'만 쓴다'인데, 이것은 한국어 종성 진자음의 내파성(가령, [책]의 [ㄱ] 소리는 파열하지 않는다. 영어의 [book]에서 [k] 소리가 파열되는 것과 비교) 때문이다. 가령, 영어 nail shop은 '네일 숍'으로 적는다.

제4항 '파열음 표기에는 된소리를 쓰지 않는 것을 원칙으로' 하는데, 이것은 한국어에서 된소리는 어두(語頭)에서만 음운적 기능을 담당하여 된소리 글자가 출현하지만('딸 vs. 달', '뿔' vs. '불', '꿀' vs. '굴', 등), 음성적으로 조건화되어 발음되는 어중(語中) 위치에서는 따로 된소리 글자로 표기되지 않는다(가령, '책장'[짱], '답가'[까], '먹지'[찌], 등). spy - 스파이/*스빠이, Tolstoy - 톨스토이/*똘스또이, 등.

제5항 '이미 굳어진 외래어는 관용을 존중하되, 그 범위와 용례는 따로 정한다'라고 되어 있다.

한편, 북한의 '조선어 외래어 표기법(1956)'의 특징은 '조선 외래어', 즉 조선어 어휘의 일부인 외래어의 어음 구성을 확정하고 그 토대 위에 표기법을 고착시킨다는 목적에서 표기법을 제정한다는 점을 명시적으로 규정하고 있다. 아울러 '외래어'를 "조선어 중 외국어적 기원이 명백한 단어"로 정의하고, 외래어 표기 수단은 "한자가 아닌 조선 자모"라고 하고 있다.

외래어 표기 원칙을 서로 비교하여 보면,

첫째, 북한은 '외래어의 표기는 현행 조선어 자모 체계에 의거하며, 새로운 자모, 새로운 보조적 기호를 사용하지 않는다'라고

하여 남한의 제1항 원칙과 동일하다. 이는 "'조선어 철자법 통일안'(1933)에서 보인 외래어 표기의 기본 원칙 중 "새 글자나 부호를 쓰지 아니한다."는 정신을 그대로 이어받은 것"(김희진 1996: 82)이라고 볼 수 있다.

둘째, 1음운-1기호 대응 관계와 8종성 글자 표기는 남북이 대체로 동일하다. 그러나 북한은 외래어 출전(source) 언어의 표기상의 특성을 고려하는데, 가령 러시아어의 경우 1음운-1자모의 대응관계가 대체로 투명해서, 러시아어에서 온 외래어는 위의 원칙에 그대로 따르지만, 영어처럼 글자와 음성의 대응관계가 불투명한 경우에는, 해당 단어의 발음 부호(글자가 아니라!)에 대응하는 한글 자모를 적는다고 구분해 기술하고 있다.

셋째, 남한에는 된소리 글자를 배제하는 원칙이 있는 반면, 북한에서는 그러한 원칙이 부재하다.

남북한의 외래어 표기법의 차이에 의한 실제 표기상의 차이 몇 가지를 예시한다. montage: 몽타주-몽따쥬, game: 게임-겜, circle: 서클-써클, ball: 볼-뽈, conte: 콩트-꽁뜨, catalogue: 카타로그-까따로그, minus/минус: 마이너스-미누스, Russia/Россия: 러시아-로씨아, pomade/pommade(F): 포마드-뽀마드, 등.

V. 한국어의 로마자 표기법

외래어의 한글 표기법이 남한과 북한 사회 내부의 언어(글) 사용상의 표준화 작업이라면, 한국어의 로마자 표기법은 한국의 지명이나 인명을 포함한 여러 우리말 단어를 국제 사회를 위해 로마자로 표기하는 방식을 표준화하는 작업이라고 볼 수 있다. 전자의 한글 표기법은 미래에 예견되는 통일 시대에 필요한 규정이라고 볼 수 있는 반면, 후자의 로마자 표기법은 국제 사회에 통일된 표기법을 제시하는 것이 현재 필요한 작업이라고 볼 수 있다.[11)]

로마자 표기의 대상은 한국어 단어의 소리일 수도 있고, 한국어 단어의 한글표기일 수도 있다. 전자를 대상으로 표기하는 방식을 전사법(transcription, 혹은 전음법), 후자를 대상으로 표기하는 방식을 전자법(transliterantion)이라고 하는데, 로마자 표기법이라는 규정은 말의 문제가 아니라 글의 문제이기 때문에, 전자법을 원칙으로 해야 한다는 주장이 힘을 얻고 있다(김선철 2012)고 볼 수 있다.[12)] 그러나 전자법 원칙이라고 해도, 로마자나 한글 모두 소리를 대신하는 글자이기 때문에, 외국인을 위해 해당 단어의 소리와 가깝게 적으려는 시도를 전혀 무시할 수는 없다(하빛나 2017).

남북한 공히 정책적으로 로마자 표기법을 규정하기 이전에 이미 서양에서는 '머큔-라이샤워(McCune-Reischauer, MR)법'에 의해서 한국어 단어를 표기해 왔는데, 이 표기법은 순수 한글을 사용하는 외에 특정의 조정 부호를 사용한다. 가령 거센소리를 표기하기 위해 어깻점(′)을 사용한다든지, 모음에서는 'ㅓ, ㅡ'는 'ŏ, ŭ'로 소위 "반달표"를 사용한다. 한편 종성 위치에서의 내파로 인해 동일하게 들리는 'ㄷ, ㅅ, ㅈ, ㅎ'을 모두 't'로 표기하고, 'ㅐ, ㅚ'는 'ae,

---

11) 사실 남북한은 1996년에 'ISO TR 11941(1996)안'을 도출하여 UN에 제출하기도 하였으나, 결국 폐기되었다(고대영 2017, 47). ISO는 '국제 표준화 기구(International Organization for Standardization)', TR은 '전문(專門)/세부 보고서(Technical Report)'의 약자이다.

12) 그러나 남한의 어문 정책 당국의 표기법 규정은 전사법과 전자법을 오고 가는 혼란을 보인 것이 사실이다(고대영 2019, 55-).

oe'로 적는데, 이는 실제 발음을 고려한 전사법적 표기이다.[13]

광복 이후 남한 정부는 몇 차례에 걸쳐 로마자 표기법을 개정해 왔는데, 현재는 문체부(2000)안을 바탕으로 일부 개정된, 문체부 고시 제2014-42호(2014년 12월 5일 고시, 시행)의 로마자 표기법이다. 현행 로마자 표기법은 전사법을 원칙으로 하되[14], 전자법적 표기도 고려하고 있다. 가령, 자음접변의 동화나, 구개음화, ㄴ/ㄹ의 덧남, 거센소리 현상은 발음대로 표기한다. '백마'-Baengma, '왕십리'-Wangsimni, '학여울'-Hangnyeoul, '해돋이'-haedoji, '좋고'-joko 등. 그러나 체언에서는 거센소리 발음을 반영하지 않고, 전자법에 준한다. '묵호'-Mukho, '집현전'-Jiphyeonjeon, 등. 아울러 된소리 발음도 반영하지 않는다. '압구정'-Apgujeong, '낙동강'-Nakdonggang, '울산'-Ulsan, 등.

북한의 로마자 표기법(라틴문자표기법)은 전사법과 전자법을 각각 구분하여 제정하고 있다는 점이 특징적이다.[15] 이는 사용 목적과 적용 대상에 따라 전자법과 전사법을 구별해서 사용해야 할 현실적 요구를 감안한 것이라고 한다(최병수 2008). 그러나 실제로 일상 생활에서 광범위하게 사용되는 로마자 표기법은 1992년의 〈조선어의 라틴문자표기법〉으로 이는 전사법적 규정이다(하빛나 2017, 77). 1992년 전사법의 1장 총칙 1항은 이를 명확히

13) 남한 정부의 현행 표기법과 머큔-라이샤워 표기법의 국제적 사용 비율은 30% 대 64%이지만, 젊은 학자를 중심으로 정부 표기법의 선호도가 증가 추세에 있다는 보고가 있다(엄익상 2013). 어깻점이나 "반달표" 등의 부호 사용이 편이성과 효율성을 위축시키기 때문이다.

14) 국어의 로마자 표기법 기본 원칭 제1장 제1항은 "국어의 로마자 표기는 국어의 표준 발음법에 따라 적는 것을 원칙으로 한다"라고 되어 있다. 제2항은 '로마자 이외의 부호는 되도록 사용하지 않는다.'라고 하여, 머큔-라이샤워 식 조정 부호 사용을 억제한다.

15) 1992년 전사법 〈조선어의 라틴문자표기법〉과 2002년의 〈조선글자의 라틴문자표기전자법〉이 그것이다.

한다. '조선어에 대한 라틴문자전사는 조선어표준발음법(문화어의 발음) 규범에 준한다.' 그런데 총칙에는 남한의 '로마자 표기법' 기본 원칙에는 없는 사항이 있는데, 그것은 '조선어를 전사하는 라틴문자의 발음은 국제적으로 널리 통용되는 것을 기준으로 하며 라틴문자를 사용하고 있는 어느 한나라의 발음에 치우치지 않는다'라는 제2항과 현 라틴문자표기법을 적용하는 일상 분야를 예시하면서('출판, 통신, 보도, 지도, 간판, 상표, 각국 대내외 문건 기타'), 해당 표기법을 '유일적으로 적용'한다는 제3항이 그것이다. 제2항은 라틴문자화된 단어의 발음은 반드시 특정 국가의 발음(가령, '미국 영어'식 발음)을 기준으로 하지 않는다는 것이고 제3항은 표기법의 일관적 사용을 규정화한 것이다.

다음은 남북한의 표기법의 차이를 개별 음성(자음과 모음) 표기와 단어의 음성(어휘의 기표) 표기로 나누어서 살펴보자. 우선 자음의 표기를 살펴보면,

첫째, 파열음 표기를 제외한 나머지 자음들의 표기는 남북한이 동일하다.

	파찰음	마찰음	비음	유음
	ㅈ ㅉ ㅊ	ㅅ ㅆ ㅎ	ㄴ ㅁ ㅇ	ㄹ
남한	j jj ch	s ss h	n m ng	r, l
북한	j jj ch	s ss h	n m ng	r, l

둘째, 남북한의 로마자 표기법 통합에 주요 장애물은 파열음 표기에서의 차이이다. 실제로 1996년 UN에 제출한 'ISO TR 11941'안을 북한이 받아들이지 않은 이유는 바로 이 파열음 표기 문제 때문이었다.

	ㄱ		ㄲ	ㅋ	ㄷ	ㄸ	ㅌ	ㅂ	ㅃ	ㅍ
남한	g, k		kk	k	d,t	tt	t	b,p	pp	p
북한	k/g, k		kk	kh	t/d, t	tt	th	p/b, p	pp	ph

두 표기법의 차이는 결국 평음자의 처리문제로 귀결된다. 격음은 평음이 처리되면 무난히 동의될 수 있는 문제이다. 우선 남한의 로마자 표기법에서는 평음자 〈ㄱ, ㄷ, ㅂ〉을 'g/k, d/t, b/p'로 표기한다. 각각의 두 글자의 분포를 보면, 〈g d b〉는 모음 앞에, 〈k t p〉의 경우는 자음 앞이나 어말에 위치한다. 가령, '구미'–Gumi, '영동'–'Yeongdong', '백암'–Baegam, '옥천'–Okcheon, '합덕'–Hapdeok, '호법'–Hobeop, 등. 한편, 북한의 라틴문자표기법에서는 평음자 〈ㄱ, ㄷ, ㅂ〉를 모든 위치에서 'k t p'로 적고, 'g d b'는 유성음화되는 경우(즉, 모음과 모음 사이, 공명음과 모음 사이 등)에 적는다. 가령, '개성'–keasong, 금강–'kumgang', '대동'–Taedong, 등.

두 표기 체계에서 우선적으로 눈에 띄는 것은 당연히 어두 평음의 로마자(라틴문자) 표기이다. 남한은 가령 '구미'를 Kumi가 아니고 Gumi로 적는 이유를 영어 등의 인구어에서 초성 자리의 [k] 소리는 한국인들에게 거센소리나 된소리로 들리기 때문으로 설명한다. 즉, 영어의 Korea는 [코리아]로 거센소리로, 러시아어나 불어의 KOREJA/COREA의 첫소리는 [꼬레아]로 된소리로 발음된다. '부산'을 Pusan으로 적었더니, [푸산]으로 읽더라는 에피소드는 유명하다. 그러나 북한은 한국어 '구미'의 첫소리 평음은 무성음인데, 만약 Gumi로 적는다면, 유무성 대립을 가진 모든 사람들(미국인이나 유럽인 포함)은 유성음으로 발음할 것이기 때문에 부적절하다고 설명한다. 그리고 모음과 모음 사이의 평음은

유성음화되기 때문에 오히려 이 소리는 'g d b'로 적어야 한다고 주장한다.[16)]

셋째, 모음 표기에도 차이는 존재한다.

	ㅏ	ㅓ	ㅗ	ㅜ	ㅡ	ㅣ	ㅐ	ㅔ	ㅚ	ㅟ[17)]
남한	a	eo	o	u	eu	i	ae	e	oe	wi
북한(전사법)	a	ŏ	o	u	ŭ	i	ae	e	oe	wi
북한(전자법)	a	eo	o	u	eu	i	ai	e	oi	ui

남한의 전사는 일부는 북한 전사법 표기와 일부는 북한 전자법 표기에 대응되는데, 이 부분은 결국 남북한 학자의 음성학적 견해의 차이에 있다기보다는 기호의 선택 상의 차이에 있다고 여겨진다. UN 'ISO TR 11941'안에 대해서도 북한 대표들이 이 부분을 이의 제기한 것은 아니다.

넷째, 단어의 기표형을 이루는 음성 연쇄체에서는 여러 음성 변화(음성변종)가 발생하는데, 이러한 음성 변화를 고려하는 표기, 즉 전사법적 표기를 남북한 모두 원칙으로 하고 있다. 그러나 남한의 경우는 된소리화, 체언에서의 거센소리화는 표기에 반영하지 않는 반면, 북한에서는 된소리화는 문자에 반영한다. '천리마'-Chollima, '압록'-Amnok, '팔당'-Palttang, 등.

---

16) 결국 로마자로 표기된 단어의 발음이 한국인에게 어떻게 들리느냐의 문제가 관건으로 보인다. 한국어의 평음은 음성적으로 후두의 능동적 움직임을 동반하지 않는 자음으로, 후두 움직임을 동반하는 서양어의 자음과는 그 음성적 성격이 많이 다르다. 가령, 영어의 [k]는 우리의 [ㅋ]로, 불어의 [k]는 [ㄲ]로 발음된다.

17) 이중모음 표기는 'y', 'w'를 덧붙이면 된다.

이상과 같이 남북한 로마자(라틴문자) 표기법 상의 주된 차이점을 지적했는데, 이러한 차이점은 남북 통일 이전의 평화와 교류의 시대에 전문가들이 모여 토론과 설득의 과정을 거쳐 제거할 수 있으리라 본다. 우선 북한의 전자법과 전사법의 이원 체계는 매우 설득력이 높다고 본다. 학문 분야에서는 '글자-글자'의 일대일 대응 관계를 수립하여 전자법 체계를 수용하고, 일상생활 분야에서는 로마자 표기법의 제정 목적을 고려하는 전사법 체계를 수립할 수 있을 것으로 본다. UN 단일안이 합의되지 못한 이유가 성씨 '김'에 대한 로마자 표기 차이 때문인 것으로 알려지고 있는데(정경일 2001), 성씨의 로마자 표기는 다소 개인적이고 관습적인 측면이 있음을 고려하여 굳이 표기법 규정으로 통제할 필요는 없다고 본다. 남한에서도 '김'씨는 여전히 Kim으로 적고 있고, '박'씨는 Park, Pak 등으로, '전'씨는 Jeon, Jun, Chun, Cheon 등으로 표기되고 있다.

참고문헌

고대영 2019, 남북한 로마자 표기법 통일 방안, 반교어문연구 53권, 반교어문학회, 47-77.

고영근 1994, 통일 시대의 어문 문제, 길벗.

김선철 2012, 국어의 로마자 표기법과 관련된 몇 가지 쟁점, 한국어학 56, 한국어학회, 1-27.

김세중 2000, 국어의 로마자 표기법 개정 경위, 새국어생활 10권 4호, 5-18.

고창운 1999, 민족 통일과 남북한의 언어 이질감 해소를 위하여, 한말연구 5, 1-39.

박갑수 1999, 남북한의 언어 차이와 그 통일 정책,

박재수 2000, 조선언어학에 대한 연구(조선어학전서), 박이정.

신석환, 남북한 언어의 이질화 현상과 동질성 회복 방안, 사림어문연구 11, 1-24.

엄익상 2013, 한국어 로마자표기법의 수용도와 개정 방향, 한중언어문화연구 31, 한국중국언어문화연구회, 3-30.

연규동 2015, 남과 북 공통 표기법의 조건, 새국어생활 25-2, 45-66.

유만근 1998, 한글 로마자의 변자법과 우리말 로마자 표음법, 논문집 제1집, 한국어표기법연구회.

이석주 1994, 남북의 표기법과 국어교육, 교육월보 154.

정경일 2003, 남북한 어문규정과 그 통일방안; 로마자 표기법의 남북통일 방안, 우리어문연구 20권, 121-149, 우리어문학회

정동환 2002, 통일 시대의 외래어 표기법, 한말연구 11, 241-259.

최병수 2008, 조선어의 라틴글자표기에서 나서는 몇 가지 문제, 조선어문 150, 과학백과사전출판사, 24-33.

하빛나 2017, 남북한 로마자 표기법의 통일을 위한 연구 - 현행 남북한 로마자 표기법의 비교를 중심으로, 한국어문교육 22권, 65-102, 고려대학교 한국어문교육연구소.

허웅 1983. 국어학 -우리말의 오늘·어제-, 샘문화사.

한글학회·현대경제연구원 2010, '국어의 로마자 표기법' 영향 평가, 문화체육관광부 국고보조사업 보고서.

제3장

남북한 주민들의 이질성 극복을 위한 통일 문학교육

김태옥(충북대학교 러시아언어문화학과)

오랜 분단의 역사만큼이나 깊게 골이 파인 남북한 문학장, 우리는 그 안을 들여다보기조차 힘이 듭니다. 서로가 어떤 생각을 하고 있는지, 어떠한 고민을 갖고 일생을 살아가는지 천편일률적인 언론 보도를 제외하고는 접할 길이 드뭅니다. 정치, 경제, 군사적 차원을 향한 남북의 상호 접근은 외형적인 통일을 위한 중요한 전제 조건이기는 하지만 오래도록 계속된 상호 간 불신과 대결, 갈등, 혐오의 감정을 일소하는 데에는 명확한 한계를 갖고 있습니다. 문학은 그 한계를 인식하고 극복하기 위한 중요한 소통의 장, 통합의 장 역할을 할 수 있습니다. 이제 더는 감추려 하거나 모르는 척해서는 안 됩니다. 우리는 서로가 써내려 온 그 하얀 백지 위에서 보이지 않는 뜨거운 고민과 논의, 논쟁을 이어가야 할 때입니다. 이 장은 남북한 문학장의 그러한 현실과 그 닫힌 현재의 문을 여는 방편의 하나로 경계의 한가운데 서 있는 오장환 시인과 시인의 작품을 살펴보고자 합니다.

〈차례〉

Ⅰ. 들어가는 글
1. '다름'에 대한 인정
2. 문학을 통한 통일 교육, 왜 필요한가!
3. 통일문학의 현실

Ⅱ. 통일문학 교육_나의 노래가 끝나는 날은...
1. 남과 북의 경계에서, 시인 오장환
2. 동시 세 편
3. '하나'에서의 삶과 시(詩)
4. '둘'이 되는 과정과 그 이후
5. 다시 처음, '하나'였을 때로

Ⅰ. 들어가는 글

1. '다름'에 대한 인정

남과 북을 이야기할 때, 우리는 늘 '하나', 한 민족', '같은'이라는 단어를 꺼내며 서로를 하나로 묶어 동질성을 강조(강요)하려 듭니다. 하지만 우리의 실상 또한 그러한 '같음'의 언어들과 일치하고 있는지 생각해 볼 필요가 있습니다. 44,449명에 달하는 남한의 이산가족 중 80%에 이르는 이들이 북에 있는 자신의 부모와 부부, 자녀, 형제, 자매의 생사조차 확인하지 못하고 있습니다('22.5.31. 기준, 통일부 자료). 이산가족 전체의 85%를 웃도는 70세 이상의 남한 노인들은 북에 두고 온 가족, 친지들과의 만남의 때를 기약하지 못한 채 하루하루를 살아가고 있습니다. 표현 그대로 남과 북이 진정 '하나'라면 우리는 왜 이토록 오랜 세월 분노와 적의, 안타까움의 시선으로만 서로를 등지거나 바라보고만 있는 것일까요. 하나인 내가, 나의 또 다른 네가 '다른' 사고가 아닌 '틀린, 잘못된' 생각을 하고 있다는 것, 나와 다른 이데올로기로 무장하여 내게 맞서려는 것 자체가 용납되고 허용되지 않기 때문입니다. 대화의 물꼬조차 트는 것이 이토록 어렵고 힘든 현실, 그것이 오늘날 우리 남과 북의 모습입니다.

남북관계와 관련된 모든 방향에서의 접근은 '우리는 다르다', '우리는 서로 같지 않다'라는 '다름'에 대한 인식에서 출발해야 합니다. 우리는 이미 77년이라는 오랜 시간을 떨어져 살아왔습니다. 그 사이 동족상잔의 전쟁이 있었고, 그 전쟁은 38선을 휴전선으로 바꾸어놓았습니다. 이념에서 시작한 분열은 상대를 정복하고 전멸시켜야 하는 피의 전쟁을 통해 서로를 적으로 인식하는 단계에까지 이르렀습니다. 남남 내에서의 첨예한 이념 갈등에서 보듯 전쟁에 대한 상처는 우리 내에서조차도 아직 합의와 동의를 이루지 못하고 치유되지 못한 상태에 있습니다. 다른 토양에서 자란 다른 음식을 먹어 체질이 다르고, 차원이 다른 교육을 77년의 세월 동안 받아왔습니다. 과거의 문화·역사적 배경을 같이하고 같은 언어를 사용한다는 것이 '하나'가 되어야 하는 의무를 만드는 것일까요. 같은 언어라고 하지만 남한의 우리가 북의 언어를 접할 때 전혀 이질감을 경험하지 않는다고 감히 말할 수 있을까요. 열거한 것들은 통일을 위한 필요조건이지만, 하나가 되기 위한 충분조건은 되지 못합니다.

이와 유사한 사례를 하나 살펴보도록 합시다. 법무부 출입국외국인정책본부 자료에 따르면 현재(2021.3. 기준) 충청북도 청주시에는 고려인을 포함하여 러시아어권에서 온 외국인이 총 4,692명 거주하고 있습니다. 정식으로 등록된 수가 위와 같으며 등록되지 않은 이주민의 수까지 포함하면 청주에는 많게는 7천여 명, 주변 오창, 증평, 진천을 포함한 충북지역 전체에는 약 1만 명가량의 러시아어권 이주민이 거주하고 있는 것으로 알려져 있습니다. 그들 러시아어권 이주자 중 상당수가 고려인입니다. 어느 자료에 따르면 고려인의 93%가량이 함경도와 평안도 지역 출신이라고도 합니다. 일반인들은 물론 러시아 관련 연구자 중 상당수도 이들을 이야기할 때 어김없이 '한민족'이라는 단어를 사용합니다. 본 필자 또한 그렇게 부르는 것 자체에는 동의합니다. 이를 부정하지는 않습니다. 하지만 다시 한 번 실상을 들여다봅시다. 실상 또한 그러한가요. 실상은 우리가 말하고 인식하는 '하나'라는 그러한 관념과 조화를 이루고 있는지요. 고려인에 대해서도 우리는 북에 대한 태도에서처럼 '한민족'이라는 표현을 사용하고는 있지만, 직장, 교육, 삶의 현장에서 이들은 여전히 이주민이며 외국인(중도입국외국인)입니다. 북한보다 더 많은 왕래, 관계가 중간에 오가고 있었으면서도 말이죠. 고려인이 이주민, 외국인인 것에 반해 우리는 '한국인'이며 '선주민'입니다. 생활, 교육, 노동 등의 현장에서 고려인은 우리 선주민들과 다양한 갈등, 마찰을 빚고 있습니다. 그 과정에서 '우리가 같은 하나야.'라고 최초 마음에 담아두었던 인식이 오히려 서로에 대한 감정의 골, 상처를 더욱 깊게 만드는 역할을 합니다. 그들이 단순 외국인이었다면 어땠을까요. 필자가 본 고려인은 '조금은 다른 차원의 의미에서' 이미 러시아인, 우즈베키스탄인, 카자흐스탄입니다. 상당히 극단적인 표현으로 보이고, 동의하기 힘드신 분도 많으리라 생각합니다. 고려인은 남북분단보다 이미 한 세기가량 앞서 한반도에서 분리된 삶을 살아갔습니다. 그들은 해당 국가의 토양에서, 해당 국가의 법률 내에서, 해당 국가의 교육을 받고 자란 해당 국가의 시민입니다. 우리는 '같은 민족', '한민족'이라는 틀에서 그들과의 대화를 시작해야 할 것이 아니라, 그들이 이미 해당 국가의 시민임을 먼저 인정한 후에 소통을 이어가야 합니다. 우리가 만일 고려인을 우리 민족이 아닌 '다른 부류의 한국인', 극단적으로 '외국인, 러시아인, 중앙아시아인'으로 바라보며 관계를 시작했다면 이후 발생할 수 있는 문화적, 사회적 문제들은 충분히 봉합 가능하며 이해, 타협의 상황으로 진전될 수 있었을 것이라 생각합니다. '서로가 같다'라는 생각은 객관적이고 냉정한 상황판단을 어렵게 만들어 그 자리에 감정의 주관적인 개입을 자연스럽게 허용하게 합니다.

우리의 통일은 어떠한 방식을 통해 이루어져야 하는지요. 통일이라는 거대한 담론으로 나아가기 위한 우리의 주제, 우리의 대화는 '우리는 다르다', '남과 북은 다르다'에서 시작되어야 합니다. 먼저 서로의 차이를 인정하고 그러한 과정에서 공통점을 발견해 나갈 때 '우리가 이렇게 많은 시간을 서로 다른 체제 내에서 살아

왔음에도 이러한 공통점들이 여전히 존재하는구나'를 찾아가게 될 때 대화의 문, 마음의 문이 비로소 열릴 수 있습니다. 같음에서 출발하여 차이를 발견하고 갈등과 분쟁을 낳기보다는 다름을 먼저 인정하고 이후에 서로의 교집합과 합집합을 발견해나가는 방향으로 우리의 이야기는 진전되어야 합니다.

2. 문학을 통한 통일 교육, 왜 필요한가!

77년이라는 오랜 기간의 분단, 첨예한 이념 대립, 그리고 국내의 좌우 갈등은 통일 이후의 민족 공동체 수립을 가로막는 큰 장애로 작용합니다. 해방 이전 세대, 분단 이후 여러 세대를 거치는 동안 상호 공감대를 형성하였던 역사·문화적, 정신적 간격 또한 조금씩 그 간극을 넓혀가고 있습니다. 남북이 분단 이전의 상황으로 되돌아가는 데에는 분단의 역사보다 더 긴 시간과 많은 노력이 필요로 할지도 모릅니다. 2018년 4·27 판문점 선언과 2019년 2월 하노이 회담 등을 통해서 보듯 우리의 남북관계는 일희일비의 순간이 상존합니다. 우리가 준비하는 통일은 언제든 그 이전의 상황으로 되돌아갈 수 있다는 불안정성과 동시에 언제 어느 순간 어떠한 방식으로 갑작스럽게 통일이 될 수도 있다는 극단적인 특수성을 안고 있습니다. 그러한 상황을 대비한 통일의 방식과 준비에 대한 고민이 여태 우리 사회의 많은 분야에서 오래도록 진행되어 왔습니다.

앞서 말했듯 성공적인 통일을 위한 전제 조건은 70년 이상 지속된 분단된 남북한에 대한 상호이해에서 출발합니다. 상호이해란 '동질성과 차이'에 대한 이해를 말하며, 이는 성공적인 통일을 향한 정치나 경제 시스템 차원의 통일과 더불어 북한과 남한 주민들 사이의 이질화된 정신적, 문화적 차원에 대한 이해를 가리킵니다. 문화란 사회적 상호 작용을 통해 전승되어 특정 인간 공동체에 실재하는 외적 생활 모습과 내적 지식이나 사상, 가치들의 복합적 네트워크를 말합니다. 2020년 11월 21일과 28일에 방영한 KBS 특집 프로그램, 한민족 라디오방송 독일통일 30주년 '통일문학을 읽는 세 가지 코드'에 출연한 한 연사는 독일통일 이후 정치, 경제, 제도의 통합에서 서독에 의한 동독의 통합이 처음에 먹혀들어 갔지만, 문화적 차원, 그리고 문단에서는 일방적인 한쪽의 통일 논리가 관철될 수 없었다고 지적하고 있습니다. 이는 우리가 대단히 주의 깊게 살펴보아야 할 대목입니다. 성공적인 통일은 반세기 이상 분단으로 인해 필연적으로 출현한 북한과 남한 지역 주민들의 바로 그 '문화적' 차이에 대한 상호이해에 기반하여야 합니다. 지금까지 우리가 통일을 위한 준비단계에 주목하였다면, 이제는 통일 이후 남북한의 사회통합과 상호이해, 진정한 의미의 한민족공동체 형성을 위한 진지한 고민과 성찰의 시기가 필요할 때입니다.

1990년 통일 이후 지금까지 30여 년 남짓 이어진 독일의 통합 과정이 보여주듯 진정한 통일, 통일국가의 수립은 정치, 경제, 사회, 제도적 통일보다 통일 이후 남북한 주민들의 일상과 심리적 차원의 통합이 이루어질 때 가능하다고 할 수 있습니다. 김진환 교수는 '인문학의 눈으로 본 통일'이란 글에서 통일인문학은 '사람의 통일'을 집중적으로 탐구하는 학문이라고 말합니다. 김 교수는 여기서 '사람의 통일'이란, 민족구성원끼리 가르치며 배우는 소통을 통해 서로가 지닌 가치관, 정서, 생활문화 등의 차이를 이해하고, 역사적 트라우마에 대한 치유를 시도하며, 공통의 규범과 가치관 등을 매개로 통합을 이루어가는 과정이라고 설명합니다. 여기서 주목해야 할 것은 상처 입은 분단의 역사를 회복하고 치유하려는 방편으로 물리적 차원보다는 통일 후를 대비한 정신적,

인문학적 차원의 교육 필요성에 대한 제기입니다. 남북의 과거 사례를 통해서도 알 수 있듯이 중요한 것은 이질화된 남북 현실의 간격과 차이를 좁히고, 이를 이해·극복함으로써 두 지역 주민들 사이의 동질성을 모색하는 작업입니다. 정치, 경제, 군사적 차원의 접근 또한 통일을 위한 필수조건들임에는 분명하지만, 이것들만으로는 통합을 위한 완벽한 시스템 가동이 불가능합니다. 틈과 균열, 한계가 필연적으로 발생할 수밖에 없습니다. 남북한 주민들의 심리와 의식구조를 지배하고 있는 감성적 차원의 공감대, 그리고 이를 이끌어낼 수 있는 인문학적 차원의 접근은 정치, 경제적 차원에서의 접근 그 이상으로 중요합니다. 인문학이 잉태하고 있는 사회적 효용성은 통일을 굳건히 하기 위한 실질적이고 지속 가능한 접근을 가능하게 하는 힘이 있습니다.

인문적 통일, 인간 사이의 통일 역시 '차이'에 대한 이해를 전제로 출발해야 합니다. 교육을 통해 그 차이를 인정하고 서로를 알아가는 이해와 공감, 평화의 장을 만들어 가는 과정은 민주주의 시민 양성 교육과도 직결됩니다. 두 지역 공동체 사이에 발견되는 차이에 대한 인식과 이해가 없는 위로부터 일방적으로 강요되는 방식으로 진행되는 통일은 통일이 성사되더라도 실패한 통일 혹은 상당한 고난의 과정을 동반하는 불완전한 통일로 이어질 가능성이 큽니다.

3. 통일문학의 현실

현실과 시대상의 반영이라고 할 수 있는 문학 분야 남북한의 이질성은 정치, 경제적 간극 이상으로 우리가 넘어야 할 하나의 거대한 산이라고 할 수 있습니다. '국가', '체제', '프로파간다'에 집중된 북한식 교육은 문학 분야에도 동일하게 적용되면서 북한의 문학은 민중성과 계급성, 당성을 표방하며 북한 주민들의 의식구조를 지배하고 있습니다. 북한 문예출판사에서 펴낸 조선고전문학선집11권 『홍길동전』의 머리말은 이렇게 시작하고 있습니다.

《홍길동전》, 《전우치전》, 《박씨부인전》에 대하여
위대한 수령 김일성동지께서는 다음과 가이 교시하였다.
《문화예술은 민족과 동떨어진 것이 아니며 민족의 력사와 련결되여있습니다. 문화예술은 일정한 력사적시대의 사회제도와 사람들의 정치생활, 경제생활, 생활풍습 같은것을 반영하고 있습니다.》(《사회주의문화예술론》 526 페이지)
(* 볼드체 및 띄어쓰기 등 원본)

오랫동안 통일문학을 연구한 오창은 교수는 자신의 『친애하는 인민들의 문학 생활』에서 우리 남한이 북한을 늘 '연민과 분노'의 시각으로만 바라보고 있음을 지적합니다. 그리고 남녘의 체제를 전제한 상태에서 북한 문학을 내밀하게 읽어낼 수 있을 것인가, 북한 문학을 읽으면서 반체제적 성격을 도출하려는 것은 온당한 것인가 등의 질문을 던지면서 남과 북 모두가 자신이 속한 체제 바깥을 상상하면 그 경계를 넘을 수 없으며, 다 같이 소위 이방인들의 문학인 저들(북한)의 '불온한 연구'를 함께 공유하는 것이야말로 통일문학을 향한 진정한 도전의 핵심 과제라고 말합니다. 그의 이러한 분석은 시사하는 바가 큽니다. 우리 남한 내에서는 그러한 경계, 도전을 아직 받아들일 준비가 되어 있지 않다고 봅니다. 2015년 홍명희 문학제 당시 반대 진영에서는 '홍명희는 북한 김일성에 충성한 6·25의 전범자'라는 현수막을 내걸면서 문학제 개최를 반대하였으며, 2018년 5월 한 신문기사에는 '충북이 낳은 비운의 작가 5인 재평가 이뤄지나'라는 제목으로 '홍명희, 정지용, 오장환, 조명희, 조벽암과 같은 월북, 납북작가 저평가'라는 내용이 언급되기도 하였습니다.

북한 문학에 대한 정보의 부족, 아니 정보 자체에 대한 부재는 대단히 심각한 문제가 아닐 수 없습니다. 이데올로기, 체제 완성을 위한 북한 문학 정책과 해방과 전쟁 이후 북한에 대한 우리 정부의 일관된 태도는 근현대 작가와 작품에 대한 상호 간의 차이와 거리두기로 이어졌습니다. 그리고 이는 두 국가 국민의 정서적 괴리로 연결되었습니다. 남북한의 대표적 정전이라고 할 수 있는 『현대문학선집』류 사화집에 들어간 600여 명의 작가 중 남북한이 공통 정전으로 삼은 작가가 불과 19명(이는 강경애, 김동리, 김동인, 김유정, 김정한, 라도향(나도향), 렴상섭(염상섭), 리광수(이광수), 리기영(이기영), 리무영(이무명), 리효석(이효석), 박태원, 전영택, 주요섭, 채만식, 최명익, 최서해, 한설야, 현진건)에 지나지 않는다는 사실은 남과 북이 얼마나 멀리 서로 다른 길을 향해 걸어왔고, 또 걸어가고 있는지를 보여주는 단적인 예라고 할 수 있습니다.

우리 남한의 일반 대중이 '구체적으로 알고 있는' 북한 문학 작품은 과연 얼마나 될까요. 남북의 분단을 소재로 한 영화와 다큐멘터리는 〈쉬리〉(1998), 〈간첩 리철진〉(1999), 〈공동경비구역 JSA〉(2000), 〈실미도〉(2003), 〈태극기 휘날리며〉(2004), 〈웰컴투 동막골〉(2005), 〈태풍〉(2005), 〈우리학교〉(2006) 〈국경의 남쪽〉(2006), 〈크로싱〉(2008), 〈의형제〉(2010), 〈포화속으로〉(2010), 〈고지전〉(2011), 〈간첩〉(2012), 〈베를린〉(2013), 〈용의자〉(2013), 〈은밀하게 위대하게〉(2013), 〈동창생〉(2013), 〈국제시장〉(2014), 〈연평해전〉(2015), 〈인천상륙작전〉(2016), 〈브이아이피〉(2017), 〈그리다〉(2017), 〈공조〉(2017), 〈PMC: 더 벙커〉(2018), 〈폴란드로 간 아이들〉(2018) 〈스윙키즈〉(2018), 〈공작〉(2018) 〈강철

비〉(2017, 2019), 〈백두산〉(2019), 〈모가디슈〉(2021) 등이 있습니다. 또한 〈스파이 명월〉(2011), 〈아이리스〉(2013), 〈닥터 이방인〉(2014), 〈불어라 미풍아〉(2016), 〈사랑의 불시착〉(2019), 그리고 최근 〈오징어 게임〉과 같은 TV 프로그램들이 대한민국 대중들에게 소개되기도 하였습니다.

이에 반해 문학에서는 위 언급된 현대문학선집을 비롯하여 양승국의 『월북작가대표희곡선』(1988), 김성수의 『카프대표소설선 1-2권』(1988), 『탈출기-카프문학 작품 선집』(2019), 『친애하는 인민들의 문학 생활』(2020)과 같은 작품들만이 소수의 이 분야 관심 있는 이들에게 알려져 있을 뿐입니다. 앞서 언급한 한민족 라디오방송에서 인터뷰 대담자는 '통일은 우연처럼 다가올 것인데, 그때 남북한 작가들이 준비되어 있을 것인가. 그때서가 된다면 더욱더 많은 시간을 필요로 하게 될 것이다. 작가들은 한쪽에 편중되지 않은 일종의 균형 잡힌 시각을 갖고 글쓰기를 준비해야 할 것이다.'라고 말하고 있습니다. 영상미디어에서 보여지는 통일에 대한, 그리고 남북한의 현실에 대한 다양한 시각과 사례들이 우리 남한 작가들에게서도 적극적인 형태로 전개되어 대중들에게 다가가야 할 것입니다.

* 생각해보기(소그룹 토의)

1. 고려인과 북한 주민들에 대한 비교가 적절했는지 살펴봅시다.
2. 여러분들이 읽었거나 알고 있는 북한에서 발행된 문학 작품에는 어떤 것이 있는지 이야기해 봅시다.
3. 남북문제, 통일 문제를 다룬 영화, 다큐멘터리, 드라마, 연극, 문학 작품에는 어떤 것들이 더 있는지 찾아봅시다.
4. 북한 영화 〈홍길동전〉을 찾아보고, 북한 문예출판사의 조선고전문학선집에는 어떠한 작품들이 실려 있는지 찾아봅시다.

Ⅱ. 통일문학 교육_나의 노래가 끝나는 날은...

1. 남과 북의 경계에서. 시인 오장환

충북 보은이 고향인 월북 작가 오장환(1918.5.15. ~ 1951. 미상)의 사례를 통해 통일문학 교육의 가능성을 살펴보면 좋을 것 같습니다. 오장환은 해방 이후 남조선 문화단체총연맹에서 문화공작단으로 활동하다가 남한 내에서 자신과 자신이 소속된 연맹을 향한 테러를 피해 그리고 기저 질병이었던 신장병 치료를 위해 1947년 월북을 택합니다. 그리고 이후 6·25전쟁 중에 사망한 것으로 알려져 있습니다. 그의 사망 시점은 아직도 여전히 불명확합니다. 남과 북 어디에서도 말이죠. 그것 자체가 우리 남북한 현대사의 하나의 비극이라 할 수 있을 것 같습니다.

오장환 시인은 서정주, 이용악(혹은 백석)과 더불어 1930년대 후반 우리나라를 대표하는 천재 시인, 시단의 3대 천재, 시의 황제로 불렸으며, '북에 이용악이 있다면 남에는 오장환이 있다.'라는 말이 떠돌 정도로 명성을 누리던 시인이었습니다. '서정시인, 서정시의 등불, 공상적 로맨티스트, 환상과 직관의 시인, 모더니즘적 리얼리스트, 시대 현실에 대한 발화체적 저항시인, 시단의 신세대, 우리 서정시의 선수(選手), 한국 근대시의 새 희망, 탁류(濁流)의 시인, 휴전선의 시인, 월북 시인, 금기의 작가, 불우한 시인, 비애의 시인'이란 다양한 수식어들이 그를 따르고 있습니다.

하지만 1988년 해금 직전까지 남한 내에서 오장환의 작품을 읽는 것은 허용되지 않았습니다. 1982년 군산제일고 교사들 다섯이 소나무 아래서 오장환 시를 읽었다는 명목으로 반국가간첩혐의를 받아 체포되기도 했습니다(오송회 사건). 앞서 말한 오장환의 사망 시기를 비롯하여 월북 이후 북에서의 활동, 북한 내 가족, 1948년 12월에서 1949년 7월까지 모스크바 체류 시기에 대한 구체적인 정보들은 여기저기 아무리 수소문해 보아도 확인할 수 있는 곳이 없습니다. 김형직사범대학 작가반을 졸업하고 조선작가동맹 중앙시(詩)분과에서 활동했던, 소위 북한의 엘리트 문학인에 해당한다고 할 수 있는 탈북 문인 최진이(1959년생, 평양시 출생, 아버지 조소친선문화협회 부위원장)조차도 오장환 시인과 시인의 작품을 한국에 와서야 처음으로 접했다고 말합니다. 남에서는 북으로 갔다고 하여 금기시되고, 북에서는 사상의 대열에서 낙오되어 버림받은 시인, 양쪽 어디에서도 환영받지 못하고 분단으로 인해 매몰되었던 시인, 20세기 한국 현대사의 비극을 보여주는 바로 그 인물이 오장환 시인입니다. 통일문학을 준비하는 단계에서 가장 먼저 조명해보아야 할 작가, 남북이 테이블 자리에 함께 둘러앉아 가장 먼저 이야기를 꺼내 들어야 할 사람, 그럴만한 충분한 가치를 갖고 있는 인물이 오장환 시인이라고 할 수 있습니다.

시인은 식민지와 분단, 전쟁을 경험했습니다. 그는 일제에 굴하지 않는 항일 저항 시인이었습니다. 그가 살아내야 했던 1945년 해방 직후의 한반도의 모습은 어쩌면 지금 우리가 처한 현실과도 대단히 유사하다고 할 수 있습니다. 좌우 이념의 선택을 피할 수 없었던 시기, 강요받았던 시기에 오장환 시인은 끝까지 민족이 하나 되길 노래했습니다. 시대의 시인으로 그가 인고해야 했던 아픔, 갈등, 방황, 혼란의 다양한 감정은 그의 작품에 고스란히 담겨 있습니다. 오장환의 이름을 기억해야 하는 이유가 바로 여기에 있습니다.

2. 동시 세 편

현재까지 발굴된 오장환의 동시는 총 44편을 웃돕니다. 1988년 시인에 대한 뒤늦은 해금은 이전 세대들에게는 그의 동시조차 접할 기회조차 주지 않아 아쉬움이 큽니다. 먼저 그의 동시 세 편을 함께 읽어보도록 합시다.

가을

바람이 불지 안허도
가랑닙흔
한닙, 두닙, 떠러집니다.

산과 들에는
단풍이 한창이어서
벌거케 숫불처럼 피인게
그래두는 덥지 안코
선선하기만 합니다. (1936)

해바라기

울타리에 가려서
아침햇빛 보이지 않네.

해바라기는
해를 보려고
키가 자란다. (1936)

정거장

정거장엔, 할머니 한 분,
차는, 벌써 떠나갔는데,
돌아가지도 않고,
기다립니다.
어둑-한, 길목엔,
깜작, 깜작, 등불이
켜졌어도,
막차가 떠나간 정거장서
할머니는 누구를
기다리시는지,
우두커-니 서서,
돌아가지도 않고 기다리십니다.

방금 읽으신 동시 세 편에 대한 여러분의 소감은 어떤가요. 거부하고픈 강한 어떤 이질감이 파도처럼 밀려오나요, 그렇지 않고 단순하고 정갈한 시어들 사이에서 아이의 순수함과 어느 가을날의 풍경, 막차가 지나간 길을 바라보며 시골 정거장에 우두커니 홀로 남아계셨을 돌아가신 우리네 할머니가 생각나나요. 이토록 아름다운, 마음속 깊이 새겨두어 간직하고픈 시인의 작품들을 우리는 월북 작가라는 프레임에 묶여 오래도록 꺼내 보지도 못했었습니다. 조금 다른 이야기일 수도 있지만 '월북 작가', 1988년 해금과 관련하여 언급할 내용이 하나 있습니다. 포석 조명희 선생은 1920년대 말 러시아(당시 소련) 극동 하바롭스크로 이주하여 한인들을 위한 문화교육 활동에 활발히 종사하다가 1937년 스탈린에 의한 한인 강제이주가 진행되는 과정에서 소련 정부에 체포되어 이듬해 사형을 당하게 됩니다. 하지만 그 또한 월북 작가 대열에 포함되어 오장환 시인과 함께 1988년 복권된 이후에서야 그의 작품이 세상의 빛을 볼 수 있게 되었습니다.

3. '하나'에서의 삶과 시(詩)

아직 남과 북이 하나였던 1945년 이전 오장환 시인의 작품을 함께 살펴보도록 합시다. 오장환 시인은 1933년 11월『조선문학』에「목욕간」이란 시를 발표하면서 문단에 데뷔합니다.

> 내가 수업료를 바치지 못하고 정학을 받아 귀향하였을 때 달포가 넘도록 청결을 하지 못한 내 몸을 씻어 보려고 나는 욕탕엘갔었지
> 뜨거운 물속에 온몸을 잠그고 잠시 아른거리는 정신에 도취할 것을 그리어 보며 나는 아저씨와 함께 욕탕엘갔었지
> 아저씨의 말씀은 '내가 돈 주고 때 씻기는 생전 처음인걸' 하시었네
> 아저씨는 오늘 할 수 없이 허리 굽은 늙은 밤나무를 베어 장작을 만들어 가지고 팔러 나오신 길이었네
> 이 고목은 할아버지 열두살 적에 심으신 世傳之物(세전지물)이라고 언제나 '이 집은 팔아도 밤나무만은 못 팔겠다' 하시더니 그것을 베어 가지고 오셨네그려
> 아저씨는 오늘 아침에 오시어 이곳에 한 개밖에 없는 목욕탕에 이 밤나무 장작을 팔으시었지
> 그리하여 이 나무로 데운 물에라도 좀 몸을 대이고 싶으셔서 할아버님의 유물의 부품이라도 좀 더 가까이 하시려고 아저씨의 목적은 때 씻는 것이 아니었던 것일세
> 세시쯤 해서 아저씨와 함께 나는 욕탕엘 갔었지
> 그러나 문이 닫혀 있데그려
> '어째 오늘은 열지 않으시우' 내가 이렇게 물을 때에 '네 나무가 떨어져서' 이렇게 주인은 얼버무리었네
> '아니 내가 아까 두시쯤 해서 판 장작을 다 때었단 말이요?' 하고 아저씨는 의심스러이 뒷담을 쳐다보시었네
> 'へ, 實は 今日が市日で あかたらけの田舍っぺーが群をなして來ますからわえ' 하고 뺄떡같이 생긴 주인은 규격이 맞지도 않게 피시시 웃으며 아저씨를 바라다보았네
> '가자'
> '가지요' 거의 한때 이런 말이 숙질의 입에서 흘러나왔지

아저씨도 야학을 다니셔서 그 따위 말마디는 알으시네 우리는 괘씸해서 그곳을 나왔네
그 이튿날일세 아저씨는 나보고 다시 목욕탕엘 가자고 하시었네
'못하겠습니다 그런 더러운 모욕을 당하고...'
'음 네 말도 그럴듯하지만 그래두 가자' 하시고 강제로 나를 끌고 가셨지

시에 등장하는 일본어는 '에, 실은 오늘이 장날인데 때투성이 시골뜨기들이 무리를 지어 오기 때문에'라는 뜻입니다. 위 작품에서는 조금은 거창할 수 있겠지만 '항일'과 '저항'이라는 측면에서 남과 북이 상호 공감대를 형성해갈 수 있는 측면이 존재합니다. 무기를 들고 일제에 맞서 싸우는 독립군은 아니지만 일상화된 일본인들의 지배와 무시에 저항하는 평범한 열다섯 소년의 분기(憤氣)를 느낄 수 있는 작품입니다. 두 편의 동시를 마저 읽어봅시다.

아침

까마귀 한 마리
게을리 노래하며
감나무에 앉았다.

자숫물 그릇엔
어름덩이 둘

화염

한낮에 불이야!
황홀(恍惚)한 소방수(消防手) 나려든다

만개(滿開)한 장미(薔微)에 호접(虎蝶)

두 편의 시는 「목욕탕」이 발표되기 이전 같은 해 2월 휘문고 문예지 『휘문』에 발표된 작품입니다. 사물과 주위에 대한 소년의 간결하면서도 단아한 묘사는 읽는 독자에게 오래도록 그 시어와 문장에 집중하게 하는 묘한 마력을 갖고 있습니다. 겨울에 학교 갈 준비를 할 때 낡은 헌 옷과 비닐로 두툼하게 둘러싼 수도꼭지, 틀어도 나오지 않는 물, 그리고 붉은색 고무통과 양은 대야 안에 꽁꽁 얼어 있던 물, 그리고 그것을 퉁퉁 발로 찼을 때 고무통과 대야 모양 그대로를 한 얼음이 데구르르 수챗구멍을 향해 굴러가던 모습이 인용한 「아침」이란 시에서 떠오릅니다. 절로 웃음이 나오는 시입니다. 만개한 장미를 '불'로, 장미에 날아든 호랑나비를 '불을 끄러 온 소방수'로 묘사하고 있는 두 번째 시는 감탄이 절로 나옵니다. 아래는 1938년 4월 발표된 「The Last Train」이란 시입니다.

저무는 역두(驛頭)에서 너를 보냈다.
비애야!

개찰구에는
못 쓰는 차표와 함께 찍힌 청춘의 조각이 흩어져 있고
병든 역사가 화물차에 실리어 간다.

대합실에 남은 사람은
아직도
누굴 기다려

나는 이곳에서 카인을 만나면
목놓아 울리라.

거북이여! 느릿느릿 추억을 싣고 가거라
슬픔으로 통하는 모든 노선이
너의 등에는 지도처럼 펼쳐져 있다.

오장환의 나이 스물에 발표된 작품입니다. 나, 너, 우리, 시대에 대한 진지한 고민이 시 한줄 한줄을 읽을 때마다 물밀 듯이 밀려옵니다. 우리 시대 여러분들의 삶과도 충분한 공감대를 형성할 수 있는 작품이라고 생각합니다. 비단 그뿐 아니라 인간 개개인, 인류 보편적인 삶에 대한 성찰의 시간을 준다는 점에서 너와 나의 구분이 불필요한 작품이라고 생각합니다.

4. '둘'이 되는 과정과 그 이후

아래 시는 시집 『病든 서울』(1946)에 들어있는 시 「病든 서울」(1945.9)입니다. 해방기 현실을 가장 잘 보여준 작품으로 평가받으며 오장환은 해방기념조선문학상 대상 후보에까지 오릅니다.

> 8월 15일 밤에 나는 병원에서 울었다.
> 너희들은 다 같은 기쁨에
> 내가 운 줄 알지만, 그것은 새빨간 거짓말이다.
> 일본 천황의 방송도,
> 기쁨에 넘치는 소문도,
> 내게는 고지가 들리지 않았다.
> 나는 그저 병든 탕아로
> 홀어머니 앞에서 죽는 것이 부끄럽고 원통하였다.

그러나 하로아츰 자고 깨니
이것은 너무나 가슴을 터치는 사실이었다.
기쁘다는 말,
에이 소용도 없는 말이다.
그저 울면서 두 주먹을 부루쥐고
나는 병원에서 뛰쳐나갔다.
그리고, 어째서 날마다 뛰쳐나간 것이냐.
큰 거리에는,
네거리에는, 누가 있느냐.
싱싱한 사람 굳건한 청년, 씩씩한 웃음이 있는 줄 알았다.

아, 저마다 손에 손에 깃발을 날리며
노래조차 없는 군중이 만세로 노래 부르며
이것도 하로 아츰의 가벼운 흥분이라면……
병든 서울아, 나는 보았다.
언제나 눈물없이 지날 수 없는 너의 거리마다
오늘은 더욱 짐승보다 더러운 심사에
눈깔에 불을 켜들고 날뛰는 장사치와
나다니는 사람에게
호기 있이 먼지를 씌워주는 무슨 본부, 무슨 본부,
무슨 당, 무슨 당의 자동차.

그렇다. 병든 서울아,
지난날에 네가, 이 잡놈 저 잡놈
모도다 술취한 놈들과 밤늦도록 어깨동무를 하다싶이
아 다정한 서울아
나도 미천을 털고 보면 그런 놈 중의 하나이다.
나라 없는 원통함에
에이, 나라 없는 우리들 청춘의 반항은 이러한 것이었다.
반항이여! 반항이여! 이 얼마나 눈물나게 신명나는 일이냐. (생략)

해방 후의 조선은 시인이 기대했던 세상과 너무나 달랐습니다. 거리의 만세와 함성은 서로 다른 이데올로기를 주창하는 세력들의 깃발과 구호로 바뀌었습니다. 오장환은 이 시집의 〈머리말〉에 아래와 같은 글을 남겼습니다.

> 일기처럼 날짜를 박아가며 써 나온 이 시편, 이 속에 불려진 노래가 모든 것을 해답할 것이다. (...) 여기 이 시집 속에 있는 것은 어떻게 하면 자신에 충실하고 어떻게 하면 이 현실에 똑바를 수 있을까를 찾기 위하여 다만 시밖에는 쓸 줄 모르는 내가 울부짖고 느끼며 혹은 크게 결의를 맹세하려던 그날그날을 조목조목 일기로 적은 것이 이 시편들이다. (...) 내가 이 시집을 하루바삐 내어 세상에 묻고자 함은, 이 어려운 세월을 나는 이렇게 살아왔고, 또 이렇게 살려고 한다고 외치고 싶음이겠으나, 또 한편으로는 우리의 문화전선을 좀먹는 무리들의 악의(惡意)를 벗어나 진실로 속여지지 않은 내 의사를 이렇게 표시할 수 있음을 그들에게 알리기도 위함이다.

병상에서 해방을 맞이해야 했던 오장환으로서는 모든 것이 참담했을 것입니다. 스물일곱 청년 오장환은 분노하였을 것입니다. 그리고 자신의 신념을 위한 선택을 내려야 했을 것입니다. 우리의 삶은 매 순간 선택의 갈림길에 서 있습니다. 이십 대의 여러분 역시 자신이 옳다고 믿는 길을 향해 선택을 내려야 하는 중요한 순간들이 있을 것입니다. 오장환은 사회주의를, 월북을 택했습니다(1947년 10월). 본인의 이상(理想), 유토피아를 그곳에서 찾고자 했습니다. 오장환이 1948년 1월 조선인민 출판사에 발표한 〈남조선의 문화예술〉이란 글에서는 시인이 월북을 택한 이유를 확인할 수 있는데, 그 단편적인 예시를 아래 인용문을 통해 확인해보도록 합시다.

> 남조선에서는 무고한 인민이 테러단에게 모진 매를 맞고 팔다리를 분질러도 이 매맞은 사람은 병원에 누워 편안히 그 상처를 치료할 수 없다. (...) 이 자들이 미친개와 같이 큰 거리로 싸다니는 남조선에서 해방 전부터 앓던 필자는 신병을 치료할 대책조차 갖지 못한 채 1947년 8, 9월 선풍 속에서 다시 모진 테러단의 밥이 되었다. 몇 해째 끄는 병중의 몸에 다시 온몸이 매에 맞아 먹구렁이 같이 부풀어 올랐다. 그래도 마음먹고 약 한번을 바르기는커녕 하루 하루의 잠자리를 애써 구하던 필자는 그 후 북조선에 와서 비로소 아무런 근심이 없는 입원생활을 하게 되었다. 이것은 필자에게 있어서 무한한 행복이 아닐 수 없다. 북조선에서의 입원생활은 필자에게 몸에 있는 병만을 고쳐준 것이 아니라 그 찬란하고 혁혁한 환경이 다시 필자의 마음속에 아직도 다 버리지 못하였던 석일(昔日)의 잔재(殘滓)까지를 깨긋이 씻어주었다.

전체 글에서 육체적인 시련과 관련된 부분만을 인용해 보았습니다. 오장환의 고민, 고통이 이해되거나 그렇지 못한 분들도 계실 겁니다. 오장환이 그랬듯 여러분 또한 이를, 그 시대를, 그 판단을 어떻게 받아들여야 하는 선택의 갈림길에 서 있기 때문일 것입니다. 오장환은 〈에세-닌에 關하여〉(1946.2.17.)란 글에서 예세닌(1895~1925)의 세 편의 시 「그래 이제는 결정되었다. 돌아오는 일은 없다」, 「노래 불러라, 노래 불러. 저주받은 기타 소리에」, 「귀향」을 언급합니다. '나는 이 노래를 얼마나 사랑하여 불렀는가, 이 노래 때문에 나는 얼마나 울은 것인가'라고 말입니다. 1946년 『에세-닌詩集』(1946)에 실린 시들을 제외하고서라도 언급한 에세이에서 발견되는 예세닌 시에 대한 오장환의 깊은 공감은 개성의 차원을 넘어 세계를 대하는 오장환의 시대 의식이 예세닌의 그것과 상당 부분 일치하고 있음을 보여주는 것이라고 할 수 있습니다. 시와 예술, 자연을 사랑하고, 혁명과 내전이라는 시대 한복판에 서 있었던 러시아 시인 세르게이 예세닌의 모습이 오장환을 통해서도 고스란히 투영됩니다.

오장환이 월북 직후 쓴 두 편의 시 「북조선이여」(1948)와 「二月의 노래」(1948)에는 시대적 상황 변화, 그리고 새 시대로의 전환을 감지한 시인의 감상이 묘사되어 있습니다.

북조선이여!
너의 벅찬 숨결은
얼음장이 터지는 큰 강물
새봄을 맞이하러
움트는
미더운 생명력!

여기엔
구김 없는 생활과
가리워지지 않은 언론이 있다.
(...)
완전한 언론의 자유!
이것은 맑은 거울이다.
이곳에
티 없는 인민의 의사는 비치고
구김 없는 생활
그는 우리 앞에
주마등으로 달린다.

「북조선이여」

나는 지금
얼음장이 터지고
밀려 나가는
대동강 기슭에 서 있다.
(...)
봄이여! 찬란한 봄이여!
너는 어느 곳보다도 앞서
우리의 힘찬 노래를 가져왔구나.

「二月의 노래」

우리에게는 익숙하지 않은 낯선 언어들, 조금은 불편한 언어들이 등장하고 있습니다. 이 두 편의 시에서는 역사적 격변의 경계에 선 시인의 시대 인식과 시인의 결연한 소명의식이 드러나 있습니다. 오장환은 자신이 갈망한 정치적 자유와 진정한 시문학 완성을 위해 필요한 언론과 예술의 자유를 북녘땅에서 누리고 있다고 표현하고 있습니다. 북녘의 자연은 물론, 노동자와 예술가의 삶, 모든 사회 현실은 오장환이 꿈에 그리던 이상 세계에 다를 바 없었던 것으로 보입니다. 오장환에게 있어 월북은 쉬이 오지 않을 듯한 긴 겨울의 끝자락에 가 닿는 것, 그리고 다가올 봄에 대한 기대와도 같은 것이었고, 이는 시인의 정체성 찾기의 과정과도 연결되어 보입니다. 오장환의 시에서는 신체의 질병 치료만큼이나 정치적·문학적 이념의 선택 또한 절박하고 절실했던 것으로 보입니다. 그리고 그러한 연장선에서 다시 오장환의 소련행이 시작됩니다.

상냥한 여의사 이국의 손님은
밤사이 증세를 살필 제
말없이 펴 보이는 나의 '부끄와리'
'하라쇼'
미소를 구슬같이 굴리며

그는 책장을 덮는다
–평양에서 박사님을 뫼셔오리라
그래도 안 되면
당신을 우리나라 소련까지도 가게 하여
온전히 낫게 하리다.–

「남포병원 – 남포 소련 적십자병원에서」(1949)

남포는 평안남도 아래 서해안에 있는 도시입니다. 현재는 남포특별시가 되었습니다. 위 시에서 보듯 오장환의 소련행 목적은 조운의 지적처럼 일차적으로 오장환이 앓고 있었던 신장병 치료를 위함이 크다고 볼 수 있겠습니다. 아래는 오장환이 1948년 12월에서 1949년 7월 사이 치료차 소련을 방문하며 지었던 시들을 모아 발행한 소련 기행 시집 『붉은 기』(1950)에 수록된 시편들입니다.

작품명	시작(詩作) 시점
씨비리 차창	1948.12
김유천 거리 – 하바로프스크의 즐거운 체류에서	1948.12
변강당의 하룻밤 – 하바로프스크 크라이 콤 강사실에서	1948.12
비행기 위에서	1948.12
눈 속의 도시	1949.1
씨비리 달밤	1949.1
붉은 기	1949.2
올리가 크니페르	1949.2
우리 대사관 지붕 위에는	1949.3
레닌 묘에서	1949.3
붉은 표지의 시집	1949.3
김일성 장군 모스크바에 오시다	1949.3
모스크바의 5·1절	1949.5.1
살류트	1949.5
고리키 문화공원에서 – 어린 동생에게	1949.6
'프라우다'	1949.6
스탈린께 드리는 노래	1949.7
연가(連歌)	1949.7
씨비리 태양 (가도 가도 끝없는 밀보리 이랑….)	(1949.8 추정)
크라스노야르스크	1949.8

당시 북에 있던 문인들은 사회주의 종주국과 그 수도를 방문하는 것을 깊이 동경하였습니다. 인용한 시편의 목록들만 보아도 오장환 시인이 품었을 사회주의, 소련, 북한에 대한 이상을 충분히 짐작해 볼 수 있을 것 같습니다. 오장환이 모스크바에서 치료하고 있던 시기에 평양에서 출발(2월 22일)한 김일성이 시베리아 횡단열차를 타고 3월 3일 모스크바에 도착합니다.

조소 양국의 깃발
휘날리는
모스크바에
우리의 장군은 오셨다

당신을 맞이하는
역두에
붉은 친위대의 사열은 씩씩하고
그들이 주악하는
우리의 애국가는 우렁차도다(…)

이른봄 모스크바의
하늘에
조선과 소비에트의 깃발
찬란히 휘날리는
3월 17일

「김일성 장군 모스크바에 오시다」

사회주의 메카를 방문한 자신의 북한 지도자를 먼발치에서 바라보는 젊은 시인의 흥분된 감정이 고스란히 담겨 있습니다. 소련을 방문한 김일성은 스탈린과 회담을 갖고, 3월 17일 조소경제문화협정 체결을 통해 경제·문화적 지원을 소련으로부터 약속받습니다. 하지만 젊은 시인은 아직 알지 못했습니다. 다분히 낭만주의적 감정에 함몰된 시인은 김일성 일행의 이 방문이 향후 조국의 앞날에 어떠한 운명을 가져다줄지 미처 예견하지 못했습니다. 니키타 흐루쇼프는 세월이 지나 자서전을 통해 이 자리에서 스탈린을 만난 김일성이 남침 계획을 밝히며 소련의 강력한 지원을 요청했다고 전합니다. 스탈린이 김일성의 남침에 대해 부정적인 의사를 표시하기는 하였지만, 4월 7일 평양에 돌아온 김일성이 22일 최고인민회의에서 소련 방문 결과를 보고하며 조소경제문화협정을 통해 '국토 완정의 투쟁에 거대한 힘을 얻었다'고 강조한 것과 같이 1949년 3월 김일성의 소련 방문은 그 이듬해 발생한 6·25 동란에 커다란 비극적 발판을 제공하였던 것으로 보입니다.

이 시집에서는 총 27회에 걸쳐 '노래'라는 단어가 반복 사용되고 있습니다. 특히 「스탈린께 드리는 노래」라는 시에는 16번이나 '노래'라는 단어가 등장합니다. 이 시는 '위대한 사회주의 10월 혁명의 승리'를 통해 '인류의 양심을 춤추게'하고, '세계 인민에게 평화와 자유'를 안겨다 준 스탈린에 대한 감사와 찬사로 가득합니다. 스탈린의 그러한 업적은 오장환 개인의 '노래'와 세계인의 '합창'을 가능하게 해주었고, 이는 모스크바 생활을 마무리하고 귀향하는 시점에 오장환이 그토록 염원하던 노래의 대상과 정체성을 마침내 발견하였다는 것을 시사합니다.

아래는 시인 김광균의 회고록 중 오장환과 관련된 일화입니다.

장환이가 다시 내 앞에 나타난 것은 6.25 동란 중이다.

….

임화 일당이 월북하기 전에 이북에 간 이기영(李箕永), 송영(宋影), 박세영(朴世永)을 중심한 프롤레타리아문학동맹이 요소를 차지하고 있어 이빨하나안 들어가더라는 것이다. 뿐만 아니라 자기들을 사사건건 중상모략하여 어느새 요 감시인(要監視人)이 되어 보위부 사람들이 조석으로 들러 일보(日報)를 받는 등 감옥살이를 하다가 왔다며 주머니에서 얇은 책 하나를 꺼내 나에게 주었다. 붉은 깃발이라는 시집인데 몇 페이지 훑어보다가 "이것도 시라고 썼느냐"하고방바닥에 던졌더니 장환이 얼굴이 붉어지며 무색해 하였다.

많은 시간의 간격이 있었던 것은 아니지만 아마도 이 시기 오장환은 본인이 택했던 유토피아 북한의 실상이 대동강에서 품었던 것과 차이가 있음을 몸소 체험하고 있었던 것으로 보입니다. 이념의 주류에서 물러난 오장환은 힘겹지만 치열한 삶을 살았던 것 같습니다. 전쟁 중 쓴 「우리는 싸워서 이겼습니다」(1950.8)라는 아래 시에는(일부만 인용) 『붉은 기』의 시편들에서 보여지는 것보다 더 거칠고 폭력적인 단어들, 누구에게는 거북하고 불편하고, 그래서 용납하기 힘든 표현들이 등장합니다.

미제여! 너의 피 묻은 손을
조선에서 때라!고 외쳐주는
온 세계 근로하는 인민들이여!
우리는 당신들의
다함 없는 고무와 격려로
나날이 크나큰 승리를 기록합니다.

불편하고 거북하고 용납하기 힘들더라도 우리는 그 페이지를 열어 확인할 수 있는 용기와 이를 통해 나와 다른 이들의 생각을 조금이라도 읽을 수 있는 열린 자세를 가질 필요가 있습니다. 거기서부터 우리의 모든 이야기가 시작되어야 합니다. 거기 있을 내용이 해가 될 것으로 미리 '판단'하여 페이지도 열어보지도 않은 채 피하거나, 무작정 두려움을 갖거나, 공포를 느낄 필요가 없습니다.

5. 다시 처음. '하나'였을 때로

한상수는 우리의 역사적 배경으로 인하여 한국 현대문학사가 1945년 이후 현재에 이르기까지 반쪽의 역사에 불과하다고 말하면서 남북한에서 이루어지고 있는 문학사 연구를 근거로 한다면 반쪽 문학사의 기점은 1920년대까지 거슬러 올라가야 한다고 주장합니다. 그러면서 그는 진정한 의미에서 민족 문학 혹은 국민문학의 역사를 서술하기 위해서는 논의의 시점을 1920년대까지 소급 확대해야 할 것이라고 말합니다. 1980년대 중반 이후 본격적으로 시작된 남한에서의 북한 문학 연구는 대부분 궁극적 지향을 남북한 문학의 통일 혹은 통합에 두고 있습니다. 그리고 이들 논의는 대부분 남한만의 시각에서 벗어나 북한과의 공통 접점을 찾아보자는 데서 출발하고 있습니다. 한상수의 지적처럼 근대 이후 1920년대 이전 시기 문학 영역의 경우 남북한에서 각각 서술한 문학사를 보면 1910년대까지의 문학에 대해서는 남한이나 북한에서 대상으로 하는 작품이 크게 다르지 않은 것으로 보이므로, 이 시기의 문학 작품에 대해서는 통합된 문학사를 서술할 때에는 크게 문제가 되지 않는다고 생각합니다. 즉, 정확히 한 세기 전 1920년대 이전까지 출판된 문학 작품에 있어서도 남과 북 사이 일정 정도의 차이가 발견되는 것이 사실이지만, 그 부분은 다양성의 관점에서 상호간의 접점을 찾을 수 있을 것으로 보입니다. 그래서 그 시작을 시인 오장환에게서 찾아보고자 했습니다.

필자는 남북경제문화협력재단, 러시아적십자사, 보트킨 병원과 보트킨 박물관, 1940년대 말 발행된 각종 러시아 신문과 잡지, 대사관 문의 등을 비롯하여 북한에 정통한 러시아 학자들을 통해 북한과 러시아에서의 오장환과 관련된 자료를 위해 다방면으로 수소문하였습니다. 하지만 안타깝게도 시인과 관련된 자료는 여태까지 어디에서도 찾을 수가 없었습니다.

글을 마무리하며 오장환에서 시작한 통일문학 교육과 관련된 몇 가지 제언을 해봅니다.

· '서로 다름'을 인정하고 출발해야 합니다.
· 갈등과 충돌의 양상이 될 수 있는 부분들을 감추려 들기보다는 이를 적나라하게 현장에서 공유·토론하고 의견 수렴하는 과정들을 거쳐야 합니다. 비록 불편하더라도 말이죠. 그러한 과정을 통해 우리 내에서 문제점을 먼저 발견하고 합의의 과정들을 도출해 나가는 것이 민족의 통일문학을 준비하는 시급한 과제라고 생각합니다.
· 오장환 시인이 태어난 지역과 연관하여 거점국립대학교 충북대학교에서 국문학을 전공하는 대학(원)생 한 명과 북한에서 문학을 전공하는 대학(원)생 한 명의 만남도 주선해 볼 만합니다.
· 오장환문학관이 있는 보은군과 오장환 시인이 생을 보냈던 북한지역 행정지와의 자매결연도 추진해 볼 수 있을 것 같습니다.
· 이를 통해 남북학생, 지역, 기관에서 오장환 시인에 대한 공동연구, 예를 들어 시인이 신장병 치료차 6개월여를 체류했던 러시아 체류 시기에 대한 공동조사도 해볼 수 있을 것 같습니다.

제시한 것들은 남북 정부 간 군사협정, 남북 지도자 간의 만남에 비해 전혀 거창해 보이지 않습니다. 하지만 이 소소한 제언 또한 현 단계에서 성사되는 것이 너무나 무리이며 불가능한 일이라는 것을 우리는 너무나 잘 알고 있습니다. 거창한 계획에서 출발한 남북 간 사업이 지속성을 유지했던 것을 여태 보지 못했던 것 같습니다. 작은 일에서, 보잘것없는 것처럼 보이는 일에서 시작한 일이 세상의 변화를 불러올 수 있습니다. 남북 간 통일의 물꼬를 틀 수 있습니다. 오장환 시인에 관한 관심과 연구는 남북을 잇는 가교가 될 수 있습니다. 시인의 무덤에 아름다운 꽃 한 송이 바칠 수 있는 날을 기약하며 우리가 둘이 되기 전 발표된 그의 시 「나의 노래」(1939.3)로 글을 맺습니다.

> 나의 노래가 끝나는 날은
> 내 가슴에 아름다운 꽃이 피리라.
>
> 새로운 묘에는
> 옛 흙이 향그러
>
> 단 한 번
> 나는 울지도 않았다.
>
> 새야 새 중에도 종다리야
> 화살같이 날아가거라
>
> 나의 슬픔은
> 오직 님을 향하여
>
> 나의 과녁은
> 오직 님을 향하여
>
> 단 한 번
> 기꺼운 적도 없었더란다.

슬피 바래는 마음만이
그를 좇아
내 노래는 벗과 함께 느끼었노라.

나의 노래가 끝나는 날은
내 무덤에 아름다운 꽃이 피리라.

※ 생각해보기(소그룹 토의)

1. 오장환 시인의 생애와 작품에 대해 더 살펴봅시다.
2. 오장환 시인의 월북행에 대한 의견을 서로 나누어 봅시다.
3. 오장환 시인이 이질화된 남북한 문학의 접점을 찾을 수 있다는 견해에 대해 여러분은 어떻게 생각하시나요.
4. 본문에 인용되었던 시들에 대한 각자의 감상을 이야기해 봅시다.
5. '북한 서로 간의 감정의 골이 생길 수 있는 문학 작품은 접해서도, 논의의 테이블에 올려놓아도 안 된다.' 아니다, '문제 있는 것들을 건드려 상대가 무슨 생각을 하는지 들어보자.'라는 두 의견에 대해 여러분은 어떻게 생각하시나요.

※ 본 글은 논문 '소련기행시집『붉은 기』연구'(김태옥, 한민족어문학, 2018.03), 통일교육 선도대학 학술회의 발표문 '통일전후 남북한 주민들의 이질성 극복을 위한 문학교육에 대한 제언'(김태옥, 2021.11.17.)의 내용을 수정·보완한 것입니다.

※ 본 글에 인용된 오장환 시인의 작품은『오장환 전집1 시』(보은군·보은문화원 기획, 솔출판사, 2018)과『오장환 전집』(김학동 편, 국학자료원, 2003)을 참조로 하였다.

참고문헌

김광균, 오영식·유성호 엮(2014), 『김광균 문학전집』, 소명출판, 2014.

김성수(2019), 재·월북 작가 '해금' 조치(1988)의 연구사·문화사적 의미, 상허학회, 『상허학보』 Vol.55 No.-

남원진(2018), '현대조선문학선집'의 구성 원리와 균열 양상, 한국근대문학회, 『한국근대문학연구』 Vol.19 No.2

남원진(2013), 북조선 소설 연구를 위한 제언, 돈암어문학회, 『돈암어문학』 26.

남원진(2016), 북조선 정전, 그리고 문화정치적 기획(1) '현대조선문학선집' 연구 서설, 건국대학교 인문학연구원, 『통일인문학』 제67집.

남원진(2017), 북조선 정전집, '현대조선문학선집' 연구 서설: 1980년대 중반 이후 『현대조선문학선집(1~53)』 (1987~2011)을 중심으로, 통일연구원, 『통일정책연구』 Vol.26 No.1,

안문석(2016), 『북한 현대사 산책1』, 인물과사상사, 2016.

이상욱, A. Piederstorfer(1998), 최보근 통독 이후 독일 문학의 경향 I : 우리 분단 문학과 유형학적 비교 연구를 중심으로, 한국독일어문학회, 『독일어문학』 Vol.8 No.

장문석(2018), 월북작가의 해금과 작품집 출판(1) - 1985-1989년 시기를 중심으로, 구보학회, 『구보학보』 Vol. No.19.

한상수(2003), 북한문학 연구의 비판적 검토와 전망 : 남북한 현대시문학사의 통합서술을 중심으로, 고려대학교 석사논문, 2003

홍성희(2017), 「'이념'과 '시'의 이율배반과 월북 시인 오장환」, 인하대학교 한국학연구소, 『한국학연구』 45.

제4장

단군신화에 대한 남북한 인식 및 수용의 차이와 극복 방안

엄순천(충북대 러시아언어문화학과)

본 강의의 목적은 첫째, 한민족을 결집시키는 구심점으로 기능해 온 단군신화를 매개로 남북한 공감대를 이끌어 내어 남북평화통일에 도달할 수 있는 인식의 기반을 만드는 것이다. 둘째, 일제강점기와 해방 이후 만들어진 단군신화에 대한 남북한 인식과 수용의 차이를 살펴본 뒤 단군신화를 둘러싼 정치적 이데올로기를 걷어내고 민족동질성 회복을 위한 담론의 장을 마련하는 것이다. 셋째, 남북이 서로의 체제를 인정하고 21세기에 맞는 새로운 역사와 통일에 대한 공감대를 열어갈 때 단군신화가 한민족을 결집시키는 문화의 가교 역할을 할 것이라는 인식의 기반을 마련하는 것이다.

〈차례〉

Ⅰ. 단군신화는 역사인가 신화적 허구인가?
  1. 단군신화에 대한 기록과 단군신화의 구조
  2. 단군신화 각 부분에 대한 해석
Ⅱ. 단군신화에 대한 남북한 문학계의 인식의 차이
  1. 단군신화에 대한 남한문학계의 인식
  2. 단군신화에 대한 북한문학계의 인식
Ⅲ. 단군신화에 대한 일제식민사학자들과 남북한 역사학계의 인식의 차이
  1. 일제식민사학자들의 단군신화 인식
  2. 단군신화에 대한 남한역사계의 인식
  3. 단군신화에 대한 북한문학계의 인식
Ⅳ. 남북통일의 단초로 단군신화에 남겨진 과제

〈생각해 보기〉
가. 남북한 학생들은 단군신화를 어떻게 인식하고 있을까?
나. 남북한 학생들은 단군신화의 어떤 부분을 신화적 허구라고 인식할까?
다. 남북한 학생들은 단군신화의 어떤 모티프를 실제 역사성을 반영한 모티프라고 생각할까?
라. 남북한 학생들에게 신화적 모티프를 제거하고 단군신화를 재구조화 하라고 한다면 단군신화는 어떤 모습이 될까?
마. 남북한 학생들은 단군신화와 남북통일의 상관관계에 대해 어떤 생각을 가지고 있을까?

Ⅰ. 단군신화는 역사인가 신화적 허구인가?

단군신화는 한민족 최초의 국가와 한민족의 기원에 관한 텍스트로 신화, 전설, 설화라고도 하는데 이러한 용어는 단군이 실존인물이 아니라 '허구, 공상'적 존재라는 인식에서 출발한다. 이는 일제강점기 식민사학자들이 한민족의 시조를 부정함으로써 한민족의 뿌리와 역사성을 말살하기 위해 만들어 놓은 용어를 합리적 의심 없이 사용한 결과이다. 따라서 단군신화가 역사인가 허구인가 라는 문제에 대해 이제는 진지하게 검토할 필요가 있다.

1. 단군신화에 대한 기록과 단군신화의 구조

1) 단군 왕검에 대한 기록

단군 왕검에 대한 최초 기록은 김부식(1075~1151)의 『삼국사기·고구려본기(三國史記·高句麗本紀)』동천왕조 21년 봄 2월 기사인데 서기 247년 관구검이 환도산성을 침략하자 평양성을 쌓고 사당과 백성을 옮겼다는 내용이다. 김부식이 『삼국사기』를 집필할 때, 국내·외 여러 사료들을 참고한 점을 감안한다면, 당시에도 단군 사료가 전해지고 있었으며 이것이 지식인이나 민중 사이에 널리 전파되어 있었음을 알 수 있다. 이후 단군에 관한 기록은 고려 충렬왕 대(代) 일연(1206~1289)의 『삼국유사(三國遺事)』, 이승휴(1224~1300)의 『제왕운기(帝王韻紀)』, 조선시대 윤준(尹准)·신장(申檣)등이 편찬한 『세종실록·지리지(世宗實錄·地理志)』에 수록되었다.

2) 단군신화의 구조

단군신화는 내용 상 크게 세 부분으로 나누어지는데 첫 번째는 할아버지–아버지–단군으로 이어지는 단군의 가계도와 단군 아버지가 인간 세상에 내려온 신화 부분, 두 번째는 곰 여인과 단군 아버지의 혼인으로 단군이 출생한 역사 부분, 세 번째는 단군이 신적인 존재의 반열에 드는 전설 부분으로 나눌 수 있다.

첫 번째 신화 부분

옛날 환인의 아들 환웅이란 이가 있어 자주 나라를 가져볼 뜻을 두고 인간세상을 몹시 그리워하였다. 그의 아버지가 아들의 뜻을 알고 아래로 삼위태백을 내려다보니 인간들에게 커다란 이익을 줄 수 있을 것 같아 이에 하늘표식을 새긴 세 개의 도장을 주어 보내어 다스리게 하였다. 환웅은 3,000명을 거느리고 태백산 골짜기 신단수 아래로 내려와 그곳을 신시(神市)라고 일렀는데 그가 환웅천왕이다. 풍백(바람신), 우사(비의 신), 운사(구름의 신)들로써 곡식, 생명, 질병, 형벌, 선악을 맡게 하고 무릇 인간 살이 360여 가지의 일을 맡아보며 세상을 다스리게 하였다.

두 번째 역사 부분

곰 한 마리와 범 한 마리가 같은 굴에 살면서 늘 사람이 되게 해달라고 신령스런 환웅에게 빌었다. 환웅은 쑥 한 타래와 마늘 스무 개를 주면서 "이것을 먹고 백일 동안 햇빛을 보지 않으면 사람이 될 것이다."라고 말하였다. 곰은 이것을 먹고 이십일일 동안 지내여 여자가 되었으나 범은 그렇게 하지 못하여 사람이 되지 못하였다. 곰 여인은 혼인할 데가 없어서 신단수 아래서 아기를 가지게 해달라고 빌었다. 환웅은 잠시 사람으로 변신하여 곰 여인과 혼인하였고 곰 여인은 아들을 낳은 뒤 단군 왕검이라고 하였다. 요임금(堯, 고대 중국의 전설적인 왕)이 왕에 오른 지 50년이 되는 경인년에 평양성에 도읍을 정하고 비로소 조선이라고 불렀다.

세 번째 전설 부분

도읍을 백악산 아사달로 옮겼는데 그곳을 궁홀산 혹은 금미달이라고 한다. 1,500년 동안 나라를 다스렸다. 주나라 무왕이 왕에 오른 기묘년 단군은 장당경으로 천도하였다가 뒤에 돌아와 아사달에 숨어서 산신이 되어 1,908세 까지 살았다.

2. 단군신화 각 부분에 대한 해석

1) 첫 번째 신화 부분: 단군의 가계도와 단군 아버지 환웅의 강림(降臨)

(1) 단군의 가계도

신화 부분에서 단군의 할아버지 환인은 하늘 임금이므로 천신(天神)이고 단군의 아버지 환웅은 하늘 임금의 아들이므로 하늘 왕자이고 환인과 환웅은 신적인 반열에 있는 존재들이다. 이처럼 단군의 조상을 신적인 존재로 승격화 하여 단군의 계보를 신성화 시키고 있는데 이는 후일 국가의 최고 통치자인 왕을 신성화하기 위한 정치적 목적에 의해 각색된 것으로 보인다.

첫 번째 신화 부분에서 가장 중요한 골격은 단군의 아버지인 환웅이 인간세상에 내려와서 사회를 만드는 과정인데 여기에는 전(前) 고조선사회의 사회역사적 구조와 특징이 반영되어 있다. 환인과 환웅에서 '환'은 '하늘(天)'을 의미하며, '웅'은 뛰어난 사람이라는 의미이므로 환웅은 '뛰어난 하늘 사람'의 의미가 된다. 고조선의 통치계급들은 국가의 최고 통치자인 단군 왕검을 신성화하기 위해 그의 조상을 '하늘의 존재'로 승격화 하여 종족의 신으로 우상화하였던 것이다.

(2) 고조선의 정치·사회구조와 체제

환웅에 대한 부분에서 바람신 풍백, 비의 신 우사, 구름신 운사에게 곡식, 생명, 질병, 형벌, 선악 등 인간살이 360여 가지 일을 맡아보면서 세상을 다스리게 하였는데 이는 '공적 권력기구'의 출현을 알려주는 것이다. 이들은 환웅의 부하로 고조선 사회의 지배계층이었으며 환웅을 중심으로 전 고조선 사회의 통치 집단을 이루었다. 즉 고조선 이전 사회는 환웅(공동체 수장) – 귀족(지도부) – 평민(고조선의 구성원)으로 이루어진 초보적인 수준의 계급사회였다.

풍백, 우사, 운사가 곡식, 생명, 질병, 형벌, 선악 등을 맡아보았다는 것으로 보아 농업에 관한 일, 생명과 질병에 관한 일, 상설 공권력을 의미하는 형벌과 선악에 관한 일을 담당하는 지배층이 있었다. 형벌을 맡아보는 상설 공권력이 출현했지만 선악을 맡아보는 전통적인 공동체, 도덕적 규범의 제약을 받고 있었던 점으로 미루어 전(前) 고조선 사회는 명문화된 법률에 준할 만큼 관습법이 중요한 사회였다. 이런 구조적 특징에 근거할 때 전(前) 고조선, 초기 고조선사회는 아직 완전한 계급사회는 아니었을 것이다. 전 고조선 사회의 정치구조를 현대의 개념으로 치환하면 농업부(농림수산부), 생명·질병(보건복지부, 질병관리청), 법무부(입법부, 사법부)가 된다.

360여 가지의 일은 1년이 360여일이라는 것에 기초를 두고 1년 간 벌어지는 모든 일, 나아가 그것이 해와 세대를 거듭하면서 반복되는 인간살이 삼라만상을 가리키는 것이다.

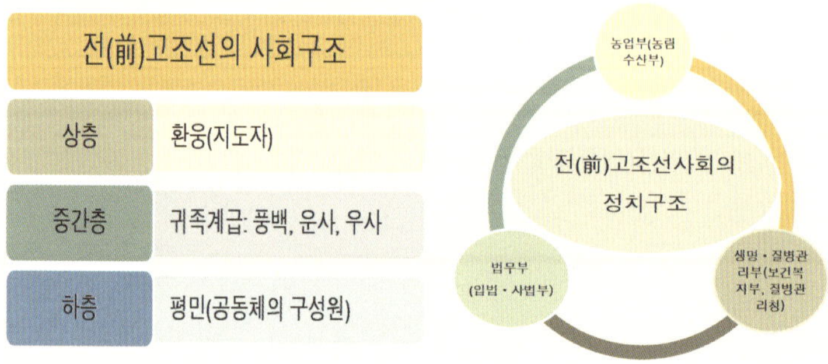

[그림 1] 전(前) 고조선의 사회와 정치구조

2) 두 번째 역사 부분

(1) 곰과 호랑이의 정체는?

신화에서 곰과 호랑이는 당시 고조선을 구성하던 씨족들의 명칭으로 웅(熊) 씨족, 호(虎) 씨족으로 부를 수 있는데 이는 이들이 곰과 호랑이를 토템으로 숭배했음을 의미한다. 곰과 호랑이가 같은 굴에 살았다는 것은 이들이 동일 종족에 속했으며 곰 씨족의 여자와 범 씨족의 남자가 부부로서 일부일처제의 가족을 이루어 생활했음을 말해준다. 그런데 곰은 인간이 되었지만 호랑이는 인간이 되지 못했다는 것은 일정한 역사적 단계에 이르러 곰씨족에 의해 호랑이 씨족이 권력 구도에서 밀려났음을 의미한다.

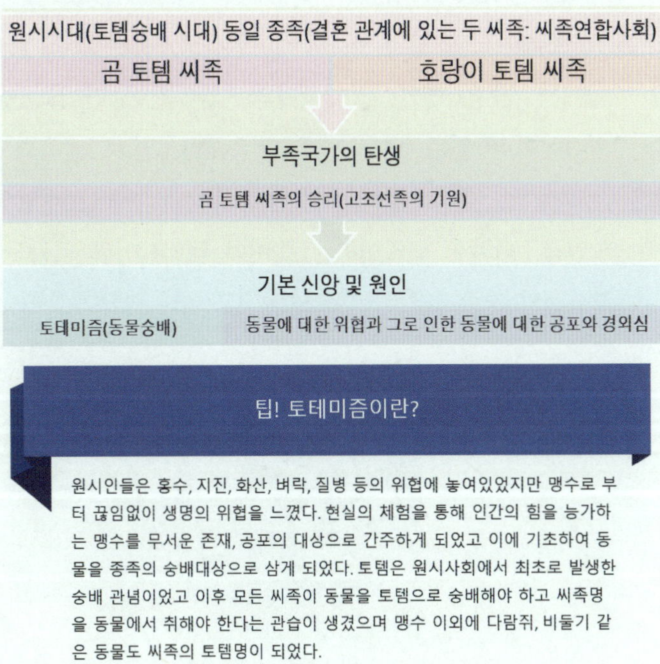

[그림 2] 토테미즘에 대하여

2) 단군의 의미와 기원연대

고조선을 설립한 단군에 관한 부분은 전체 단군신화뿐만 아니라 두 번째 역사 부분의 기본 골격이 된다. 단군은 특정 왕의 명칭이 아니라 고조선을 세운 종족의 왕이라는 의미의 일반 명사이다. 단군의 '단'을 『삼국유사』에는 제단 단(壇), 『제왕운기』에는 박달나무 단(檀)으로 기록되어 있어 단군의 의미에 대한 논란이 끊이지 않고 있다. 그런데 가장 설득력 있는 입장은 단군 표기에 사용된 박달나무 단에서 박달이 박달나무라는 의미가 아니라 산 이름이라는 주장이다. 달(達)은 그 의미가 명확하게 밝혀진 고구려 단어의 하나이며 가장 이른 시기에 발견되는 것이 고조선 지명인 '아사달' 이다. 고구려어는 고조선어를 계승하였으므로 박달의 달은 아사달의 달과 같이 '산'을 의미한다.

또 박달에서 '박'은 백악산, 태백산의 백과 같은 단어로 '밝다(白)'는 의미이며 어원은 '밝다'이고 '밝'은 '박, 발'로 발음되므로 박달은 곧 백악산, 태백산의 의미이다. 그러므로 단군은 박달임금 즉 태백산임금, 백악산 임금이라는 뜻이며 태백산이나 백악산 즉 박달은 고조선의 거주지와 관련이 있는 지명이다.

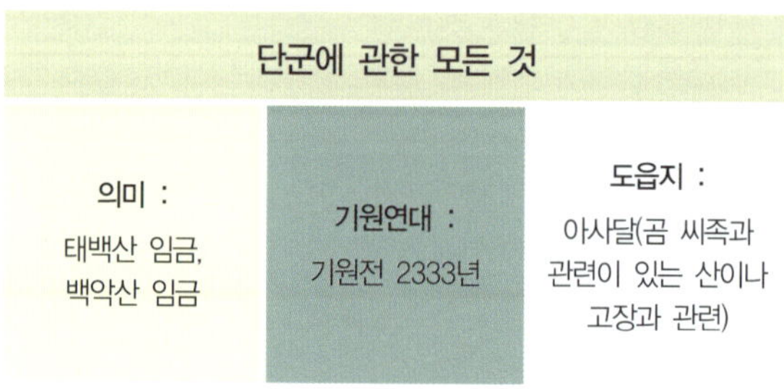

[그림 3] 단군의 의미와 기원 연대

단군의 기원과 관련하여 『고기(古記)』에는 요(堯)임금이 왕에 오르고 50년이 지난 뒤, 『위서(魏書)』에는 요임금과 같은 시대 혹은 지나간 2천 년 전이라고 기록되어 있다. 예부터 『고기』의 기록에 근거하여 조선에서는 단군의 기원 년대를 기원전 2333년으로 계산하였으므로 이렇게 보는 것이 자연스러워 보인다. 단군의 도읍과 관련하여 『고기』에는 처음 평양성에 정하였다가 후에 백악산 아사달(궁홀산, 금미달이라고도 하였다)로 천도하였다,『위서』에는 아사달에 도읍하였다고 기록되어 있다. 아사달은 달이 접미된 점으로 미루어 산을 표징으로 한 고장의 명칭이었을 것이다. 아사달의 이명(異名)인 궁홀산, 금미달의 한자 표기는 금골산, 금달이므로 아사달, 궁홀산, 금미달은 곰 씨족과 관련이 있는 산을 표징으로 하는 마을 이름으로 추정되지만 정확한 위치는 알 수 없다.

3) 세 번째 전설 부분

단군은 아사달에 숨어 지내가다 1908세 사망하였는데 이는 과장된 표현이고 산신이 되었다는 것은 단군이 신의 반열에 올랐음을 의미한다. 이렇게 단군을 신의 반열로 승격화 시킨 것은 고조선 지배계층들과 훗날 권력자들의 정치적 의도에 의한 것으로 보인다.

이상의 내용에 근거할 때 단군신화는 허구나 공상이 아니라 고조선 사람들에 의해 창작된 건국신화이다. 단군신화에는 원시공동체사회가 무너지고 전(前) 계급사회로 고조선의 역사발전 과정이 반영되어 있으며 고조선 이전 사회의 사회구조, 주민 계층, 역사, 지리 등이 기록된 역사텍스트이자 문화인류학 텍스트이다.

4) 환상적 외피를 제거한 단군 신화는 어떤 내용일까?

(1) 단군신화의 환상적인 모티프: 하늘 임금, 하늘 왕자, 강림(降臨), 곰, 호랑이, 마늘, 쑥, 신선

(2) 과제: 이 모티프를 제거한 뒤 단군신화를 재구조화하기

(3) 예시:

단군이 출생하기 전부터 평양 혹은 아사달에는 천신을 숭배하는 종족이 씨족을 통합하여 씨족연맹체 내지는 부족연맹체를 이루고 있었다. 그 종족의 마지막 지배자는 환웅인데 환웅을 하늘 왕자로 묘사한 것은 환웅을 신성화 시키기 위한 장치이다. 당시 사회는 부족연맹체의 수장(환웅), 귀족 지배층(풍백·운사·우사)과 씨족원들(무리 3천)의 3개 계층으로 이루어져 있었다. 부족연맹체장은 농업을 비롯한 경제활동뿐만 아니라 정치와 제사를 겸한 우두머리로 부족연맹의 운영 전반을 총괄하였다.

사회구조가 계층화 되었다는 것은 원시적 형태로나마 빈부격차가 있었음을 의미한다. 이로 인해 공동체 구성원들 사이의 대립과 투쟁이 발생했으며 이를 억제하는 수단으로 형벌이 맹아적 형태로 존재하였지만 도덕적 기준과 규범이 형벌에 준하는 강제력과 효력을 가지고 있었다. 이때 환웅이 곰을 숭배하는 씨족장의 딸과 혼인해 단군을 낳았고 단군은 성장 과정에서 당시의 사회상을 목격하고 계급 간, 씨족 간 분열과 대립을 통합하여 조선을 건국해 평양에 도읍을 정했다.

Ⅱ. 단군신화에 대한 남북한 문학계의 인식의 차이

남북전쟁이 끝난 뒤 남북에서는 문학사에 대한 체계적인 확립을 시도하는데 남한에서의 첫 작업은 1957년 이병기와 백철의『국문학전사(國文學全史)』이고 북한에서의 첫 작업은 이응수가 중심이 된 『조선문학사(朝鮮文學史)』이다. 남북은 이와 같은 작업과 동시에 단군신화에 대한 관점과 입장을 정리하였고 이는 이후 남북문학계의 단군신화 인식에 영향을 주게 된다.

1. 단군신화에 대한 남한문학계의 인식

이병기(1957:37)는 단군과 관계되는 '조천석(朝天石) 전설, 당장경 천도(唐莊京 遷都) 전설, 삼랑성(三郎城) 전설 등을 원문과 해석을 곁들여 소개하고 있다. 이 과정에서 이병기는 단군설화를 통해 원시적 서사문학이 시대의 변천에 따라 발전하여 가는 경로를 볼 수 있다고 하였다. 이러한 입장은 단군신화가 한 시대에 존재했던 신화나 설화로 그치지 않고 후대 서사문학과 관련되고 있음을 의미한다.

1970년대 이전 남한문학계에서는 이병기를 중심으로 단군신화에 대한 연구가 수행되었지만 아직 문학적 관점에서 단군신화 연구, 단군신화와 한국문학의 상관성에 대한 체계적 분석은 이루어지지 않았고 신화의 문학적 특성을 해설하는 과정에서 단군신화를 곁들여 서술하는 정도였다.

하지만 1970년 이후 장덕순(1981:26-28)에 의해 문학적 관점에서 단군신화 분석이 시작되었다. 그는 기록문학과 더불어 구비문학의 가치를 강조하였으며 특히 단군신화를 중심으로 설화의 3분법(신화, 전설, 민담)을 비교 설명하였다. 뿐만 아니라 단군신화는 한국서사문학의 원조이며 직간접 또는 의식적, 무의식적으로 한국의 서사문학에 영향을 주었다고 규정하였다. 동 시대의 전규태(1977:58-59)는 단군신화를 한국서정문학의 원조라고 주장하였다.

1980년대 김열규에 이르러 비로소 단군신화에 대한 본격적이고 체계적인 문학적 고찰이 이루어졌다. 김열규(1983: 100)는 레비스트로스(Levi-Strauss)식 구조주의적 연구 방법에 입각하여 단군신화를 분석하면서 단군신화를 상상적(허구적) 서술과 경험적(역사적) 서술의 복합체임을 강조하였고 단군신화의 화소들을 구조적으로 분석하였다. 또한 단군신화에서 한국서사문학의 원형이라 할 수 있는 여러 모티프들을 발견한 뒤, 여러 서사문학 작품들과 대비하여 그 타당성을 입증하였다.

조동일(1982:49-52)은 고고인류학, 종교학, 민속학 등 다방면에서 종합적으로 단군신화를 분석한 뒤 한국 최고의 건국서사시로 규정하고 그 내용 가운데 다양한 상징이 내포되어 있어 오늘날 굿 놀이 등을 포함한 전통문화의 원천이 된다고 하였다.

고조선은 아주 고대에 존재했던 나라이며 법률에 의한 통치를 일찍부터 택했다. 환웅과 단군을 내세우는 건국서사시나 이와 관련된 굿이 전해진다면 민간전승을 주류로 삼았을 것이다. 기록에 남은 내용은 단순하고 그것마저도 중국문헌에 의존한 부분이 상당하므로 이를 이해하기 위해서는 민간전승의 뿌리가 더 깊었다고 보아야 할 것이다. 환웅이나 단군을 섬기는 신당이 도처에 있었다든가 단군이 짓고 고구려 발해를 거쳐 고려로 전해졌다는 비기(秘記)류를 널리 숭상했다든가 하는 것들이 모두 『삼국유사』의 기록에서 추발된 결과라고만 볼 수는 없다(조동일, 1982:49-52).

조동일의 단군신화에 대한 논의는 이후 한국문학계 단군신화 논의의 기본 틀이 되었을 만큼 그 의미가 크며 조동일 이후 남한문학계에서 단군신화 논의는 조동일에 의지하는 면이 큰 것이 사실이다.

2. 단군신화에 대한 북한문학계의 인식

1) 단군신화에 대한 북한문학계의 관점과 인식

1950년대 이응수는 단군신화를 중세의 홍길동전 등과는 달리 순전한 공상이나 기적이 아니라 구체적 역사이며 고조선인들의 토템, 물화론 등 초기 신앙을 바탕으로 창조된 문학으로 평가하였다.

> 조선은 원시시대에 이미 신화가 발생했는데 이는 종교의식이 발달되면서 생겨난 설화 형식이었으며 처음에는 자연신들이 많이 취급되었다. 그 이후에는 인간신, 원시 말기에는 영웅 신들이 많이 출현하는데 단군기(壇君記)의 토대가 되는 단군신화가 그 전형적 실례로 이러한 신화들은 계급사회에 와서도 설화문학의 중요한 원천이 되었다. 조선 최초의 문학 형식은 연대기(年代記)인데 연대기의 초기 형태가 바로 건국기이며 단군기이다. 연대기의 문학사적 가치는 첫째, 조선 최초의 서사 산문문학이며, 둘째, 구전문학적 요소가 풍부하여 인민문학사의 중심원천이며, 셋째, 설화문학, 전기문학의 맹아적 초기형태를 가지고 있어 후일 독립적인 문학형식으로 발전할 모태가 된다(이응수, 1956:10-20).

1982년 이후 북한 문학사는 그 이전의 내용을 바탕으로 하되 나름의 독자적인 견해가 더해졌다. 김춘택은 『조선문학사 1』(1982:14-15)에서 고조선신화를 독립된 항목으로 분리하여 서술하고 있는데 이때부터 북한문학계에서 단군신화에 대한 독자적인 문학적 접근이 시작된 것으로 보인다. 김춘택은 일본의 단군신화 왜곡을 혹독하게 비판하면서 역사, 종교, 문화사적 근거를 바탕으로 단군신화의 함축적 의미를 강조하였다. 정홍교(1977:12-15)는 단군신화를 고조선 건국신화이며 서술, 구전되는 한국설화 중 가장 오래된 것이라고 주장하면서 단군신화를 통해 주체사상을 정립하려는 시도를 하였다.

> 단군신화는 조선인들이 인류의 여명기에 창조한 최초의 문학적 형상이다 ... 단군신화는 단군이라는 비범한 신화적 인물인 단군의 가계와 출생담에 관한 것이다... 단군신화는 조선 옛 사람들의 특성을 설화적 형상을 통해 실감 있게 보여준 것으로 중요한 문화사적 가치가 있으며 후대 조선 문학에 영향을 미쳤다."(정홍교, 1991:26-27)

1980년대까지 북한문학계에서는 단군신화를 통해 김일성 주체사상을 정립하려는 시도도 있었지만 단군신화에 대한 문학사적 접근이 주류를 이루었다. 하지만 1993년 단군릉 발굴 이후에 북한문학계의 단군신화 논의는 새로운 국면을 맞이하였다.

2) 새로운 장르로서 단군문학의 탄생과 발전

1993년 9월 평양시 강동군 대박산 기슭 단군릉 발굴은 북한문학계의 단군신화 인식에서 전환점이 된 사건이다. 1993년부터 2000년대 초반까지 북한에서는 단군을 주제로 약 70여 편의 문학작품들과 설화들이 발표되었다. 이는 1990년대부터 김일성 우상화 작업인 '지도자형상화'를 위한 작품 특히 '조선민족제일주의' 정신이 강조된 작품들이 꾸준히 발표되었던 상황과 무관하지 않다. 특히 1994년 7월 8일 김일성 사망 전후에는 '유훈통치문학', '추모문학'들을 통해 김일성의 우상화를 강조하면서 그의 후계자로서 김정일을 부각시키는 작품들이 계속 창작되었으며 '단군문학'이라는 장르의 작품들까지 출현하였다. 이들 작품들과 병행해서 두드러진 현상은 새로운 수많은 '단군전설'들의 출현과 '평양'과 관련된 문학작품들의 출현이다.

'단군문학'은 첫째, 김일성과 김정일을 단군에 비견하여 찬양하는 작품, 둘째, 단군릉 건립과 관련하여 김일성을 칭송하는 작품, 셋째, 단군조선의 역사적 정통성을 정당화하면서 북한을 찬양하는 작품, 넷째, 단군을 제목으로 한 작품 등으로 구분할 수 있다. 사망한 김일성은 이미 인간으로서의 의미를 초월한 신적인 존재, 즉 단군과 같은 반열에서 신화적 존재로 형상화되고 찬양되었다. 김일성이 사망하자 김정일은 인민들의 지속적인 충성, 후계체제의 정통성과 기반을 확보하기 위해 죽은 김일성을 단군과 같이 영생불멸하는 신화적 존재로 승격시켰다. 김정일은 이런 식으로 '수령의 유훈문학'을 강조하면서 동시에 이러한 내용을 반영한 단군문학 작품을 발표할 것을 독려하였다.

김일성이 사망하기 전 북한의 평론가 오승련의 「반만년 유구한 력사와 찬란한 문화를 가진 민족의 긍지와 자부심을 노래하는 작품을」, 신경애의 「위대한 수령을 모신 긍지와 자부심을 안고」를 통해 단군문학의 특성과 단군문학에 대한 창작의 열정을 엿볼 수 있다.

> 단군릉 발굴소식을 접한 우리 작가들은 전체 인민들과 함께 커다란 민족적 자부심과 긍지에 휩싸여 있다. … (중략) … 단군릉 발굴은 위대한 수령님과 친애하는 지도자 동지의 현명한 령도의 결실이며 우리 주체사관의 승리이다. … (중략) … 단군릉 발굴은 작가들에게 위대한 령도자를 모신 유구한 력사와 찬란한 문화를 가진 민족의 한 성원으로서 한없는 기쁨과 함께 끝없는 창작적 충동을 불러일으키고 있다. 우리 작가들은 조선민족제일주의정신으로 힘있게 맥박 치는 혁명적 작품창작에로 추동하며 이 사상적 기백을 예술적으로 실현하는데 도움이 되는 평론을 쓰리라 마음 다지고 있다(오승련, 1993:38).

> 단군릉 발굴소식을 접한 나의 가슴은 한 세대에 가장 걸출한 두 분의 위인을 모시고 사는 조선민족의 긍지와 자부심으로 한껏 들레이고 있다. … 단군을 원시조로 하는 반만년의 유구한 력사와 문화를 되찾아주신 위대한 수령님과 친애하는 지도자동지의 위대성과 비범성, 로고에 대해 가슴 뜨거이 생각하게 되었다. … 이 세상 그 누구도 따르지 못할 비상한 천재적 예지를 지니신 가장 걸출한 력사의 영재이시며 민족을 빛내는 민족의 태양이시다(신경애, 1993:38).

단군릉의 역사적 실재 여부와는 무관하게 단군릉 발굴로 북한 문학계에는 단군문학이라는 새로운 장르의 문학이 출현하였는데 단군문학이 지향하는 바는 김일성 정권과 김일성 일가의 세습체제를 정당화하고 찬양하는 것이었다.

[표 1] 단군신화에 대한 남북한 문학계의 인식과 대표들

단군신화에 대한 남북한 문학계의 인식			
남한		북한	
이병기 (1957)	원시적 서사문학	이응수 (1956)	조선 최초의 서사문학, 연대기문학, 한국 설화문학의 원천
장덕순 (1981)	한국서사문학의 원조	김춘택 (1982)	단군신화에 대한 독자적인 문학적 접근 시도
전규태 (1977)	한국서정문학의 원조	정홍교 (1977)	건국신화, 한국 구전설화 중 가장 오래된 것
김열규 (1983)	상상적 서술과 역사적 서술의 복합체	정홍교 (1991)	주체사상과 연결 시도
조동일 (1982)	한국 건국서사시	오승련 등 (1993)	단군문학의 탄생 주도

남북한 문학계의 단군신화 인식에서는 다음과 같은 공통점과 차이점이 발견되었다. 첫째, 단군신화가 한국 최초의 서사문학, 한국문학의 원조라는 관점에서는 대체로 일치했고, 둘째 단군신화

의 발생을 한민족의 원시 및 고대 사회, 특히 고조선과 관련하여 설명한다는 점에서도 일치했다. 차이점은 첫째, 남한문학계에서는 단군신화를 '역사적 사실'보다는 '신화적 허구'로 보는 경향이 강하고, 둘째 북한문학계는 단군신화를 '역사적 사실'로 인정하지만 김일성과 김정일의 교시에서 출발하여 단군신화의 내용을 사회주의 이념 및 계급투쟁의 관점에서 해석하면서 권력 정당성 유지를 위한 수단으로 사용되고 있다는 점이다.

앞으로 단군신화와 관련하여 남북한 문학계에 남겨진 과제는 첫째, 단군신화에 채색된 정치적 이데올로기를 제거하는 것이다. 둘째, 단군신화의 문학적 특성이 한국의 다른 신화, 전설, 민담은 물론 고대소설, 현대소설, 기타 문학 장르에서 어떻게 변형 전승되어 왔는지 고찰하는 것이다. 셋째, 민족 동질성이 공감되는 범위에서 통합 문학사를 시도하는 것이다. 넷째, 단군신화를 남북한 공동의 문화 콘텐츠로 재창조하여 민족 동질성에 대한 공감대를 업그레이드 시키는 것이다.

Ⅲ. 단군신화에 대한 남북한 역사학계의 인식의 차이

1. 일제식민사학자들의 단군신화 인식

단군신화에 대한 일제식민사학자들의 입장은 단선적 진화 과정을 거쳤다. 먼저 나카 미치요의 고려시대 승려들이 '날조한 망령된 이야기'에서 출발하여 시라토리 구라키치와 오다 쇼고의 묘향산 산신의 연기설화와 평양 선인의 전설이 합해진 '평양의 개벽연기전설'로 진화한 뒤 이마니시 류와 다카하시 도루에 이르러는 주몽신화의 영향을 받아 만들어진 신화로 발전한다. 일제 식민사학자들에 의하면 단군은 명백한 허구이고 한민족의 선조와는 전혀 관계없는 존재인데 이는 한민족의 첫 역사인 고조선을 지우기 위한 허황된 주장으로 이를 통해 일본 우위적 역사체계와 조선의 상대적 낙후성을 부각시키려는 것이다.

[표 2] 일제식민사학자들의 단군신화에 대한 입장

식민사학자	단군신화에 대한 입장
나카 미치요 (1894)	불교가 전파되면서 중들이 날조한 망령된 이야기
시라토리 구라키치 (1894)	불설의 우두전단에 근거한 허구의 이야기로 소수려 소수림왕 2년(372년)부터 양원왕 7년(552년) 특히 장수와 시대에 창작
오다 쇼고 (1924)	묘향산 산신의 연기설화와 평양 선인의 전설이 합해진 평양의 개벽연기전설로 고려 원종(1259)부터 충렬왕(1308) 사이에 창작
이마니시 류 (1929)	단군은 부루의 아들, 단군신화는 주몽신화의 변형, 고려 인종(1122년)부터 고종(1259)년 사이에 창작
다카하시 도루 (1955)	주몽이 단군이며 주몽을 단군의 아들이라고 한 것은 오류이고 부루를 단군의 아들로 볼 근거가 없으며 부여 개국설이 단군고기로 변형

일제식민사학자들의 단군신화 수용 양상은 이후 한국 역사학계에서 고조선 건국의 주체인 단군을 역사적 실체로 인정할 것이냐에 대한 인식의 차이로 이어졌다. 민족사학자들은 일제식민사학자들의 주장을 전면 부정하면서 한민족의 시조로서 단군을 인정하는 입장이며, 사회주의사학자들은 유물사관에 입각해 단군신화를 해석하였고, 식민사학자들의 주장을 이어받은 일군의 학자들은 단군신화를 상상의 이야기로 규정한다.

이러한 입장은 분단 이후 남북한 역사학계의 단군신화에 대한 인식에 반영되어 북한은 조선민족제일주의 주창하면서 문헌기록에 철저하기 보다는 주체사상에 입각하여 단군신화를 해석한다.

남한학계는 문헌과 유물을 부정하면서 고조선 중심지가 요동이었다는 것과 건국시기를 믿을 수 없다는 관점에서 식민사학자들의 주장을 이어갔다.

2. 단군신화에 대한 남한 역사학계의 인식

남한 역사학계의 고조선 연구는 해방 이후 과거 식민지시대에 일본인들이 중심이 되어 진행한 한사군문제에 국한된 연구를 극복하고 고조선의 원래 모습을 회복한다는 측면에서 단군문제와 고조선 중심지 문제를 중심으로 진행되었다. 먼저 김재원은 산동반도에서 발견된 무씨사당(武氏祠堂) 화상석(畵像石)의 그림 내용을 단군신화와 관련시켰다. 그는 화상석에 나오는 그림의 내용이 호랑이로 묘사된 내용을 제외하면 상당부분 단군신화의 내용과 일치한다고 파악하면서 단군신화를 북방계 곰의 수조신화(獸祖神話)와 연결시켰다(김재원, 1947:45-49).

[그림 4] 무씨사당 화상석

이병도(1975:29-34)는 단군신화는 천신족인 환웅이 지신족인 고마족 웅녀와 결혼하여 단군을 낳은 것을 설화한 것으로 단군은 제사장, 왕검은 정치적 군장의 의미를 가진다고 하였다. 김정학

(1954)은 단군신화는 고조선의 한 부족의 시조신화였는데 삼국통일과 고려시대를 거치면서 민족의식이 고조되어 한민족의 시조신화로 확대되었다고 주장하였다. 이기백(1975:14-15)은 단군신화에서는 샤머니즘의 종교적 세계와 토테미즘의 사회적 요소를 찾아볼 수 있으며 고조선의 건국과 더불어 만들어진 신화라고 하였다. 김정배(1973:160-203)는 단군조선의 내용을 신석기시대 고아시아족의 한 종족이 남긴 역사로 해석하였다. 이처럼 2000년 이전 남한 역사학계의 단군신화에 대한 인식은 '고조선에 속하는 일부 부족의 신화', '외래 기원 신화', '훗날 한민족의 시조신화로 확대된 일부 부족의 신화', '만들어진 신화'로 정리할 수 있다.

하지만 1999년 단군학회가 창설되었고 2010년 고조선단군학회로 발족되면서 단군에 대한 논의를 새롭게 정립하기 시작했고 2000년대 이후에는 단군신화가 한민족 최초의 국가인 고조선의 탄생을 역사적 배경으로 성립된 건국신화로 '역사적 사실'이라는 데에 대체로 견해가 일치한다.

3. 단군에 대한 북한 역사학계의 인식

북한에서 단군신화 논의는 국제 정세, 북한의 정치상황에 따라 굴곡을 겪으면서 현재에 이르고 있지만 1993년 단군릉 발굴 이전과 이후의 시기로 나누어 살펴볼 수 있다.

1) 단군릉 발굴 이전

북한에서 단군신화가 본격적으로 논의된 것은 고조선 문제가 쟁점으로 부각되던 1960년대 초부터이다. 즉 북한 건국 초기 고조선의 위치와 영역에 대한 논쟁 과정에서 단군신화에 대한 논의가 시작되었는데 단군신화는 지배계급의 허위의식으로 사실이 아니며 인민의 계급의식을 마비시키고 심지어는 공산주의와 사회주의를 반대하기 위한 수단으로 지배계급이 조작·날조한 것이라는 입장이 지배적이었다.

1980년대 국제정세의 급변은 북한 역사학계의 단군신화 인식에도 영향을 미쳤다. 1980년대 들어 북한은 강한 중국과 소련 사이에서 주체성을 강조하게 되고, 1980년대 말 동구 사회주의가 붕괴되면서 그에 대한 대응논리와 내부결속을 위해 조선민족제일주의를 주창하게 된다. 이의 연장선상에서 1980년대 후반 단군신화가 한국 역사상 최초의 국가인 고조선이 건국과 역사를 반영한 신화이며, 단군이 고조선의 건국시조라는 점을 공식적으로 인정하였다.

2) 단군릉 발굴 이후

1993년 9월 평양시 강동군 대박산 기슭 단군릉 발굴은 북한 단군 인식의 전환점이 되었는데 이는 단군릉 발굴이라는 사건 자체 때문이 아니라 북한 내부 정치 상황에 의한 측면이 크다.

[그림 5] 평양시 강동군 대박산의 단군왕릉

김일성은 1994년 7월 초 사망 시까지 40여 차례 복구 현장에 들러 공사를 독려하였다. 김일성이 단군릉 발굴과 개건사업에 집착한 것은 자신의 독창적인 혁명사상인 주체사상을 실물로 가시화(可視化)하려는 것이며 단군에 대한 강조와 우상화는 '김일성 일가'를 위한 정치적 기획이었다. 단군신화에 나타난 역사까지도 신화화하고 단군의 지도력을 현재 김일성과 김정일의 지도력과 연계시킨다는 전략 즉 단군신화를 현실정치의 이데올로기로 적극 활용하려는 것이었다. 1993년 10월 2일 단군릉 발굴과 준공식을 끝낸 직후까지 3년간 북한에서 단군과 관련하여 이와 같은 논문이 100여 편 이상 발표되었다.

단군릉 발굴 이후 북한은 고조선 건국 시기는 기원 전 700년경이 아니고 기원 전 3000년경(강인숙, 1994:45-47), 고조선의 기원지와 중심은 만주가 아니고 평양이며 평양을 중심으로 한 대동강 유역은 세계 4대 문명과 나란히 고대문명이 꽃핀 인류문화 발상지의 하나(박진욱, 1994:58-60), 단군은 신화적 인물이 아니라 실존 인물이며 고조선은 반만 년 전 한민족의 시조인 단군에 의하여 평양에서 수립된 우리 민족사의 첫 고대국가(손영종, 1994:51-55)라고 입장을 선회하였다.

북한은 단군신화를 김일성 부자의 우상화를 위해 단군릉의 발굴, 건립이 이들 부자의 지시로 이루어졌음을 강조면서 단군과 김일성을 일체화 시키려는 것이다. 현재 북한이 갖고 있는 역사인식과 단군신화에 대한 인식은 그들의 시대적 난관 극복 및 체제 유지를 위한 방편에서 나온 현상으로 김일성과 김정일 형상화의 성격이 강하다는 비판은 피할 수 없다. 그러나 남한의 정부나 단군 관련 민간단체 중 어느 누구도 실현시키거나 기획할 수 없었던 '단군문학', '단군문화'을 만들어냈다는 점에서는 시사하는 바가 크다.

[표 3] 남북한 역사학계의 단군신화에 대한 인식

단군신화에 대한 남북한의 역사학계의 인식	
남한 역사학계의 인식	
김재원 (1964)	상(商)대에 만들어졌으며 화상석과 문헌기록의 차이점에 의할 때 동북지역에서 산동지역으로 전승되었다
노태돈 (2000)	당시 사회에서 정치 이데올로기의 역할을 했고 정치·사회적 통합 기능을 위해 만들어진 신화
황패강 (2006)	환웅과 고조선 관계 그리고 건국 경위가 빈약하고 단군의 후계에 대한 언급이 없기 때문에 단군신화는 고조선 건국신화가 아니라 제의적 신화
조동일 (2015)	환인과 환웅시대는 신화지만 단군시대는 역사
북한 역사학계의 인식	
백남운 (2004)	유물론에 입각해 경제사적 입장에서 해석. 단군은 천손강림의 가상화(假象化)지만 단군신화 속 상징은 역사를 반영한 것으로 환웅의 통치권을 단군이 계승한 것은 남계(男系) 추장제의 확립을 의미. 단군신화의 장소는 곰이나 범과 같은 짐승이 많이 서식하고 있는 높은 삼림지대이며 신령한 쑥·마늘·곡식 등으로 미루어 볼 때 생산력은 정원지배에서 논밭 경작 단계로 발전했는데 이것은 철 이용을 전제로 하기 때문에 경제가 비약적으로 발전하여 문명의 입구에 도달한 시기
리상호 (1962)	중국 동북 지방 일대에 거주하던 고조선족의 군사 민주주의 단계의 사회상을 반영한 것으로 고조선 건국 신화이며 환인과 환웅은 실재가 아니라 역사발전단계의 사회현상을 반영한 것으로 파악
강인숙 (1990)	단군신화는 후세에 조작된 거짓 신화가 아니라 고조선의 건국 당시로부터 그 직후 시기에 걸쳐서 형성된 참 신화

Ⅳ. 나오는 말: 남북통일의 단초로 단군신화에 남겨진 과제

남북화해와 공존의 시대를 열고 남북통일을 이루기 위해서 남한은 단군신화에 덧씌워진 식민사관을, 북한은 세습체제를 위한 조선민족제일주의를 극복해야 한다. 앞으로 단군신화와 관련하여 남북한 문학계에 남겨진 과제는 첫째, 단군신화에 채색된 정치적

이데올로기를 제거하는 것이다. 둘째, 단군신화의 문학적 특성이 한국의 다른 신화, 전설, 민담은 물론 고대소설, 현대소설, 기타 문학 장르에서 어떻게 변형 전승되어 왔는지 고찰하는 것이다. 셋째, 민족 동질성이 공감되는 범위에서 통합 문학사를 시도하는 것이다.

남북한 역사학계에 남겨진 과제는 첫째, 역사적 실체로서, 한민족 최초의 국가로 고조선을 인정하고 고조선의 건국 시기, 사회정치적 특징, 강역 등에 대한 공동의 연구를 수행해야 할 것이다. 둘째, 한민족의 역사 속에서 단군이 어떻게 변형되어 왔는지 공동으로 규명해야 할 것이다. 마지막으로 문화적 차원에서 단군신화를 남북한 공동의 문화 콘텐츠로 재창조하여 민족동질성에 대한 공감대를 업그레이드 시켜야 할 것이다. 이는 21세기 한반도가 세계 문화강국으로 발돋움할 수 있는 길이자 남북통일을 앞당기는 길이다.

참고문헌

강인숙(1994). 「단군은 고조선의 건국시조」, 『력사과학』, No. 94(1), 53-57.

김명옥(2018). 단군신화 인식에 대한 역사적 고찰, 『역사와융합』, No. 3, 45-86.

_____(2019). 단군신화 역사성 인식에 관한 남북한 비교 연구, 『스토리앤이미지텔링』, No. 17, 35-67.

김열규(1983). 『한국문학사』, 서울: 탐구당.

김정학(1954). 「단군설화와 토오테미즘」, 『한국고대사론연구』, 서울: 박영사.

김재원(1947). 『단군신화의 신연구 1』, 서울: 정음사, 45-49.

김춘택(1982). 『조선문학사 1』, 평양: 김일성종합대학출판사.

박진욱(1994). 「평양은 고조선의 수도」, 『력사과학』, No. 94(2), 58-60.

『북한학계의 단군신화연구』(1995), 서울: 백산자료원.

손영종(1994). 「조선민족은 단군을 원시조로 하는 단일민족」, 『력사과학』, No. 94(3), 51-55.

송호정(2004). 『단군, 만들어진 신화』, 산처럼.

신경애(1993). 「위대한 수령을 모신 긍지와 자부심을 안고」, 『조선문학』, 12월호.

오승련(1993). 「반만년 유구한 력사와 찬란한 문화를 가진 민족의 긍지와 자부심을 노래하는 작품을」,『조선문학』, 12월호.

이기동 (2000). 북한에서의 단군연구와 그 숭앙운동,『한국사 시민강좌』, No. 27, 100-122

이기백(1975). 「단군신화의 문제점」, 『한국고대사론』, 서울: 박영사.

이병기, 백철(1957). 『국문학전사(國文學全史)』, 서울: 신구문화사.

이병도(1975). 「아사달의 위치문제와 그 명칭의 의의」, 『한국고대사연구』, 서울: 박영사.

이재원(2003). 남한과 북한문학사에 서술된 단군신화 고찰,『단군학 연구』, No. 9, 83-111.

_____(2005). 북한의 단군신화 인식에 대한 연구,『단군학 연구』, No. 13, 275-325.

이응수(1956). 『조선문학사 1』, 평양: 교육도서출판사.

장덕순(1981). 『한국문학사』, 서울: 동화문화사.

전규태(1977). 『한국고전문학사』, 서울: 서문당.

정홍교(1977). 『조선문학사』, 북한사회과학원 문학연구소편.

______(1991). 『조선문학사 1』, 사회과학출판사.

조동일(1982). 『한국문학통사 1』, 서울: 지식산업사.

최영묵(1990). 「북한의 역사연구기관·연구지 및 연구자 양성과정」, 『역사와 현실』, No.

제5장

북한의 명절과 가정의례

김종군(건국대 대학원 통일인문학과)

이 장의 학습목표는 북한의 명절과 가정의례에 대해 살펴보고, 분단 이후 남한과 달라진 항목과 의례의 절차 및 의미를 이해하는 데 있다. 북한은 사회주의 국가 체제를 운영하는 가운데 남한에서 국경일이라고 부르는 기념일을 국가명절로, 설날이나 한가위를 민속명절로 구분하는데, 학습을 통해 남한과 다른 북한의 명절 풍습을 이해한다. 또한 전통적으로 관혼상제 사례(四禮)로 불린 일생의례를 북한에서는 가정의례로 범주화하여 소개하고 있는데, 민간에서 실질적으로 행하는 혼례나 상례의 절차와 모습을 사진 자료와 탈북민의 구술을 통해 현장감 있게 이해한다. 이를 통해 현재 남한과 북한에서 행해지는 명절 풍습과 혼례, 상례, 제례의 절차와 의미를 서로 비교하면서 그 공통점과 차이점을 발견하고, 통일의 과정에서 생활문화 측면에서의 남북 소통과 문화통합 방안을 제시할 수 있다.

〈차례〉

Ⅰ. 북한의 전통문화 정책
Ⅱ. 북한의 명절
Ⅲ. 북한의 혼례문화
Ⅳ. 북한의 상례문화
Ⅴ. 북한의 제례문화
Ⅵ. 남북 문화통합 장치로서 가정의례

Ⅰ. 북한의 전통문화 정책

1. 사회주의 국가 전통 만들기

1) 민속문화와 민족문화

남북은 분단국가 형성 과정에서 자유민주주의 체제와 사회주의 체제에 부합하는 생활문화를 구축하고 확산하기 위해 우리의 전통문화를 적극적으로 활용한다. 전통은 민속과 결합하여 '민속전통'으로, 민족과 결합하여 '민족전통'이라는 용어로 사용된다.

민속은 민간에서 전래되는 풍습으로서, 의식주와 생산구조 및 도구, 세시풍속, 일생의례, 기타 생활풍습을 영역으로 삼는다. 민속전통은 관습과 인습적 관행을 포괄하는 개념으로 정의할 수 있다. 그에 비해 민족전통은 분단체제와 근대화라는 정치적인 의도로 민족과 전통을 결합시켜 의미를 확장하였다. 민족전통은 전통적인 관습은 수용하고 허례허식이나 미신으로 치부되는 인습은 배제하는 선택적 수용 자세를 취하면서, 민족문화로 일반화되었다.

북한에서 민속전통은 '민간에서 향유되는 형태'와 '과거로부터 전승'을 염두에 둔 개념으로 본다. 민족문화는 이보다는 포괄적인 개념으로 우리 '민족 전체가 향유한 형태'이며 '과거로부터의 전승 산물과 더불어 현재 창조되는 문화'까지를 포괄하는 용어로 보고 있다.[1] 그래서 전통문화의 현재적 효용에 초점을 두고, 민족문화의 원형도 당대의 요구와 정치 사회적 목적에 맞게 변형하여 활용하는 것을 문화정책의 토대로 삼고 있다.

1) 김종군, 「북한의 민속전통 계승의 실제와 의미」, 『동방학』 22, 한서대학교 동양고전연구소, 2012, 91쪽.

2) 북한의 민족문화 계승의 2대 원칙

북한은 민족문화 계승의 대원칙을 두 가지로 제시하고 있다. 이는 해방 직후 김일성에 의해 제시되었고 김정일이 거듭 강조하였다.

첫째는 사회주의 국가 북한에서 전통적 유산의 수용과 변용이 '민족적 형식'에 '사회주의적 내용'을 담아야 한다는 원칙이다. 문화에서 민족적 특성은 민족적 형식에서 비롯된다고 보고, 사회주의 문화 건설과정에서 전래하는 문화유산의 가치와 의의는 사상적인 내용보다는 민족적 형식에 있다고 강조한다.

둘째 전통문화 계승의 태도는 '복고주의 경향'과 '허무주의 경향'을 모두 경계하면서 오늘날의 시대적 요구와 인민 대중의 지향에 맞춰야 한다는 원칙이다. 민족문화유산을 계승하는 공산주의자들의 태도로 "민족 고유의 것이라고 하여 덮어놓고 좋은 것이라고 하면서 뒤떨어진 것까지 그대로 이어받으려는 복고주의적 경향과 자기의 것은 별로 보잘것이 없다고 외면하고 부인하는 허무주의적 경향을 다 같이 경계"해야 한다고 강조한다.[2] 이 두 가지 원칙은 북한의 국가 건설기에 제시되어 현재까지 민족문화유산 계승의 대원칙으로서 위상을 갖는다.

[그림 1] 민족적 형식으로 지은 평양 인민대학습당

---

2) 김정일, 「문화유산계승문제에 대한 로동계급적립장에 대하여(김일성종합대학 학생들과 한 담화, 1964년 3월 19일)」, 『김정일전집』 7, 조선로동당출판사, 2014, 457~464쪽.

2. 북한의 전통문화 정책의 변화기점

1) 1958년 종파주의 종식 선언; 김일성 중심체제 기반 확립

북한의 현대사에서 전후 복구와 사회주의 건설기를 1953년부터 1958년으로 구분할 수 있는데, 1958년 3월 제1차 노동당 대표자회의에서 김일성은 '종파주의'의 완전 종식을 선언한다. 이 시기 전국적으로 '중앙당 집중 지도사업'을 전개하여 주민들에 대한 사상 검토 작업을 전개하면서 김일성 중심체제의 기반을 확립하게 된다. 1956년 '8월 종파사건'으로 정치적으로는 소련파와 연안파의 숙청을 완료하고, 경제 사회적으로는 토지의 국유화가 완료된 시기이므로 주민들의 생활문화에 대한 변혁 시도도 이 시기에 함께 이루어진 것으로 추측할 수 있다.

북한의 민속조사 자료를 살펴보면, 가정의례 가운데 절차를 폐지한 시기를 1958년으로 명확하게 제시하는 경우가 다수 발견된다. 평안북도 선천군의 상례 절차에서 초혼(招魂)이 사라진 시점을 1958년이라고 단정하고 있으며, 함경남도 금야군의 제례에서 시제(時祭)가 사라진 시기도 1958년으로 뚜렷하게 진술하고 있다.

2) 1967년 5.25교시; 김일성 유일 독재체제 본격화

북한은 1958년 이후 김일성 중심체제 확립의 방안으로 주체사상을 구축해 나가는 가운데 봉건 잔재나 자본주의적인 폐습이라고 규정한 전통문화에 대한 규제를 강화하였다. 실제로 전통 민요인 〈아리랑〉이나 〈도라지타령〉까지도 부르지 못하도록 통제했다고 한다. 그러나 민간에서는 명절이나 혼례나 상례 등의 가정의례를 전통 방식대로 유지하고 있었다.

이러한 가정의례가 한순간에 폐기되는 사건이 1967년에 있었던 김일성의 5.25교시였다. 김일성은 1967년 5월 25일 조선로동당 4기 15차 전원회의에서, 현재 조선로동당에는 자본주의, 수정주의, 교조주의 등 잡다한 사상이 당 안에 유입돼 혁명사업을 수행할 수 없다고 진단하였다. 이에 철저한 당의 유일사상 체계를 확립해서 사회주의 건설과 조국 통일을 앞당겨야 한다고 강조한다. 김일성은 초창기 주체사상에 부르주아적이고 관념적인 요인이 많아 반사회주의적이라고 비판하면서 새로운 역사적 원리로서 주체사상, 곧 김일성 유일체제 구축을 강력하게 요구하였다.

그 주요 내용은 도서정리사업(圖書整理事業)으로 가시화되는데, 북한 전역의 모든 가정과 직장에서 보유하고 있는 책에 대해 페이지 한 장, 글자 하나까지 검열했다. 그 결과 수령 우상화, 항일무장투쟁의 절대화, 계급투쟁 등에 저촉되는 요소가 있는 모든 도서는 수거하여 불태웠고, 오직 김일성 저작과 김일성 찬양의 정치 서적만 남겼다. 이러한 탄압을 문화 전반으로 확산하면서 음악·미술·과학 부문에도 적용하여, 외국 음악은 소련 노래까지도 금지됐고, 서양화는 찢겼으며 서양화가들은 지방으로 좌천됐다. 서구의 문학작품 번역물은 물론이고 우리 고전문학과 역사, 민속 도서도 모두 폐기하였다. 그런 가운데 전통적인 명절과 가정의례 등의 생활문화도 일대 변혁을 맞을 수밖에 없었다.

3) 1986년 우리민족제일주의 주창; 전통문화의 부흥

북한에서 5.25교시로 진행된 도서정리사업은 1974년 4월 14일 '당의 유일사상 체계 확립의 10대 원칙' 선포로 귀결되었지만, 전통문화에 대한 부정적인 정책은 1980년대 중반까지도 이어졌다. 그런데 20년 가까이 침체된 전통문화 정책은 1986년 7월 15일 당 중앙위원회 책임 일꾼들과 나눈 김정일의 담화 「주체사상

교양에서 제기되는 몇 가지 문제에 대하여」에서 주창된 '우리민족제일주의'라는 구호에 힘입어 새로운 전환을 맞게 된다.

이것은 김정일이 이 시기에 시작된 소련 및 동유럽 사회주의 국가의 붕괴를 바라보면서 내부 결속의 구호로 주창한 것으로 보이는데, 2000년에 들어 더욱 구체성을 띠면서 북한 사회 전역에 확산되었다. 우리민족제일주의는 '고려민족제일주의', '조선민족제일주의'로도 불리는데, 그 의미는 "조선 민족의 위대성에 대한 긍지와 자부심, 조선 민족의 위대성을 더욱 빛내어 나가려는 높은 자각과 의지로 발현되는 숭고한 사상 감정"으로 제시되었다. 이러한 구호를 실생활에서 구체화하는 방안이 전통문화에 대한 재호명이었다. 김정일은 남북과 해외동포들을 대단결시킬 수 있는 장치가 민족문화이며, 이를 높이 발양하는 조선민족제일주의로 통일을 이룰 수 있다고 제안한다. 결국 통일은 남과 북, 해외동포가 핏줄을 같이하는 단일민족이라는 점과 미풍양속을 유지하려는 동질의 민족성을 간직하기 때문에 실현될 수 있다는 논리이다.

이런 분위기 속에서 민속학자들의 민속학 저술들이 이어졌다. 선희창의 『조선의 민속』이 1986년 초판으로 간행되고 1991년에 재판까지 이어졌으며, 1990년에는 사회과학원 민속학연구실 편찬으로 『조선민속풍습』이 출판되었다. 이러한 여세를 몰아 1994~1995년에는 김정일의 지시로 『조선의 민속전통』(전7권)이 출판되었고, 2006년에는 이를 집대성한 『조선민족생활풍습 총서』(전25권)가 출판되었다. 아울러 2001년에는 『민족문화유산』이라는 대중 문화잡지를 창간하면서 민족문화에 대한 관심을 고조시켰다. 여기에는 유형의 유적·유물에 대한 소개는 물론이고, 민요·탈놀음 등의 민속예술과 우리의 고전 작품에 대한 개관, 역사적 위인에 대한 소개, 세계의 문화재에 대한 소개 등이 주요 기사로 수록된다. 특히 주목할 것은 명절 등의 세시풍속과 미풍양속으로 보는 생활 예절, 아동들의 놀이문화 등 생활문화적인 요소들에 대해 집중적으로 반복 게재하고 있다.

Ⅱ. 북한의 명절

북한에서는 명절을 '국가적으로나 국제적으로 설정하여 경축하는 기념일과 명일'로 정의한다. 현재 쇠는 명절은 크게 혁명적이며 사회주의적인 명절과 예로부터 전해 내려오는 민속명절, 그리고 국제적으로 기념하는 명절로 구분하고 있다.[3] 그러나 통상 국가적으로나 국제적인 기념일은 국가명절로, 전통적인 명일은 민속명절로 구분하고 있다. 민속명절보다는 국가명절에 더 큰 비중을 두어 기념하며, 특히 김일성의 생일인 태양절과 김정일의 생일인 광명성절은 민족 최대의 명절이라 하여 다양한 행사를 진행한다.

[표 1] 북한의 명절

구분	날짜	명칭	비고
국가명절	양력 2월 16일	광명성절(2월절)	김정일 생일, 2일 연휴
	양력 4월 15일	태양절(4.15명절)	김일성 생일, 2일 연휴
	양력 5월 1일	5.1절	메이데이
	양력 7월 27일	조국해방전쟁 승리기념일	한국전쟁 정전일, 1973년 지정, 1996년 국가명절로 격상, 휴일
	양력 8월 15일	조국해방 기념일	광복절, 휴일
	양력 8월 25일	선군절	선군정치 시작 기념, 2013년 국가명절 지정, 휴일
	양력 9월 9일	인민정권 창건일(9.9절)	1948년 창건 기념, 휴일
	양력 10월 10일	조선로동당 창건일(당창건일)	1945년 창건 기념, 휴일
	양력 12월 27일	사회주의 헌법절(헌법절)	남한의 제헌절, 휴일

3) 조선사회과학원 민속학연구소, 『조선민족생활문화 총서 25-조선민속용어집』, 사회과학출판사, 2006, 164쪽.

구분	날짜	명칭	비고
민속명절	양력 1월 1일	새해 첫날	휴일
	음력 1월 1일	설명절	1989년 부활, 3일 연휴
	음력 1월 15일	정월대보름	1989년 부활, 휴일
	양력 4월 4,5일	청명절	한식을 청명으로 전환. 1989년 부활, 휴일
	음력 5월 5일	수리날	1989년 부활, 휴일
	음력 8월 15일	한가위	1988년 부활, 휴일

국가명절 가운데 광명성절, 태양절, 5.1절, 조국해방기념일, 인민정권 창건일, 조선로동당 창건일, 사회주의 헌법절을 '사회주의 7대 명절'로 규정하여 의미를 더하고 있다. 그 외에 조선인민군 창건일(2월 8일, 2.8절, 건군절), 식수절(3월 2일), 국제부녀절(3월 8일), 지질탐사절(5월 15일), 조선소년단 창립절(6월 6일) 등이 휴일로 지정되어 있다.

[그림 2] 조선로동당 창건일 경축 (10월 10일)

[그림 3] 전승절 축포 (7월 27일)

특히 설명절과 7대 명절은 법정공휴일로 정해져 있어 배급품이 나오고, 주요 명절에는 주민들이 만수대 언덕의 김일성, 김정일 동상이나 혁명열사릉을 찾아 화환을 바치고 참배하는 것이 관례화되어 있다.

1. 국가명절

1) 광명성절(2월 16일, 2월절)

김정일(1942.02.16.~2011.12.17.)의 생일로, 초기에는 2월절(二月節)로 불리다가 김정일 사망 이후에 광명성절(光明星節)로 개칭되었다. 광명성은 북한에서 김정일의 별칭으로 쓰인다. 김정일의 33회 생일인 1975년 2월 16일에 임시공휴일로 지정되었고, 다음 해인 1976년에 정식 명절 공휴일로 지정되었다. 1986년부터는 생일 다음날까지 공휴일로 연장하였고, 1995년부터 민족 최대의 명절로 격상되었다. 그러므로 북한에서 광명성절은 2월 16~17일 연휴이다. 태양절과 더불어 북한의 최대 명절이므로, 북한 전역에서 각종 전시회와 체육대회, 예술 공연, 주체사상 연구토론회, 김정일화 전시회 등의 행사가 열린다.

[그림 4] 광명성절 참배

[그림 5] 광명성절 경축

2) 태양절(4월 15일)

김일성(1912.04.15.~1994.07.08.)의 생일로, 광명성절과 더불어 북한의 최대 명절이다. 김일성의 50회 생일인 1962년 4월 15일부터 임시공휴일로 지정되었다가, 56회 생일인 1968년부터 정식 명절 공휴일로 지정되었다. 1972년 환갑을 맞아 민족 최대의 명절로 격상되었다. 광명성절과 마찬가지로 이틀 연휴로 지정되어, 4월 15일부터 16일까지 휴무일이다.

북한에서는 태양절을 기념하여 각 지방마다 군중 집회, 배움의 천리길 답사행군, 4월의 봄 친선예술축전, 만경대상 체육대회 등이 개최되었다. 만경대상 체육대회는 전국적으로 수천 명의 선수들이 참가하는 전국체전으로 축구·농구·배구·육상 등 30여 개 종목의 시합이 벌어졌다. 1982년 4월 김일성 70주년 생일 이후 '4월의 봄 친선예술축제'라는 국제적인 행사가 지속적으로 개최되었다. 공연은 참가 단위의 규모와 공연 종목에 따라서 국가별·단체별·종류별로 진행되는데, 우수한 공연을 한 예술단체와 개별 예술인들에게 상장·우승컵·상금 등이 수여되었다. 김일성 사망 후에는 행사가 다소 위축되기는 했지만, '영원한 수령'으로 김일성을 자리매김하고, '김일성 민족으로서 김일성 시대'를 산다는 구호를 통해 3대 세습을 정당화하는 가운데, 태양절은 여전히 최대 국가명절로 기념되고 있다.

2. 민속명절

1) 설명절

김일성이 음력설을 쇠는 풍습을 봉건 잔재로 규정하여 1946년 양력설을 공식적인 설로 선포했고, 1953년 전쟁이 끝난 직후부터 음력설은 북한에서 자취를 감췄다. 그러나 1989년부터 음력설을 부활시켰다. 김정일은 1989년 1월 19일 음력설을 맞아 설날을 휴일로 지정하겠다고 공표한다. 그러나 10여 년이 지난 2000년대에 들어서도 민간에서 여전히 양력설을 쇠는 분위기이고, 음력설은 휴일 정도로 인식하고 있었다. 김정일은 2003년 1월 2일 설을 앞두고 다음과 같은 지침을 내린다.

> 설명절을 비롯한 명절을 잘 쇠도록 해야 한다. 양력설을 기본으로 쇠는것은 서양식이다. 그러므로 설명절을 크게 쇠는것을 전통화해야 한다. 설명절뿐아니라 정월대보름, 한가위와 같은 명절들을 뜻깊게 쇠야 한다.[4]

김정일이 민속전통을 강조하면서 음력 명절을 내세우는 이유는 양력은 서양 중심의 주기이므로 명절이나마 우리식의 전통을 지켜야 한다는 논리에서 비롯된 것으로 보인다. 그래서 2003년부터는 음력설에 3일간 휴식을 주고, 과거에 크게 쇠던 양력설에는 1~2일만 휴무하는 것으로 정책이 바뀌었다.

[그림 6] 설명절 축포

[그림 7] 설명절 승마경기 보도

음력설에는 연날리기, 팽이치기 같은 민속놀이와 윷놀이, 씨름 등 민속경기를 권장하게 되었다. 북한에서도 새해를 맞이하는 양력설에는 웃어른을 찾아 세배를 드리고 덕담을 나눈다. 이와 함께 김일성·김정일·김정숙의 동상이나 초상화 앞에 꽃다발을 바치고 인사를 올리는 것이 새로운 세배 풍습으로 전통화되었다. 북한 주민들은 설날 아침 조상 차례를 일부 사람들만 지내고, 추운 날씨 탓에 성묘는 하지 않는다.

---

4) 〈사설〉 「조선민족제일주의정신을 높이 발양시켜 우리인민의 우수한 민족적전통을 활짝 꽃피우자」, 『민족문화유산』 2007년 1호.

2) 한가위

북한에서 1967년 5월 "봉건잔재를 뿌리 뽑아야 한다"는 김일성의 교시에 의하여 민속명절을 공식적으로 인정하지 않았지만, 주민들의 생활에서 완전히 사라진 것은 아니었다. 북한이 봉건유습 타파와 사회주의 생활양식을 외치며 조상 숭배와 민간풍속을 봉건적 잔재로 매도했던 1960년대 말~1980년대 중반에도 추석은 그대로 유지하며, 추석 당일은 휴일로 지정하였다. 민족 최대 명절이었던 추석을 일반 민속명절로 퇴색시키기는 했지만, 완전히 없애버리지는 않았기 때문에 주민들은 매년 추석이면 성묘를 다니기도 했다.

그러다가 1986년 김정일에 의해 주창된 '조선민족제일주의'의 일환으로 1988년 국가 공인의 민속명절로 부활하였다. 그리고 명칭도 한가위로 공식화하였다. 북한 주민들은 한가위 아침에 집안에서 차례를 모시지 않고, 음식을 준비하여 온 가족이 산소에 모여 벌초를 한 후 제사를 지내고 하루를 산에서 논다고 한다.

> 좀 여유가 있고 좀 티 내고 싶은 사람은, 그것도 역시 90년 이후부터 그런 풍이 돌기 시작했어요. 추석날에 가서 산에다가 불고기판 펴 놓고, 부르스타 갖다 켜 놓고 불고기 하고 옆에다 녹음기 꽝꽝 틀고 춤추고 난리 치고 막 하기 시작한 것이 북한이에요. 그 저마다 우리는 잘 산다는 것을 티 내기 위해서. 90년 이후부터 장사하고 뭐하고 해서 국가가 특별히 수입 대 지출 안 따지고, 잘 산다 못 산다는 것을 통제를 안 하기 시작한 다음부터는 저마다 잘 사는 티를 내기 시작해서 추석날 하면, 여건이 되는 놈은 그냥 뭐 벤츠 타고 가서 맛있는 것 턱턱 사 가고 맥주 같은 거 상자로 올려다 놓고, 왜 그러냐 하면 성묘들이 쫙 있잖아요. 주변에서 다 본단 말이야. 사람들이 다 올라와요, 추석날은. 그때마다 과시하는 거예요. 모든 제사상에다 그냥 파인애플 놓고 난리다 그러니까. 옛날 관습은 다 없어졌어요.[5]

탈북민의 구술에 따르면, 북한에서는 한가위 성묘가 1990년대부터 공식화되었고 집안의 경제적 능력을 과시하는 자리가 되었다고 한다. '기름 냄새를 피워야 귀신이 온다'는 속신에 따라 집집마다 불고기를 생으로 가져가 산소 옆에서 직접 굽고, 희귀한 수입 과일인 파인애플과 바나나를 제물로 차려서 부를 과시하는 풍습이 생겼다고 증언한다.

3) 기타 민속명절

북한에서는 1989년 한식(양력 4월 5일)과 단오(음력 5월 5일)가 민속명절로 부활하였고, 2003년에 김정일은 정월대보름(음력 1월 15일)도 민속명절로 쇠도록 지시하였다. 한식은 동지(양력 12월 22일)로부터 105일째 되는 날로, 우리나라 중부지역 이북에서는 조상의 산소에 성묘하는 풍습이 조선시대부터 있었다. 북한에서는 한식이 중국의 개자추 설화에서 기인하였다고 부정적인 입장을 드러내고, 전통을 바로잡는다면서 청명절(양력 4월 4일, 또는 5일)로 고쳐서 쇠고 있다.

단오는 2003년부터 공식 명칭을 수리날로 부르도록 했다. 김정일이 민속전통 계승을 위해 그네뛰기와 씨름 등의 민속놀이를 권장하였지만 주민들 사이에서 되살아나지는 않았다.

---

5) 서울대 북한민속연구단, 『북한의 생활문화 아카이브』, 「북한92」 황해남도, 일생의례-기제사.

Ⅲ. 북한의 혼례문화

1. 전통 혼례의 절차와 의미

우리 민족은 혼인의 의식과 절차를 매우 중요하게 생각하여, 인간에게 가장 중요한 의례라는 뜻으로 대례(大禮)라고도 했다. 전통 혼례 절차는 중국의 상고시대 주(周)나라의 육례(六禮)와 송나라 때 주자가례(朱子家禮)의 사례(四禮)를 참고하고, 우리에게 전래되던 습속을 절충하여 마련하였다.

옛 기록에 보면 혼인한다는 말을 상투적으로 "육례를 갖춘다"고 하였는데, 육례는 지금부터 약 3천 년 전 중국 주(周)나라 때의 혼인 절차를 지칭하는 말이다. 그러나 우리는 전통 관습에 따라 혼인 절차를 여섯 가지로 변화시켜 우리 식으로 시행하였다.

[표 2] 전통 혼례의 절차

순번	절차	내용
①	혼담(婚談)	신랑 측에서 청혼하고, 신부 측이 허혼하는 절차
②	납채(納采)	신랑 측에서 신부 측에 혼인을 정했음을 알리는 절차
③	납기(納期)	신부 측에서 신랑 측에 혼인날을 택일(擇日)해 보내는 절차
④	납폐(納幣)	신랑 측에서 신부 측에 예물을 보내고 받는 절차
⑤	대례(大禮)	신랑이 신부의 집에 가서 부부가 되는 의식을 행하는 절차
⑥	우귀(于歸)	신부가 신랑을 따라 시댁(媤宅)으로 들어가는 절차

우리의 전통 혼례는 주자가례의 혼례 절차인 사례(四禮)를 준수하면서 우리의 관습에 맞도록 관행으로 육례를 마련하였다. 그러므로 주육례나 주자사례보다는 우리의 관행 육례가 실질적인 혼인 절차라고 볼 수 있겠다. ① 혼담은 주로 중매를 통해 이루어지면서 선보기가 중요한 절차로 함께 이루어졌다. ② 납채는 혼

담을 통해 정혼이 되면 신랑의 사주단자를 보내는 것으로 이를 가지고 궁합을 보고 혼인날을 정하게 되는 것이다. 달리 '사성(四星) 보내기'로 부르기도 한다. ③ 납기는 신랑의 사주단자를 받은 신부집에서 혼인날을 정하여 알리는 절차로 연길이라고도 하였는데, 혼인날은 혼인 준비나 신부의 생리 주기에 맞춰 신부집에서 정하는 것이 합리적이라고 판단한 결과로 보인다. ④ 납폐는 신랑이 신부에게 폐백(幣帛)을 먼저 드리는 것으로, '함 드리기'를 말한다. 함에 넣는 예물은 채단(綵緞)이라고 불리는 신부의 옷감과 신랑집에서 며느리를 허락하여 주어 고맙다고 쓴 편지인 혼서(婚書)를 함께 넣는다. 반드시 나무 상자에 옻칠을 한 함을 사용하였고, 신접살림의 주요한 세간살이로 인식되었다. 혼서는 지금처럼 혼인신고 제도가 없던 시절에 본처임을 증명하는 문서이므로, 함을 받는 일은 정식 혼인에서는 없어서는 안 될 중요한 절차로 인식되었다. ⑤ 대례는 신랑과 신부가 혼인 예식을 치르는 절차로서, 중국의 경우는 친영(親迎)의 의미를 준수하여 신랑이 아침 일찍 사당에 고하고 신부집으로 출발하여 신부를 데리고 와 신랑집에서 행했으나 우리의 경우는 번잡함을 피하여 신부의 집 마당에서 예식으로 치르는 것으로 관행화되었다.[6] ⑥ 우귀는 신행이라고도 하는데, 대례를 마치고 하루나 사흘을 신부집에서 묵은 신랑이 신부를 정식으로 본가로 데리고 가는 절차이다. 우귀

6) 우리나라에서 친영의 절차를 시행하고자 하는 논쟁이 매우 치열하였다. 고려시대까지 '처가살이혼'이 관행처럼 유지되면서 친영은 일반적이지 않았다. 고려말의 신진유학자 정도전은 강력하게 친영 절차의 도입을 주장하였으나 민간에서 뿌리 깊게 자리 잡은 관행을 쉽게 고칠 수는 없었다. 이에 중종이 왕비를 맞이하면서 친영의 예를 보이자 민간에서 수용하고자 하는 이도 있었다. 그럼에도 일반적으로 적용되지 않아 서경덕은 '친영'과 '처가살이혼'의 절충안으로 '반친영-당일잔치'를 제시하기도 했다(조선사회과학원 민속연구소, 『조선민족생활풍습 총서 11-가정의례』, 사회과학출판사, 2006, 35~37쪽 참조).

일에 시부모를 비롯한 시가 어른들께 신부가 처음 인사를 하게 되는데, 이를 현구례(見舅禮)라고 한다. 친영을 행하는 중국의 경우는 우귀의 절차가 따로 없다.

이러한 관행 육례는 우리의 혼례 절차로 자리매김하여 해방 전까지는 지역적인 편차가 다소 있더라도 지속적으로 유지된 것으로 보인다.

2. 북한 혼례문화의 변화

북한의 혼례 절차는 1960년대 중반까지의 민속조사 자료에 따르면 전통적인 방식이 거의 유지된 것으로 보인다. 1960년대 민속자료 중 평안남도 안주군의 혼례 풍습을 살펴보기로 한다. 평안남도 안주지역은 북한의 중심부에 해당하므로 여러 사례 가운데 대표성을 띤다고 볼 수 있다.

① 약혼과 교제
- 중매를 통해 부모가 정한 곳으로 혼인한다.
- 맏며느리로 들어가는 것을 꺼린다.
- 결혼연령은 남자 25~27세, 여자 22~23세가 일반적이다.
- 같은 동리보다는 타 동리에서 맞아들이는 것이 많다.
- 상대 선택의 기준은 과거에는 본인 인품과 세간살이(경제관계), 가풍이었으나 현재는 본인 성격과 가정환경, 지식 정도를 주로 본다.
- 혼담은 남자측에서 여자측에 제기한다.

② 약혼 절차
- 선보기 : 신랑, 어머니, 중매자가 신부집에 가서 신부 부모를 만나 선보기를 한다. 두 사람과 부모들의 합의가 이뤄지면 곧 약혼사진을 찍는다.
- 선폐금 : 이전에는 선보기 후 신랑의 성명과 생일을 적은 청혼편지와 선폐금(세간살이 값)을 중매자가 신부집에 가져갔는데, 지금은 선폐금제도가 사라졌다.
- 남자측 예장 : 치마, 저고리 1~2벌, 여유가 있는 집에서는 3~5벌을 보낸다.

- 날받이 : 전쟁 전까지는 신랑집에서 예장날과 잔치날을 받아 신부집에 알려 주었으나 지금은 휴일이나 명절날로 정한다.
- 약혼기간 : 과거에는 봄에 약혼하고 가을에 결혼을 하였으나 지금은 약혼 후 1~2개월 후 결혼한다.
- 결혼식 시기 : 농촌에서는 가을~겨울 어간, 노동자구에서는 가을과 봄의 휴일이나 명절에 행한다.

③ 결혼

- 잔치 준비 : 쌀, 술, 돼지고기를 준비한다.
- 신혼바리 : 잔치전날 신부집에서 결혼식날 입을 신랑의 옷과 "빼끼떡"을 보내면 신랑집에서는 이 음식을 받아서 손님 접대에 보탠다.
- 당일치기 : 신부집에서 오전 잔치를 하는데 이를 신랑잔치라고 하고, 신랑집에서 오후 잔치, 곧 신부잔치를 한다.
- 상받기 : 상 받는 의식이 혼례식의 기본이다. 신부집에서는 신랑상, 손우수상, 대반(인대)상, 신랑집에서는 신부상, 손우수상, 대반(인대)상을 마련한다.
- 손우수, 대반 : 신랑잔치에는 손우수로 신랑의 삼촌, 큰아버지가 참여하고, 대반으로 신부 오빠나 친척이 참여한다. 신부잔치에는 손우수로 언니, 숙모가 참여(혹은 오빠나 삼촌)하고, 신부 대반, 손우수 대반 각 1명 신랑집에 대기한다.
- 잔치 방식 : 전통 방식 또는 신식잔치가 섞여 있다.
- 신식잔치 : 신부집에 상을 차려 놓고 혼례식을 치른다. 주례사, 축사, 답사, 선물교환 순서로 진행하며, 예식 후 음식을 나눠 먹는다. 신랑집에서는 예식 없이 상만 받는다.
- 주례자 : 직장 상사가 주로 맡는다.
- 들러리 : 신랑 신부의 친구들이 맡는다.
- 사돈보기상 : 신랑이 잔칫상을 받은 후 따로 상을 차려 사돈들이 정식으로 소개하면서 인사를 나눈다.
- 음식상의 특징 : 꽃병을 놓고, 떡에 함박꽃을 꽂고, 다른 음식에는 갈꽃을 꽂아 화려하게 장식한다.[7)]

7) 리득파(61세, 여자, 반장), 박대화(57세, 여자, 부양), 박승옥(59세, 여자, 부양) 담화, 1965년 6월 7일, 평안남도 안주군 안주읍 조사.

혼담의 절차에서 중매혼이 일반적이며, 남자 측에서 혼담을 먼저 제기하는 방식도 전통적인 의례이다. 그리고 혼담에서 가장 중요한 절차를 선보기로 제시하고 있다. 신랑과 그 어머니, 중매자가 신부의 집을 방문하여 신부와 그 부모를 만나 인사를 나누고 혼인이 합의가 되면 바로 약혼 사진을 찍는 것으로 약혼이 이루어진다.

그리고 청혼편지에 신랑의 사주와 성명을 함께 보내는 것은 납채의 전통을 유지하고 있음을 확인하게 된다. 납채할 때 북한에서는 혼수 비용인 선폐금을 신랑 측에서 미리 보내는 것도 독특하다. 그리고 납폐에 해당하는 예장보내기가 일반적으로 행해지고 있다. 북한에서는 이를 '봉징', '납징', '례물', '큰짐', '함'이라고 불렀다고 한다.[8] 함에는 대체로 신부의 치마저고리를 형편에 따라 넣어 보낸 것으로 보인다. 그리고 납기(연길)에 해당하는 날받이도 전쟁 이전에는 일반적으로 행해져, 신랑집에서 날을 받아 신부집에 알려준 것으로 보인다. 혼인 날짜를 정하는 납기(날받이)가 신랑 집안 주도로 이루어지는 것은 남한의 경우와는 다른 점이다. 전통적 혼례 절차에서 연길(涓吉)은 혼인 날짜를 신부집 안에서 받아서 신랑집에 단자로 알리는 것이 일반적이었다. 결국 1965년까지 북한에서는 전통적인 혼례방식인 관행 육례 중 혼담, 납채, 납기, 납폐가 일반적으로 행해졌음을 확인할 수 있다.

대례에 해당하는 혼례식의 절차는 전통의 방식에서 다소 벗어나 있다. 음식을 준비하고, 신혼바리로 혼인식 전날 신부집에서 신랑집에 당일에 입을 신랑의 옷과 떡을 보내 신랑의 친척과 손님들을 대접하게 했다고 하는데, 남한에서 관행적으로 이루어지는 '이바지'와 같은 의미로 보인다. 북한의 혼인 절차에서 주목할 용어는 당일잔치와 큰상, 손우수(후행), 대반(인대)이라고 할 수 있다.

8) 선희창, 『조선의 민속』, 사회과학출판사, 1991, 168쪽.

[그림 8] 60년대 개성시 대례

[그림 9] 60년대 황해북도 대례

당일잔치는 북한에서 혼인식날 신랑이 신부집에 가서 오전 중으로 대례에 해당하는 절차를 치르고, 큰상을 받고, 오후에 곧장 신부를 데리고 신랑집으로 돌아가 시부모와 사당에 배례하고 큰상을 받는 것을 말한다. 중국에서 널리 행해진 '친영'을 일부 수용하여 '반친영'의 절차로 변형된 것으로 보인다. 오전에 신부집에서 벌어지는 잔치를 '신랑잔치', '새서방잔치'라고 부르고, 오후에 신랑집에서 벌어지는 잔치는 '신부잔치', '새색시잔치'라고 부른다. 이는 중국과 지리적으로 가까운 가운데 이루어진 문화 습합의 결과라고 볼 수도 있고, 혼례식의 번잡함을 줄이고자 하는 의도에서 관행화된 것으로도 볼 수 있다.

그런데 이러한 혼례에서의 전통적 관습들이 평양을 중심으로 최근 변화하고 있음도 확인할 수 있다. 2010년 이후 탈북한 탈북민의 구술을 통해 평양지역의 혼례문화의 변화상을 살펴보자.

질문) 평양에서는 일반적으로 결혼식장에서 하나요?
답변) 그렇죠. 결혼식장이 다 있어요.

질문) 집안에서 결혼하는 거는?
답변) 아이, 없어요. 그런 거 거의 없어요. 결혼식장에서 다 하죠, 대부분. 그래서 뭐 유명한 큰 식당, 대부분 잘 사는 사람들은 평양 대극장 식당에서 결혼식을 많이 하죠, 잘사는 사람들.

질문) 그럼 한국이랑 똑같나요?
답변) 한국 결혼식을 제가 못 가 봐 가지고 드라마를 보면서 보면 거의 비슷해요. 북한은 한국보다 잘 사는 사람들 결혼식은 더 하는 것 같아요. 막 신부 결혼식 옷을 드레스 같은 거를 세 번 네 번씩 갈아입어요.

질문) 지금도 결혼식을 집에서 하는 사람들이 있나요?
답변) 거의 없어요. 거의 다 식당. 왜냐면 얼마 비싸지 않아요. 결혼식 식당이 많이 생겨났거든요. 그러다보니까 그렇게 많이 비싸지 않아서 이제는 거의 집에서는 안 해요.

질문) 결혼식 절차도 한국과 비슷한가요?
답변) 어, 그렇게는 안 하고요. 주례사가 있기는 한데 아빠가 뭐 데려다주는 건 없고 그냥 신랑 신부 같이 입장을 해요. 이렇게 문 열리면서 같이 입장을 해서 주례사가 무슨 둘이 백년가약을 뭐 검은 머리 파뿌리 되도록 막 뭐 주례사가 있으면서 막 시키죠. 남자가 여자 업고 무슨 일어났다 앉았다 몇 번, 뭐 의자 놓고 넘어가는 것 뭐 막 시키고, 웃으면서 막 시키거든요. 그리고 또 옆에서 노래 부르는 사람도 거의 비슷하게 진행이 되는 거 같아요, 한국이랑.[9)]

평양의 최근 결혼식 장면을 설명하고 있는데, 결혼식을 식당에서 주로 하고 집에서 하는 경우는 찾아보기 힘들다고 한다. 경제적으로 여유 있는 집에서는 평양대극장 식당을 예식장으로 잡고, 성대하게 예식을 진행한다. 신랑 신부가 동시에 입장하고, 주례가 축사를 하면 이후에는 전통적인 방식의 잔치놀이가 이어지는 것

9) 서울대 북한민속연구단, 『북한의 생활문화 아카이브』, 「북한96」 평양, 일상의례–결혼.

으로 구술하고 있다. 대체로 중국조선족의 예식문화와 비슷한 모습으로 변화한 것 같다. 예식장의 정면에는 신랑 신부를 위한 큰상이 마련되어 있다. 언론에 보도되는 북한의 혼인식 사진에는 모두 큰상이 보인다. 신랑 신부가 큰상에 나란히 앉아서 하객들과 마주 보고 예식을 진행하는 것이다.

[그림 10] 현대식 결혼(드라마 캡처) [그림 11] 결혼식 후 뱃놀이(신의주)

김정은 시대에 들어서 북한 사회가 점차 개방되면서 평양을 중심으로 중국 연변이나 단동지역의 조선족 예식 문화가 전래되어 확산되는 분위기이다. 신랑 신부의 집에서 각자 행하던 당일잔치가 대규모 식당에서 행해지는 변화의 물결이 일고 있다.

3. 북한 혼례문화 특징

1) 당일잔치

혼례에서 남북이 특징적으로 다른 점은 혼인 예식인 대례에 나타난다. 중부지역 이남에서는 대례의 절차가 신랑이 신부집으로 가서 초례(醮禮)를 치르고 사흘 만에 신부와 함께 신랑집으로 돌아오는 우귀(于歸)를 행하였다. 그런데 평양 중심의 혼례에서는 반친영(半親迎)의 문화가 조선 중기 이후로 형성되어 현재까지 일반화되

[그림 12] 60년대 평안도 우귀

어 있다. 민간에서는 이를 당일잔치라고 부르는데, 달리 '돌치기(돌아치기)'라고도 한다.

신랑이 오전에 신부의 집으로 가서 신랑큰상을 받고 혼인예식을 치르고, 오후에 신부와 함께 집으로 돌아와서 시부모에게 인사를 드리고 신부큰상을 받고 잔치를 벌인다. 그리고 첫날밤을 신랑집에서 보내는 것이다. 오전에 신부집에서 행하는 잔치를 신랑잔치, 새서방잔치라고 부르고, 오후에 신랑집에서 행하는 잔치를 신부잔치, 새색시잔치라고 통칭한다.

민속조사 자료에서 확인할 수 있는 1960년대까지의 이러한 혼례문화가 탈북민의 구술에 따르면 근래까지 북한 전역에서 일반적으로 행해진다고 한다. 혼인식 전의 절차는 간소화되었지만 혼인식의 당일잔치 전통은 북한 지역의 특성을 잘 드러내는 문화이다.

2) 큰상받기

북한의 당일잔치에서 신랑과 신부집에서 모두 준비해야 하는 것이 큰상이다. 큰상 앞에서 신랑잔치와 신부잔치가 펼쳐진다. 큰상문화는 북한 혼례의 꽃이라고 할 만큼 중요하다. 그래서 북한의 민속지에는 신랑잔치의 절차를 전안·교배·큰상받기의 3단계로 설명[10]하고 있다.

이 큰상문화에 대해서는 이견이 많다. 북한의 민속지에서는 그 발생을 19세기 말부터 혼례식에 기념사진이 도입되면서 시작된

10) 조선사회과학원 민속학연구실, 『조선민속풍습』, 사회과학출판사, 1990, 241쪽.

풍속으로 보고 있다. 혼인을 치르는 양가에서 잔치의 위세와 가세를 드러내고자 하는 의도에서 환갑상에 준하는 큰상을 차려서 기념사진으로 남겼고, 이것이 전국적으로 확산되면서 유행하게 된 것으로 보는 견해이다.[11] 이는 고래로부터 행해졌던 삼일대반(三日對飯)[12]에서 큰상문화가 형성되었고, 이것이 주자가례가 도입되기 이전부터 있었던 우리 고유의 혼례 방식인 '함께 음식 나누기', '공식형(共食型)'의 특징을 고스란히 반영하고 있다는 견해[13]와는 상반된다. 오히려 북한에서 진단한 큰상문화의 발생설보다는 중국조선족 민속학자의 견해가 합당해 보인다. 남한의 경우에도 혼례문화가 서양식으로 급변하기 전까지인 1980년대까지 신랑큰상, 신부큰상, 상객큰상이 관례화되어 있었기 때문이다.

큰상은 고임상으로, 과일과 과줄·떡·전·고기 등의 별식을 성의껏 준비하여 높이 고이고, 그 위에 생화(生花)나 지화(紙花)로 화려하게 장식을 한 잔치상이다. 신부집에서 마련한 신랑큰상에는 신랑과 신랑의 친구들, 신부마을 청년들이 함께 앉아서 음식을 나누고, 신랑집에서 준비한 신부큰상에는 신부와 신부 대반이 함께 앉아 음식을 나누면서 잔치를 여는 것이다.

이런 큰상문화가 북한에서는 현재까지 일반화되어 있는데, 김정일은 이러한 민간의 관행을 허례허식이라고 폐지할 것을 지시한다. 당국의 이런 부정적인 시각을 반영하여 그 발생설도 허례허식의 입장을 취한 것으로 보인다.

---

11) 조선사회과학원 민속연구소, 『조선민족생활풍습 총서 11–가정의례』, 사회과학출판사, 2006, 60~61쪽.

12) 전통 혼속인 남귀여가혼(男歸女家婚)에서는 성혼 첫날 신부집에서 동침부터 한 후 3일째 되는 날에야 상견례(삼일상견)를 행하는데, 이때 신혼부부가 함께 음식을 먹는 것을 삼일대반이라 한다.

13) 천수산, 『중국 조선족 풍속』, 민족출판사, 2008, 151쪽.

위대한 장군님께서는 우리 인민들의 생활에서 굳어진 풍습이라 하더라도 그것이 현실에 맞지 않을 때에는 대담하게 버리도록 하며 결혼식때 신랑집에서 상을 받고 신부집에서 상을 받는것도 낡은 풍습이며 장례식에 가서 밤을 새우며 술을 마시는것과 같은것은 없앨데 대하여 지적해 주시였다.[14)]

김정일은 현실에 맞지 않는 낡은 풍속(인습)으로 큰상문화의 폐해를 지적하고 폐지할 것을 지적하고 있지만 민간에서는 전통적인 관습으로 여기고 여전히 지속되고 있다. 민간에서의 이 지속 의지는 고난의 행군 시기 수십만 명이 굶주려 죽는 상황에서도 유지된 것으로 보여 놀랍다.

북한에는 또 하다보면 한 동네 결혼식을 많이 해요. 왜? 뭐 먼데 사람을 뭐 가야 보든가 뭐 중매를 서든가 하지. 그러니까 한 동네에서 결혼식을 하는데요. 이제 닭 같은 거, 다른 거는 뭐 이거 시부레한 거는 뭐 이것저것 뭐 그저 대강 해서 이렇게 올려놓는데, 북한에 상은 또 상도 아니지. 무(무우) 가지고 상 차리는 집이 다 있어요. 무 가지고 꽃을 맨들고, 무 가지고 떡도 맨들어서 물감칠을 해서 울긋불긋 이렇게 올려놓고, 상처럼 이렇게 해놓고 결혼식을 하고.

강냉이, 여기 어디 가면 그 강냉이 이렇게 뻥 튀우는 걸로 이렇게 굵게 나오는 거 있어, 똥아리 막 다 이렇게 (생긴 거). 강냉이 그거 가지고 다 꽃을 맨들어. 고거다 색깔을 칠해서 올려놓는다고.

닭은 한 마리 올려놔야 될 거 아니야. 그러니까 두 사돈집이 닭을 한 마리 사요. 남자네 집하고 여자네 집하고 토론해서, 돈을 내서 닭을 한 마리 사서는 남자네 집에 가, 남자가 여자네 집에 가서 먼저 상 받잖아요? 그 담엔 여자 데리고 와서 상 받잖아요. 남자네 집에서 상 받을 때, 남자가 상 받을 때, 그 닭을 놔요. 그리고 또 그 닭이, 상 물린 다음에 그 닭을 주워, 누가. 막 또 여자네 집에 뛰어와요. 그래서 또 여기다 또 그 닭을 또 놔요. 그래서 또 그 닭을 가지고 또 상을 받아가지고 나가면, 그 닭을 절반을 딱 짜개가지고는 남자네 집에 보내고 여자네 집에 보내고.[15)]

---

14) 리정순, 「우리인민의 고유하고 우수한 미풍량속을 옳게 살려 나가자」, 『민족문화유산』, 2001년 1호.

북한의 극심한 기아 상황인 고난의 행군 시기에 탈북한 여성이 자신이 거주한 마을의 혼인식을 구술한 내용이다. 물산이 바닥이 난 상황임에도 혼인식에서 큰상은 명맥을 유지하고 있다. 상에 놓을 음식을 구할 수가 없어 무를 가지고 떡과 과일의 모양을 만들고 물감으로 색칠을 하며, 옥수수 튀기에 물감을 들여 형형색색의 꽃을 만들어 장식을 했다고 한다. 아무리 없어도 신랑 신부를 위해 닭은 한 마리 올려야 해서 양가에서 공동으로 닭을 한 마리 사서 삶아서 신부집에서 신랑큰상에 올렸다가 그대로 신랑집으로 급히 보내 신부큰상에 다시 올리고 예식이 끝나면 반으로 나누어 양가에서 잔치를 한다는 애틋한 사연이다. 여기에서 북한 주민들이 인지하고 있는 혼례식 큰상의 의미를 절실하게 읽을 수 있다. 양가에서 새로 들어오는 사위와 며느리에 대한 극진한 대접이 큰상인 것이다. 넉넉하지 못한 형편에 혼인을 해서 배불리 먹지 못할 민간의 삶에서 최소한 혼인 잔치에서만은 주인공인 신랑 신부에게 음식을 대접해야 한다는 지극히 인간적인 정리(情理)의 발현으로 그 전승 의식을 진단할 수 있다.

이러한 민간의 전승 의식은 진정한 의미의 미풍양속이라고 볼 수 있다. 그러므로 최고 존엄이 허례허식이므로 폐지하라고 명령을 내려도 민간의 지속 의지를 막지 못하는 것이다. 민속학자는 결국 그 의미를 긍정적으로 부연하는 방식으로 전승을 인정하고 있다.

> 물론 자장이나 음식을 많이 차리는것자체는 뒤떨어진 풍습이였지만 인민들이 없는 살림에도 마련한 음식을 이웃간에 골고루 돌려 나누어먹는 풍습은 미풍의 하나이다. 혼례때에도 갖춘 음식을 반드시 이웃들과 나누어먹었던것이다.[16]

---

15) 김종군·정진아, 『고난의 행군시기 탈북자 이야기』, 도서출판 박이정, 2012, 111~112쪽.

형편이 어려움에도 남의 이목에 신경 써 과용하여 음식을 많이 차리는 것은 허례허식이지만 주민들이 이웃과 음식을 나누는 풍습은 권장할 만한 미풍양속이라고 의미 부여하고 있다. 곧, 혼례에서 큰상은 새사람에 대해서는 극진한 환영의 뜻을 담은 최소한의 도리이고, 혼인을 축하하기 위해 모인 이웃에 대해서는 베풀어야 하는 인정의 의미를 가지고 있으므로 당국의 규제에도 폐기할 수 없는 관습으로 유지되고 있는 것이다.

남한에서는 서양식의 혼인 문화가 확산되면서 사라져버린 큰상 문화가 북한에서는 신식잔치에서도 여전히 반드시 필요한 절차로 자리잡고 있는 것을 보면 북한이 가정의례에서의 지속 의지가 더 강력하다고 진단할 수 있겠다.

[그림 13] 60년대 평안도 신부큰상

[그림 14] 현대 혼례큰상(영화 캡처)

2010년 이후의 탈북민 구술에서도 혼례 문화의 대부분은 큰상 차림에 집중된다. 고난의 행군 시기를 지나고 김정은 체제가 들어서면서 장마당이 활성화되는 가운데 큰상에 올릴 음식을 장마당에서 구입하고, 올라가는 음식이 인조고기·통조림·케이크·양주로 변화했지만 꽃으로 화려하게 장식을 한다고 탈북민들은 증언

16) 선희창, 『조선의 민속』, 사회과학출판사, 1991, 172쪽.

한다. 김정일이 허례허식의 대표적인 예로 폐지하라고 지시한 지가 10여년이 지났지만 북한에서의 큰상문화는 전통적인 관습으로서 지위를 유지하면서 굳건히 지속되고 있음을 확인할 수 있다.

Ⅳ. 북한의 상례문화

1. 전통 상례의 절차와 의미

상례(喪禮)란 자연인의 사망에서부터 치장(治葬 : 매장, 화장 등) 의식을 거쳐 상주들이 상기(喪期)를 마치고 기제(忌祭)를 지내기 전까지의 절차와 의례를 말한다. 전통 상례에서는 임종에서부터 길제까지의 기간으로, 27개월 정도가 소요된다. 전통 상례는 죽은 이를 떠나보내고 조상신으로 자리매김하는 과정이므로, 그 절차가 매우 복잡하고 절차에 담긴 의미도 깊다.

임종(臨終) ⇨ 수시(收屍) ⇨ 고복(皐復) ⇨ 발상(發喪) ⇨ 전(奠) ⇨ 습(襲) ⇨ 소렴(小殮) ⇨ 대렴(大殮) ⇨ 성복(成服) ⇨ 치장(治葬) ⇨ 천구(遷柩) ⇨ 발인(發靷) ⇨ 운구(運柩) ⇨ 하관(下棺) ⇨ 성분(成墳) ⇨ 반곡(反哭) ⇨ 초우(初虞) ⇨ 재우(再虞) ⇨ 삼우(三虞) ⇨ 졸곡(卒哭) ⇨ 부제(祔祭) ⇨ 소상(小祥) ⇨ 대상(大祥) ⇨담제(禫祭) ⇨ 길제(吉祭)

임종(臨終) : 운명(殞命)이라고도 하는데 환자가 마지막 숨을 거두는 것을 말한다. 자손들이나 친지들이 환자의 운명을 정중하고 경건하게 지켜보는 절차이다.

수시(收屍) : 숨이 끊어지면 눈을 감기고 준비한 햇솜으로 입과 코, 귀를 막은 뒤에 머리를 높여 반듯하게 괸다.

고복(皐復) : 복(復), 초혼(招魂) 또는 "혼(魂)을 부른다"라고도 한다. 죽은 사람의 흐트러진 혼(魂)을 불러 돌아오게 한다는 뜻으로 행한다. 이것은 떠나려는 혼(魂)이 다시 시신으로 돌아와 되살아나게 하기 위함이다. 그러나 이렇게 해도 살아나지 않으면 정말로 죽은 것이 확인되는 것이다. 고복한 후의 옷[復衣]은 지붕 위에 그대로 놓거나 시체의 가슴 위에 올려놓는 등 지방마다 조금씩 다르다. 또 지방에 따라서는 주소와 관작과 성을 말하지 않고 “복! 복! 복!” 하기도 하고, “돌아보고 옷이나 가지고 가시오!” 라고 하기도 한다. 죽음이 확인되고 사잣밥을 놓을 때에는 먼 하늘을 쳐다보고 고인을 부르며 땅을 치고 곡(哭)을 한다.

발상(發喪) : 고복(皐復)이 끝나면 아들 딸 며느리 등 자손들이 머리를 풀고 곡(哭)을 하며 옷을 갈아입는데, 남자는 심의(深衣)를 입고 섶을 여미지 않으며, 여자는 흰옷으로 갈아입고 모두 맨발로 신을 신지 않는다. 이와 같이 상제의 모습을 갖추고 초상(初喪)난 것을 밖에 알리는 절차이다.

전(奠) : 고인(故人)이 살아 있을 때와 같이 섬기기 위해 술, 과일 등을 차려 놓은 것으로, 집사(執事)가 포(脯)와 식혜(食醯), 과일 등을 탁자 위에 놓으면 축관(祝官)이 손과 술잔을 씻고 술을 따라 올린다.

습(襲) : 향탕수(香湯水)로 시신을 정결하게 씻기는 것을 말한다. 향탕수는 향나무나 쑥을 삶은 물이다. 습은 운명한 이튿날 하는 것이 원칙이나 당일에 하기도 한다. 습을 시작하기 전에 반함(飯含)의 준비, 습전(襲奠)의 준비, 그리고 다음에 행해야 할 소렴 준비를 해야 한다.

소렴(小殮) : 반함이 끝나고 나서 시신에 수의(壽衣)를 입히는 절차이다.

대렴(大殮) : 소렴이 끝난 뒤 시신을 대렴포(大殮布)로 싸고 묶어서 입관하는 의식으로서, 소렴을 한 다음날, 즉 고인이 사망한

지 3일째 되는 날 새벽 동이 틀 때 하는 의식이다.

성복(成服) : 대렴을 한 이튿날, 즉 사망일로부터 4일째 되는 날로 상제들이 복제(服制)에 따라 상복(喪服)을 입는 절차를 말한다.

치장(治葬) : 고인을 모실 묘지를 정하는 택지(擇地)에서 성분(成墳)까지의 절차를 말한다.

천구(遷柩) : 빈소에서 영구를 대청으로 옮기는 것을 말한다. 발인하기 하루 전날 조전 때 천구할 것을 고한다.

발인(發靷) : 영구가 장지로 출발하는 절차를 말한다. 옛날에는 대여(大輿)를 썼는데, 일반 서민은 어려운 일이라 상여를 쓰는 풍습이 생겨나게 되었다.

운구(運柩) : 관을 상여에 싣고 장지로 이동하는 과정이다. 장례 행렬은 방상이 제일 앞에 서고, 그 뒤로 명정, 공포, 만장, 요여(腰輿 : 혼백 상자를 모신 작은 가마), 요여 배행, 영구, 영구 시종, 상인(喪人), 복인, 조객의 순서로 출발한다.

하관(下棺) : 상여가 장지에 도착하면 영구를 광중에 모시는 절차이다.

성분(成墳) : 하관 후 광중을 흙으로 채우고 묘의 봉분을 만드는 절차이다.

반곡(返哭) : 상주 이하가 영여(靈輿)를 모시고 곡을 하면서 상여가 오던 길을 따라 되돌아오는 것을 말하는데, 이를 반혼(返魂) 또는 반우(返虞)라고도 한다.

우제(虞祭) : 갓 돌아가신 영혼을 위로하는 제사다. 여기에서 편안할 우(虞)자는 형체(形體)가 땅 밑으로 돌아가고 없어서 안정을 찾지 못하고 불안에 싸여 방황하고 있는 혼령을 편안하게 해드린다는 안신(安神)을 뜻한다. 그래서 우제를 세 번이나 지내게 되는데, 혼령을 안심시키고 신주나 혼백에 의지하도록 하기 위함이다. 우제는 장사 지낸 당일부터 지내는데, 처음 지내는 우제를 '초우제(初虞祭)'라 하고, 2~3일 만에 지내는 우제 '재우제(再虞祭)'라 하며, 3~4일 만에 지내는 우제를 '삼우제(三虞祭)'라 한다.

졸곡(卒哭) : 삼우제가 끝나고 3개월이 지난 강일(剛日)에 지내는 제사다. 이때부터는 슬픈 마음이 들어도 곡하지 않으며, 가벼운 음료를 마시고, 조문 왔던 사람에게 감사의 글을 보낸다.

부제(祔祭) : 졸곡 다음날에 신주를 사당의 조상 신주 곁에 모실 때 지내는 제사이다.

소상(小祥) : 고인이 돌아가신 지 만 1년이 되는 날 지내는 제사다. 하루 전 상주 이하 모두 목욕하고 제물을 준비하고 연복(練服, 깨끗이 빨아서 다듬은 옷)도 준비한다.

대상(大祥) : 소상이 지난 지 1년, 즉 사망한 후 만 2년 만에 지내는 제사이다.

담제(禫祭) : 초상으로부터 27개월만에, 즉 대상으로부터 두 달째에 지내는 제사로서 복을 다 벗는 제사다. 그래서 담제를 탈상(脫喪)이라 한다.

길제(吉祭) : 담제가 끝난 다음 날의 정일(丁日)이나 해일(亥日)에 사당의 신주를 고쳐 쓰기 위해 지내는 제사다. 신주는 제사를 주관하는 주제자(主祭者)를 중심으로 하여 대(代)를 쓰는 것이므로 대(代)가 바뀌면 고쳐 써야 하고, 5대조고비(五代祖考妣)는 사당에 모실 수 없어 그 신주를 묘 옆에 묻는다. 이를 매안(埋安)이라 한다.

2. 북한 상례문화의 변화

상례문화는 남북이 크게 다르지 않다. 분단 이전부터 우리의 민족성이 투영되어 의례의 절차들이 형성되었으므로 분단 이후에도 남과 북에서 견고한 전승력을 유지하고 있었다. 주자가례나

『사례편람』에 제시된 유교적인 의례 절차에 우리 민족만의 특수한 저승 관념이 결합하여 고유한 의례 절차가 견고하게 형성되었고, 민간에서는 죽음을 다루는 엄숙함과 사후세계에 대한 외경심으로 의례의 준거를 함부로 첨삭할 수 없었다.

1960년대 북한의 민속조사 자료를 분석해 보면 대체로 전통적인 상장례 절차를 준수하고 있음을 확인할 수 있다. 민속조사에서 상례 절차의 대항목으로 ①임종, ②시체 처리, ③상복과 조문, ④장례, ⑤장례 후 의식, ⑥제례 등 6개 항목을 설정하고, 그 세부항목은 37개 정도로 구성하여 조사자들에게 제시한 것으로 보인다. 조사 문항을 설계할 때 제례를 상례의 마지막 단계로 포섭시킨 것은 북한 정권 초창기부터 관혼상제(冠婚喪祭) 사례(四禮)를 실생활과 긴밀하게 결부된 혼례와 상례만으로 간소화하려는 새로운 전통 만들기의 의도로 추진한 결과로 보인다. 이러한 국가 건설 초창기 때 제시된 일생의례에서의 새로운 상례문화 만들기는 1960년대 중반까지 북한 전역으로 확산되지 못하고 도회지 중심으로 일부 지역에서만 수용된 것으로 보인다.

그런데 1990년대 이후의 탈북민 구술조사에 따르면 ⑤장례 후 의식 중 우제(虞祭)와 소상(小祥), 대상(大祥)에 대한 언급을 거의 찾을 수 없고, ⑥제례에서 기제사, 차례, 시제 중 시제는 언급되지 않는다. 상제례에서 간소화를 지향하는 국가의 새로운 상례문화 만들기가 안착된 것으로 진단할 수 있겠다. 그 결과 상례는 사망 후 시신을 매장하는 과정까지인 초상(初喪)까지로 축소되었고, 장례라는 용어로 대신하게 된다.

북한 당국이 새로운 상례문화 만들기에 역점을 둔 것은 간소화 전략과 더불어 봉건적이고 미신적인 내용과 허례허식적인 요소를 제거하는 두 축이었던 것으로 보인다. 간소화 전략은 상례를 시체를 안치하는 초상의 단계까지로 축소시키는 데 도달하여 성공적이라고 할 수 있다. 그러나 미신과 허례허식 요소라고 단정한 초상 단계의 세부 항목들은 1960년대는 물론이고 2000년대까지도 북한의 여러 지역에서 유지되고 있음을 민속조사 자료와 탈북민 구술자료에서 확인할 수 있다. 이는 국가의 '전통 만들기'와 민간 관습의 어긋남이라 할 수 있다.

미신적인 요소에 해당하는 세부 항목은 초혼(招魂)과 인정드리기, 반함(飯含), 면례(緬禮) 등인데, 이 풍속은 2000년대 이후 탈북한 사람들의 구술에도 자주 등장하고, 그 의미까지도 구체적으로 설명하기도 한다. 북한의 민속지에서는 상례 풍속에 이러한 봉건적이고 미신적인 요소가 존재한다고 인정하고 있다.

> 유구한 력사를 가진 우리 민족은 사람의 죽음을 진심으로 슬퍼하고 위로하는 인간본연의 심정에 맞는 고유한 장례풍습을 창조하고 발전시켜왔다. 그러나 계급사회의 장례풍습에서는 시대적 제한성과 사람들의 세계관적 제한성으로부터 부득불 봉건적이며 미신적인 허례허식들도 생겨나게 되였다.17)

인간 본연의 심정에 부합하는 우리 민족 고유의 장례풍속이 형성되었는데, 계급사회의 장례풍속에는 봉건적이고 미신적인 허례허식이 포함되었다는 진술이다. 그리고 이러한 요소들은 현실에 맞지 않으므로 제거해야 할 대상으로 보고 있다. 그런데 민간에서는 국가의 개혁 요구와 계도를 수용하지 않고 있으니 그에 대한 대책이 요구되는 상황이었다. 그 조치는 공식적인 국가의 민속 관련 출판물에서 아예 배제하는 것이었다. 1990년 초에 출판된 『조선민속풍

17) 조선사회과학원 민속학연구소, 『조선민족생활풍습 총서 11-가정의례』, 사회과학출판사, 2006, 69쪽.

습』, 『조선의 민속』에서는 인정드리기, 반함을 미신적 행위라고 단정하였는데, 2006년에 출판된 『조선민족생활풍습』 총서 25권 중 11권의 『가정의례』에서는 초혼, 인정드리기, 반함 등의 절차와 의미에 대해서는 일체 언급하지 않는다. 이러한 배제의 논리는 기존 인습의 타파는 불가능하지만, 전문 민속지를 통한 지식정보의 새로운 확산을 전면 차단하겠다는 방침[18]으로 볼 수 있다.

[그림 15] 북한 당국의 현대식 조문

[그림 16] 북한의 현대식 운구

당국의 규제와 배제의 조치 속에서 초혼과 반함은 도회지를 중심으로 사라진 것으로 보이는데, 미신적인 요소로 꼽히는 입관 때의 '인정드리기'는 북한 전역에서 여전히 남아 있고, 허례허식이라고 단정한 '면례' 풍속은 평양을 포함한 평안도 전역과 함경도 일부 지역에서 유지하고 있어 주목할 만하다. 초혼과 반함은 『사례편람』에도 등장하는 전통적인 유교 관습이고, 인정드리기는 북한 지역의 특징적인 절차로 볼 수 있는데, 유교 관습은 폐기되었지만 민간에서 만들어진 지역의 풍습은 사멸되지 않고 지속되는 특성을 보인다.

18) 당국이 미신이라고 치부하여 계도하는데, 이것이 수용되지 않고 답습되는 이유를 '상례를 늙은이가 주관하기 때문에 낡은 것이 계승된다(자강도 희천군 류중리(1967.5.10) 조사 내용)'고 진단하는 것으로 보아, 새로운 상례 담당자가 될 차세대에게는 지식정보를 차단하는 방안이 제시된 것이다.

북한에서 1980년대부터 김일성에 의해 화장문화가 권장되었으나 전혀 수용되지 않고 매장으로 유지되다가 2000년 들어서 평양을 비롯한 지방 도시에도 화장장이 건립되었다고 한다. 전문 장의사가 돈을 받고 장례를 주관하는데, 일부 여유 있는 집에서는 깨끗하다는 이유로 의뢰한다고 한다. 그리고 화장한 유골은 화장장에서 마련한 유골보관소에 맡기기도 하고, 집 마당에 사당식으로 창고를 마련하여 모시기도 하며, 유골 항아리를 땅에 묻기도 한다고 한다. 이러한 화장문화는 북한 전역에서 현재도 행해지는 면례 풍속에도 영향을 미쳐서 면례한 유골을 화장하여 강이나 바다에 뿌리기도 한다는 조사 결과도 있다.

3. 북한 상례문화의 특징

1) 인정드리기–북한지역 전역

인정드리기는 망자가 저승에서 쓸 노자를 입관할 때 관에 넣어주는 풍습이다. 저승에서는 백지나 흰색 천이 화폐로 통용된다는 인식에서, 상주들은 입고 있던 저고리의 흰 동정을 뜯어서 관에 넣고, 친척들이나 이웃 사람들은 한지로 띠를 만들어 목에 걸치고 들어가 관에 넣어주면서 마지막 작별을 고하는 절차이다. 이는 망자의 죽음을 애도하고 내세에서의 편안을 기원하는 진솔한 인정(人情)의 발로로 만들어진 풍습으로 볼 수 있다.

이 절차는 남한에서 입관할 때 저승 노자로 지폐를 넣은 행위와는 차이가 있다. 남한의 지폐는 망자의 저승 노자의 의미로 넣지만 통상 입관을 주관하는 장례업자들에 대한 행하(行下, Tip)로 인식하는 것임에 비해, 북한에서는 망자가 저승에서 사용할 것이라는 확신으로 넣어주는 실질적인 노자인 것이다.

이를 통해 북한 당국이 사회주의 유물론의 입장에서 전통적인 내세관을 부정하고 있지만, 민간에서 인식하는 내세관과 인간의 정리(情理)를 지켜야 한다는 윤리의식을 넘어서지 못한다는 점을 확인하게 된다.

2) 면례(퇴관, 개관, 관털기)-평안도 지역

북한 당국에서는 면례 풍속이 조선 후기에 성행한 봉건적이고 허례허식적인 절차라고 비판하지만 평안도 전역에서는 장례 이후의 가장 큰 절차로 명맥을 유지하고 있다. 면례(緬禮)는 퇴관·개관·관털기로도 불리는데, 장례를 치른 후 3~5년 후에 관을 빼내는 풍습이다. 평안도나 함경도 지역에서 면례는 자식의 도리라고 언급하면서, 행하지 않으면 마을 사람들의 비난을 받는다고 한다. 특히 평안도에서는 면례를 행하지 않으면 "제 아버지 관도 뽑지 못한다"고 흉을 본다는 것이다. 그러나 자강도에서는 면례 풍속을 집안에 우환이 있거나 아주 부잣집에서만 행하는 절차라고 보고 있다. 한번 쓴 묘는 건드리지 않으면 좋다고 보는 것이다.

북한의 민속학 저술들에서도 면례 풍속을 소개하면서 조선 후기부터 성행한 풍속으로 허례허식이라고 단정하고 있다. 그러나 이를 행하지 않을 경우 지역 사회의 강한 비난을 받을 수 있으므로 쉽사리 포기할 수 없는 지역 문화로서 특성을 가진다고 볼 수 있다.

당국에서 봉건·미신·허례허식 등의 이유로 계도를 시도하고, 사회주의적인 유물론에 입각하여 절차 자체를 부정하여 왔지만 민간에서 전승되던 내세관이나 영혼관을 전면적으로 변화시킬 수는 없고, 지역공동체의 특징적인 문화는 그 생명력이 굳건함을 확인하게 된다. 이러한 요소들은 1960년대를 넘어 현재까지도 공공연하게 지속되고 있다.

면례가 평양을 중심으로 한 평안도의 대표적인 풍습이라면, 황해도 지역에서는 매장 전 하관할 때 퇴관을 하는 풍습이 있다고 한다. 황해도의 하관 전 퇴관은 현재 중부지역인 경기, 충청도에서 탈관을 하여 시신만 매장하는 풍습과 동일하다고 하겠다.

흔히 면례를 이장(移葬)이나 개장(改葬)과 같은 의미로 보는 경우가 많은데, 평안도 지역에서 행해지는 퇴관은 남한에서 의미하는 이장과는 다소 차이가 있다. 매장 후 3년이 지나서 묘를 팠을 때, 탈골이 되고 유골이 붉거나 누런 상태이면 그 묘지가 좋은 곳으로 보고 관만 빼내고 그 자리에 다시 묻기 때문이다. 반면에 유골 상태가 검거나 탈골이 이루어지지 않았을 경우는 관을 빼내고 유골을 수습하여 다른 곳으로 옮겨 모신다고 한다. 그러나 남한에서 행해지는 이장은 반드시 묘지를 옮기는 것을 전제로 행해지므로 평안도 지역의 면례와는 차이가 있다고 볼 수 있다.

3) 새우돋음(상여돋움)-자강도 장강군 무덕리 풍속

1960년대 자강도 지역에서 조사된 자료로, 발인 전날 저녁에 계원들이 상여를 꾸며 가지고 상가에 오면 밤을 보내는 호상꾼들이 모두 마중을 나온다. 이때 계원들은 갈 길이 멀어서 머물 수 없다고 한다. 호상꾼들은 이 집에 상고가 났으니 머물러 가야 하겠다고 간청하면서 접대에 대한 거래가 오고 가고, 계원들은 상여를 메고 문 안에 들어설 때에 북을 치고 소리도 하고 소란을 피우며 들어간다. 주인들은 술과 고기로 푸짐히 대접한다. 계원들은 밤새 잘 대접을 받으면서 밤을 밝힌다. 이런 행사를 주관하는 사람을 집강이라고 한다.

이 광경은 남쪽 지방에서 출상 전날 밤에 행했던 빈상여놀이[19]

와 유사하다. 전남 진도에서는 '다시래기'라고 불렀고, 달리 '상여 흐른다', '대어린다'라고도 하였다. 일부지역에서는 '상여올린다'라고 한 것을 보면 상여돋움과 의미가 통한다고 볼 수 있다. 그 풍습의 의미도 슬픔에 잠긴 상주들을 위로하고 한바탕 웃음으로 위안을 주기 위한 놀이라고 볼 수 있다.

4) 특수한 매장 풍속-자강도 만포군 고산리

1960년대 자강도 지역의 조사 자료에서 찾을 수 있는 독특한 매장 풍속이다.

> ① 옛날에는 어린애들이 죽으면 더러 나무에 달아매는 경우가 있었다. 이렇게 하면 다음에 낳는 애가 무병하고 잘 큰다고 하였다.
> ② 설빈하는 일도 있었다. 겨울에 산에 눈을 모아놓고 관을 덮은 후에 그 위에 볏짚으로 곱새(이엉)를 틀어 덮어 두었다가 이듬해 봄에 토장을 하였다. 지금도 겨울에 가매장하였다가 이듬해 봄에 개장하는 일이 있다. 그 이유는 땅이 얼어서 천광을 할 수 없기 때문이라고 한다.
> ③ 관을 묻을 때 호박을 파묻으면 고인이 저승에 가서 좋은 것을 보냈다고 칭찬을 하기 때문에 가져간다고 한다. 30년 전까지 그렇게 하는 것을 보았다.

애장을 나무에 하는 경우는 남쪽에서는 흔하지 않은 풍습이다. 아이가 죽으면 보통의 경우는 땅에 묻고, 옹기에 담아서 돌담을 쌓는 풍습이 남쪽에서는 성행하였다. 설빈은 눈이 많은 강원도 지역에서는 더러 발견되는 풍습이다. 호박을 함께 묻는 풍습은

19) 경북 안동지역에서는 '빈상여놀이'를 출상 전날 펼쳤는데, 일명 '대돋움'이라고도 하였다. 빈상여를 상두꾼들이 메고 상여소리에 따라 발을 맞춰보고, 상여소리도 다듬어 보는 놀이판이었다.

드문 경우다. 고소설 〈당태종전〉에 당태종 이세민이 저승에 갔다가 이승으로 환생할 때 염라대왕이 수박을 먹어 본 일이 없다고 보내달라고 하자 환생한 당태종이 죽을 사람을 사서 그 품에 수박을 안겨 매장하는 상황과 흡사하다.

5) 출관 때 문턱의 접시 깨기–자강도 장강군 무덕리 풍속

발인할 때 문턱에 접시를 놓고 관머리도 단박에 깨면서 나갔다. 문턱을 나서면 다른 사람이 빈 동이를 들고 와서 그것을 관머리에 부딪쳐서 깬다. 이것은 잡신을 물리치는 행사라고 한다. 이러한 속신은 모든 지역에서 찾아볼 수 있다. 평안도 지역에서는 접시나 사발을 깨고, 함경도나 황해도 지역에서는 바가지를 깨는 것으로 조사되었다.

이런 풍속은 남쪽에서도 흔히 볼 수 있다. 방안에 모셨던 관을 발인을 위해 모셔낼 때 주로 문턱에서는 바가지를 깨고, 염습을 할 때 향물을 담았던 사발을 마당에 던져 깨는 풍속이 전해진다. 일부지역에서는 '양밥'이라고도 칭하는데, 죽은 이가 나쁜 귀신이 되어 다시 그 집 문지방을 넘지 말라는 뜻으로 행하는 일종의 액땜 의식이라고 할 수 있다.

6) 초혼과 사자밥–북한 전역

1960년대 조사 자료에서 평양시내와 변화를 일찍 수용한 일부 지역을 제외하고는 대부분 지역에서 초혼을 필수 절차로 행하고 있다. 시신을 보지 않은 이웃의 어른이 토방이나 마당에 서서 성명을 부르면서 "복! 복! 복!"을 외치거나 "의상 받아 가시오!"라고 외친다. 초혼한 적삼은 지붕에 올렸다가 그 고름으로 혼백을 만들기도 한다. 초혼을 할 때는 방안에 사자밥을 차려놓는데, 밥 3그릇, 종이로 만든 버선(혹은 감발)과 종이 신 3켤레, 소금, 술을 올린다고 한다. 초혼을 마치고 나면 모두가 고인의 죽음을 인정하게 되므로 초혼한 이웃 어른이 머리를 풀어주고, 그때부터 곡을 한다고 한다.

초혼 의식은 전통 장례에서 필수적인 절차였다. 고복(皐復)이라고도 부르는데, 집안에서 사람이 죽게 되면 시신을 보지 않은 사람이 동쪽으로 해서 지붕에 올라 북쪽을 바라보며 고인이 생전에 입던 적삼을 잡고, 주소 또는 관작과 성을 말하면서 "복! 복! 복!"이라고 부르는 절차이다. 임종을 하고 속굉을 통해 죽음을 확인했지만 자식된 도리로서 다시 한 번 혼을 불러 살아나기를 바라는 지극한 인정에서 나온 절차이다.

그리고 사자밥을 차리는 풍습은 유교의례라기보다는 민간의 속신에서 비롯된 것으로, 사람이 죽게 되면 저승사자 세 사람이 고인을 데려가기 위해 온다는 믿음에서 발생한 것이다. 남한에서는 대문 밖이나 뜰아래에 차려 놓는 경우가 일반적인데, 북한에서는 방안에 차리는 것이 독특하다.

이러한 초혼 의례나 사자밥, 반함 등은 고인을 떠나보내는 자식들의 지극한 인정으로 볼 수 있으나 북한에서는 미신적 행위라고 단정하여, 이 의례가 사라진 것으로 사회주의 생활방식의 수용 여부를 진단하는 듯하다. 평양시내와 국가기관 조직을 중심으로 이미 1960년대에 사라진 지역이 더러 있다. 하지만 지방에서는 거의 모든 조사 지역에서 행하는 절차로 남아있다.

국가로부터 미신적인 절차이므로 폐지하라는 계도를 받고도 민간에서는 지속적으로 이러한 풍습을 유지하는 것을 통해 우리 민족이 의식 속에 간직한 영혼관이나 내세관은 외부에서 이입된 이데올로기로 쉽게 변화시킬 수 없음을 확인하게 된다. 남한에서도 20여 년 전까지 집안에서 장례를 치르는 경우에는 이 모든 절차들을 지키고 있었다. 근래 급격하게 장례문화가 변질되어 쉽게 폐기해 버린 것이 안타깝지만 우리의 의식 속에 내재한 영혼관, 내세관은 남과 북이 소통할 수 있는 지점이 많음을 확인하게 된다.

Ⅴ. 북한의 제례문화

1. 전통 제례의 절차와 의미

제사(祭祀)는 죽은 넋에게 음식을 바쳐서 정성을 표시하는 행위나 의식을 말한다. 죽은 넋은 자신과 직접적인 연관성을 갖는 존재가 죽은 후 숭배의 대상으로 삼는 것으로, 대체로 조상으로 일반화할 수 있다.

우리 민족에게 제사문화는 고대로부터 존재했다. 삼국시대 이전 부족국가시대부터 부족 차원의 제천(祭天)의식이 존재하였으므로,[20] 이에 영향을 받아 개인이 자신의 조상을 숭배하는 조상제사가 자연스럽게 형성되었을 것으로 유추할 수 있다. 삼국시대에 와서 고구려는 시조 동명왕과 시조모 유화의 제사를 연례적으로 행한 기록이 있으며, 신라에서도 왕위 계통별로 오묘를 새롭게 구성하는 기록이 전하는 것으로 보아 왕실의 전례가 민간에도 전파되었을 것으로 보인다. 고려시대에는 불교가 융성하였으므로 조상제사를 절에서 거행한 기록에서 민간에 일반화된 정황을 파악할 수 있다. 현재 관습화된 유교식 조상제사의 전범이 된 주자가례가 여말선초에 전래되고, 조선이 성리학을 국시로 삼는 과정에서 왕실의 종묘(宗廟)와 같

20) 부여의 영고(迎鼓), 고구려의 동맹(東盟), 예의 무천(舞天), 삼한의 농공시필기(農功始畢期) 제천의식이 행해졌다(진수, 『삼국지』, 「위지 동이전」).

이 사대부가에서는 가묘(家廟)를 세우도록 강제하는 가운데 유교식 조상제사가 민간으로까지 확산 정착된 것으로 보인다.

주자가례에서는 조상제례의 종류를 사시제(四時祭), 초조제(初祖祭), 선조제(先祖祭), 예제(禰祭), 기일제(忌日祭), 묘제(墓祭)의 여섯 종류로 구분하였다. 이는 왕실이나 유교를 숭상하는 지배층에서나 행해진 것이고, 민간에서는 시제(時祭)와 기일제(忌日祭), 속절제(俗節祭)로 구분되어 통상 행해졌고 이것이 관습화되었다. 이는 남한은 물론이고 북한의 민속지에서도 차이 없이 기록되어 있다.

시제는 보통 음력 9월 9일이나 10월에[21] 추수를 마치고 문중별로 정해진 날짜에 성씨의 시조나 입향조를 비롯한, 기제사를 지내지 않는 조상의 묘소에서 지내는 대규모 합동 제사이다. 기일제는 봉사하는 직계손들이 사망일에 맞춰 지내는 집안 제사로, 기제사가 제사문화의 중심이라고 할 수 있다. 속절제는 명절에 지내는 제사로, 주자가례에는 제사의 종류로 따로 명시하지 않았지만, 우리 민족은 설이나 한가위 등의 명절에 지내는 차례나 성묘를 기제사와 거의 대등하게 인식하고 있다.[22] 근대 이전에는 설날과 한가위에는 집안에서 차례를 지내고 성묘를 겸하였고, 한식과 단오절에는 성묘를 하는 방식으로 속절제를 봉행하였다. 그렇다면 우리의 조상제사는 주자가례에 근거한 유교의례를 무조건 따르기보다는 자손으로서의 인정과 관습적 명절 풍습이 작용하면서 지속적으로 변화 형성된 민족문화로서의 위상을 갖는다고 진단할 수 있다.

---

21) 북한의 경우 1958년 이전까지 유지된 시제는 음력 9월 9일에 지냈다고 한다. 그에 비해 남한의 경우는 문중별로 음력 10월에 날을 정해서 시제를 지낸다.

22) "우리 사회에는 기제사가 특별히 중시되고 『주자가례』에 명시되지 않은 차례(茶禮)가 기제사와 함께 제사문화의 중심이 되고 있다"(이영춘, 『차례와 제사』, 대원사, 1994, 81~82쪽).

유교에서는 조상제사의 의미를 효의 연장선으로 보고 있다. 『예기』에 "제사는 죽은 조상을 추모하여 효를 이어가려는 까닭이다"[23]고 하였다. 또는 추원보본(追遠報本)이나 보본반시(報本反始)라고 하여 제사를 통해서 자신을 낳아준 조상을 추모하고 자신의 뿌리에 보답한다는 의미를 강조하고 있다. 그리고 제사의 또 다른 의미는 조상과 자손이 감응하는 데 있다. 제사의 마지막 절차인 음복(飮福)은 제사를 마치고 조상이 드신 술이나 음식을 자손들이 나누어 먹는 과정이다. 이를 '복을 마신다'고 표현한 것을 보면 조상이 드시던 술이나 음식을 자손이 먹음으로써 조상과 자손이 한 몸이 된다는 동기감응(同氣感應)이 제사의 또 다른 의미라고 할 수 있다. 결국 제사는 죽음 이후에도 조상과 자손을 이어주는 문화적 장치로서의 위상을 갖는다.[24]

제사에서 조상을 모시는데 필수적인 요소는 제수라고 불리는 음식이다. 유교에서는 제사의 필수적인 음식과 제사상차림의 격식을 진설도로 규격화하고 있다. 그 격식이 복잡하여 조율시이(棗栗柿梨)나 홍동백서(紅東白西), 좌포우혜(左脯右醯), 어동육서(魚東肉西), 두동미서(頭東尾西) 등의 구결(口訣)로 제수와 진설의 방식을 전승하고 있을 정도다. 이러한 복잡한 격식과 과다한 제수가 제사의 본질을 흐린다는 우려는 일찍이 『예기』에도 명시되어 있었고,[25] 임금에서부터[26] 유학자에 이르기까지 반복되었다. 그리

23) 祭者 所以追養繼孝也(『禮記』, 「祭統」)

24) 도민재, 「유교 제례의 구조와 의미-기제를 중심으로」, 『동양철학연구』 42, 동양철학연구회, 2005, 252쪽.

25) 제사상에 생선을 놓았는지 육고기를 놓았는지 국을 놓았는지 익힌 것을 놓았는지 날것을 놓았는지 귀신이 그것을 아는가? 그것은 단지 상주가 자기의 성의를 표달할 따름이다(『禮記』, 「郊特牲」 第十一).

26) 조선의 세조도 제사에서 가장 중요한 것은 정성과 정결함이지 번화한 것이 아니라고 하였다(祭以誠潔爲貴, 不在繁華. 『國朝寶鑑』 世祖 三年).

하여 '제사는 정성이다', '남의 제사에 배 놔라 감 놔라 하지 마라'와 같은 속담이 생길 정도로 격식에 얽매이는 풍습을 경계하였고, 결국은 집안마다의 자율성을 강조하여 '제사는 가가례(家家禮)'라고 하여 집집마다 제사상차림 방식이나 제수가 다를 수 있음을 인정했다. 그럼에도 여전히 제사상차림과 제수는 제사 절차와 함께 가장 형식적인 규범으로 자리매김하고 있다.

이렇게 준비한 제사를 어떤 절차로 지내야 하는가도 어려운 문제였다. 유교에서는 이를 규범화하였고, 이 절차는 지배층에서부터 서민층까지 전파되어 관습으로 정착하였다. 대체로 준비과정을 제외하고 본 제사의 절차는 다음과 같다.

① 출주–참신–강신–진찬–초헌–아헌–종헌–유식–합문–계문–수조–사신–납주–철찬–음복(주자가례 제례 절차)
② 진설–강신–참신–초헌–아헌–종헌–합문–계문–사신–지방태움–음복(고령신씨 기제사 절차)[27]

위 제사 절차 세 가지 중 ①은 규범으로 제시된 주자가례의 본 제사 절차이며, ②는 근래에 조사한 고령신씨 집안의 기제사 절차를 제시한 것이다. 사당에 신주를 모신 ①은 제사 시작을 사당에서 신주를 모셔내는 출주로 하고, 마치는 절차는 다시 신주를 사당에 모시는 납주로 배치한다. 임시 신주인 지방으로 제사를 모시는 ②의 경우는 마지막에 지방을 태우는 절차가 배치된다. 신주를 모시는 경우는 참신–강신의 순이고, 지방으로 모시는 경

27) 하정현, 「유교 기제사의 구조와 의미」, 『종교문화비평』 14, 한국종교문화연구소, 2008, 238쪽.

우는 강신-참신의 순서가 다를 뿐이다. ①의 경우는 초헌 절차에 독축이 당연히 포함되어 있지만 ②의 경우는 축을 읽지 않는 것으로 조사되었다. 이처럼 제사의 절차는 유교문화에서 제시한 것을 큰 변화 없이 유지하고 있는 실정이라고 볼 수 있다.

덧붙여 제사의 시간도 중요한 요소인데, 기제사는 조상의 사망일 첫 시간에 음식을 대접해야 한다는 정성의 발로로 사망일 전날에 제수와 제기를 준비하여 사망일 자시(子時)에 제사를 시작하며, 명절 차례는 아침 시간에, 시제는 낮 시간에 제사를 지낸다. 이 규범 역시 대체로 유지되는 실정이다.

2. 북한의 제례문화의 변화

1) 제사 종류

북한의 제사문화는 국가 차원의 계도에 따라 가정의례 중 상례에 포섭되어 조사가 이루어지고 관념화되었다. 1949년부터 1968년까지 북한 전역을 대상으로 실시한 민속조사에서 혼례와 상례로 이원화하여 조사를 실시하였고, 제례에 해당하는 기제사나 시제, 성묘 항목을 상례의 마지막 절차로 포함하여 조사하였다. 이러한 경향은 북한의 최근 민속지에도 그대로 반영되어 제례를 상례와 구분하여 서술하고 있지만 제사의 종류를 '3년거상중 진행된 제사', '상복을 벗은 다음의 제사'로 크게 나누고 있다. 전자는 '돌제 전의 제사'로 우제·졸곡제·부제를 다루고, '돌제(소상)'와 '3년제(대상)', '담제'를 항목화하여 서술하고 있다. 후자는 '기제'와 '속절제'로 구분한다.[28] 그러나 이러한 민속지의 내용은 전통적인

28) 조선사회과학원 민속학연구소, 『조선민족생활풍습 총서 11-가정의례』, 사회과학출판사, 2006, 111~126쪽.

유교 제례를 우리의 전통문화로 소개하는 차원에서 기술한 것으로, 실제 민간에서 현행되는 풍속은 전혀 기록하지 않았다.

민간의 제사는 1970년 이전까지는 기제사, 속절제(명절 제사, 성묘), 시제가 행해졌다.[29] 그러나 2000년대 이후 탈북민들의 구술에 따르면, 근래에는 시제는 완전히 폐지되었고, 기제사와 생일제, 한가위와 청명 성묘가 일반적으로 남아 있다고 한다. 음력설에 방안에 간소한 음식을 차리는 경우가 있다고 하지만 일반적이지 않고 날씨가 추워서 성묘도 하지 않는다고 하였다.[30] 북한의 제사 종류 가운데 생일제에 대한 언급이 많은데, 1960년대 민속조사 문항에는 생일제를 별도로 두지 않았으므로 크게 부각되지 않았지만, 2000년대 탈북민의 구술에는 북한의 제사문화의 대표적인 사례로 거론되고 있다. 북한에서는 기제사보다는 생일제를 3년간 지내는 경우가 많은데, 어떤 집에서는 환갑제까지 지내고, 이후에는 생일제를 폐지하고 기제사를 지낸다고 한다. 기제사는 3년제(대상)을 크게 지내는데, 이때는 장례를 도운 사람들을 초청해서 음식을 대접한다고 한다. 그리고 기제사를 폐지하고 한가위 때 성묘로 대신하기도 한다.

2) 봉사대상

북한 제사의 봉사대상은 1970년까지는 전통 방식에 따라 4대 봉사, 5대 봉사까지도 있었다고 한다. 하지만 현재는 부모나 배우자(남편)의 제사만 지내는 경우가 일반적이다. 탈북민 구술 중

---

29) 조선사회과학원 민속학연구소, 『조선민속조사자료-관혼상제』, 미간행 복사본, 2006 참조.
30) 서울대 북한민속연구단, 『북한의 생활문화 아카이브』, 일상의례-제례 참조.

할아버지 제사를 언급하는 경우가 있는데, 이는 그 아버지가 제사의 주체가 되었기 때문에 경험한 것이다. 그리고 북한 역시 부모 모두 사망한 경우는 합설로 제사를 지내는데, 1년에 부모 기일 중 한 번만 제사를 지낸다고 한다.

3) 제사 주체

현재 북한의 제사 주체는 반드시 맏아들에게 한정하지는 않는다. 아들들 가운데 경제 형편이 나은 아들의 집에서 지내고, 맏아들이 고향을 떠나 있을 때도 다른 아들이 지낸다고 한다. 다만 딸들이 제사의 주체가 되는 경우는 드물다. 딸들은 아들이 어리거나 형편이 어려울 때 제수를 전담하여 준비하기는 하지만 제사의 주체는 아들이어야 한다는 의식이 강하다.

북한은 기제사나 생일제는 집안에서 지내지만, 그에 대한 기억보다는 묘소에서 제사를 지낸 성묘에 대한 언급이 많았다. 특히 한가위 성묘 때는 자손들이 형편대로 음식을 준비해서 아침도 먹지 않고 묘소로 모여 벌초를 하고 제사를 지낸 다음 점심을 겸해서 먹고 종일 산에서 논다고 한다. 근래 장마당이 활성화되면서는 한가위 성묘가 집안의 부를 과시하는 자리가 되기도 한다.

4) 제삿날짜와 시간

북한의 기제사 날짜와 시간은 1970년 이전까지는 전통 방식으로 사망 전날 제수를 준비하여 기일 첫 시에 제사를 지냈다고 한다. 현재는 사망일 저녁부터 상을 차려서 자정까지 차려둔다. 기제사를 3년 기한으로 마치는 경우가 많으므로 날짜는 사망일로, 시간은 자정쯤 지내는 것이 보통이지만 근래에는 9시 이전에 모시는 경우도 있다고 한다. 북한에는 명절에 집안에서 제사를 지내는 경우는 드물고, 차례라는 용어를 사용하지 않고 제사라고 칭한다. 한가위에 묘소에 가서 제사를 지내므로 오전에 모여 벌초를 하고, 제사를 지내고 제수로 점심을 대신한다고 한다.

5) 제수·진설·제사 절차

북한의 제사 격식은 전통적인 방식에서 완전히 벗어났다고 진단할 수 있다. 1970년대 이전까지는 전통 규범을 준수하였지만 당국의 간소화 계도를 수용하여 변화한 것으로 보인다. 제수로는 밥과 냉수, 술·떡·전·삼색과일·삼색나물·가자미나 명태 말린 생선, 닭은 달걀 등이 기본 제수이고, 여유가 되면 돼지고기를 삶아서 덩어리로 올린다고 한다. 특징적인 것은 현재 북한에서는 중부지역인 강원도와 황해남도 인근에서만 국을 따로 끓이고 평양을 비롯한 전역이 국 대신에 냉수를 올리는 것으로 조사되었다. 한가위 성묘에는 바나나나 파인애플 등의 이국 과일을 올리는 것을 부의 과시라고 생각하여 준비한다고 한다. 제수는 정해진 것이 아니라 생전에 좋아했던 음식을 반드시 올린다고 한다. 제사의 절차는 음식을 차리고 아버지·어머니·자녀들이 서열에 따라 술을 올리고 3배(재배 후 반절의 북한 표현)를 한다.

북한 제사의 절차나 제수 준비에서 주목할 부분은 속신을 매우 중시한다는 점이다. 붉은색은 쓰지 않는다고 해서 고춧가루나 팥을 쓰지 않고, 머리카락이 음식에 들어가면 뱀으로 보이므로 조심해야 하고, 과일이나 떡 등의 제수는 반드시 홀수로만 올려야 한다. 또한 제사 후 물밥의 절차를 준수하는데, 이를 고수레한다고 했다.

3. 북한 제례문화의 특징

북한의 제사문화는 당국의 방침에 따라 대체로 간소화되었다. 그 변화의 기점은 1958년과 1967년 5.25교시가 대대적이었다. 1968년부터 기제사나 생일제는 가정에서 행해지는 의례이므로 유지되었지만, 대외적으로 드러나는 한식이나 한가위 성묘는 거의 사라졌다고 한다. 이런 정황을 김일성의 연설을 통해 확인할 수 있다.

> 우리 인민들은 사람이 죽으면 제사를 지냅니다. 물론 사람이란 인연관계가 있기때문에 례절로서 제사를 지내는것을 다 반대할수는 없습니다. 그러나 죽은 사람을 추모하여 꽃다발이나 가져다 놓는다면 몰라도 향불을 피우고 죽은 사람 앞에다 떡을 차려 놓는것이 무슨 소용이 있습니까? 이것은 다 봉건시대의 낡은 사상과 습관의 표현입니다.[31]

김일성은 자식으로서 죽은 부모를 추모하는 제사의 본질적인 의미를 인정하지만 전통 방식의 제사문화에 대해서는 봉건시대의 잔재로 규정하고 폐지할 것을 강조하고 있다. 그래서 제수 음식 대신에 꽃을 바치자고 제안하고 있다.

[그림 17] 김정일 추모 묵념

[그림 18] 금수산태양궁전 참배

31) 김일성, 「학생들을 사회주의, 공산주의 건설의 참된 후비대로 교육교양하자(교육부문 일군들앞에서 한 연설, 1968년 3월 14일)」, 『김일성전집』 40, 조선로동당출판사, 2001, 106쪽.

그러나 이러한 수령의 지시도 민간의 의례 지속 의지를 꺾지는 못한 것으로 보인다. 1986년 김정일에 의해 우리민족제일주의가 주창되는 과정에서 성묘문화는 전통 방식을 벗어난 새로운 형식으로 성대하게 부활하였고, 변화된 제사문화가 어느 정도 관습화된 것으로 보인다. 그 결과 기제사나 생일제는 3년 기한 동안에 유지되고, 대체로 청명과 한가위의 성묘로써 제사의 의미를 대신하는 것으로 진단할 수 있다. 기제사의 경우는 집안 형편에 따라 부모 제사에 한해서 지속되는 경향을 보인다. 제사는 집안의 일로서 유지 혹은 폐기되는 양상으로 보이며, 그 절차나 제수도 가계 형편에 따라 가가례로 정착하였다고 볼 수 있겠다.

Ⅵ. 남북 문화통합 장치로서 가정의례

유교문화권에서는 사람의 일생을 관류하는 대표적인 가정의례를 관혼상제(冠婚喪祭)로 규정하고 사례(四禮)라고 부른다. 가정의례는 한 인간이 세상에 출생하고 성장하여 성인이 되고, 배우자를 만나고, 수명을 다하여 죽고, 그 사후까지의 전 과정에서 기념(紀念)할 만한 주요 과정을 격식화한 것이다. 과거 전통시대에는 절차가 매우 복잡다단하고 각 절차에 대한 의미 부여가 논리적이었으나 산업화와 도시화, 경제 논리가 우위를 점하는 현대사회에 와서는 절차는 단순하게 변하였고, 절차에 대한 의미도 퇴색하고 있다.

전통적인 관혼상제에서 가장 복잡한 절차를 가진 의례는 부모를 떠나보내는 상례였고, 사후 추모의 뜻을 담은 제례와 배우자를 만나는 의례인 혼례가 그 다음의 비중을 차지하며, 가장 간략한 의례가 관례였다. 이러한 가정의례가 현대사회에 접어들면서 급격한 변화를 맞는데, 관례는 집안의 행사에서 사라져버렸고, 상례는 그 복잡한 절차 속에 담긴 영혼관에 대한 의미를 계승하지 못하고 허례의식과 미신의 타파라는 현대 국가의 시책에 따라 복잡한 절차가 공식적으로 축소되거나 폐기되는 수순을 밟게 되었다. 제례는 타인이 개입하지 않는 가족 내부의 의례로 축소되면서 가가례라는 명분으로 절차적인 요소들이 표면화되지 않는 실정이다. 그에 비해 혼례는 가장 현실적이고 가시적인 가정의례로서, 배우자를 만나는 자손의 앞날을 축복하고, 남들 앞에서 가세를 내보이는 '잔치'의 위세를 여전히 유지하고 있다.

영토와 체제의 분단이 70여 년을 넘어서고 있지만 유구한 역사 속에서 연원이 같은 생활문화를 누리고 산 남북 주민들의 삶의 모습에서 소통 지점을 찾아서 문화통합을 모색하는 데 가정의례가 가장 효율적이다. 가정의례가 문화통합 장치로서 가능한 이유는, 우선 분단 1세대들이 아직은 다수 생존하여 전통적인 가정의례가 남과 북에서 민속의 형식으로 전승되고 있기 때문이다. 또한 일생에 한두 번 겪는 가정의례는 쉽게 무너뜨릴 수 없는 규범으로 인식되어 의례의 당사자들이 견고한 규범 준수 의식을 가지고 있기 때문이다. 이 두 가지 이유로 가정의례는 70여 년의 분단 상황을 뛰어넘어 남북의 소통과 통합의 장치가 될 수 있다.

흔히 남북 분단 이후 남한은 미국식 자본주의 방식으로, 북한은 소련식 사회주의 방식으로 생활문화가 급변했을 것으로 예측하는 경향이 있다. 그러나 사회체제를 주도하는 상부구조인 이데올로기가 위로부터 시달되지만 실생활에 기반을 두고 있는 하부구조인 생활문화의 변화로 바로 연결되지는 않았다는 사실을 우리는 역사적 경험을 통해 확인할 수 있다. 이런 가정의례의 경향성과 역사적 경험을 통해 볼 때, 가정의례를 포함한 생활문화의 소통과 통합을 논의하는 일은 아래로부터의 통일을 모색하는 실질적인 통일담론이 될 수 있다.

우리 삶을 구성하는 생활문화는 다양한 형태로 존재한다. 삶을 영위하는데 가장 기본적이고 필수적인 의식주 문화, 가정의례로서 관혼상제, 일상생활의 연중의례로서 세시풍속이나 명절 등이 그것이다. 그 가운데 가정의례는 여타 생활문화에 비해 전통문화의 면모를 비교적 오래 지속할 것으로 예측되어 우리 민족의 가치관·사후관·영혼관 등 정신세계의 전통적인 관념들의 소통 지점을 찾을 수 있는 장치이다.

가정의례를 통해 전통적인 정신세계의 소통 지점을 밝혀냄으로써 비록 영토나 체제의 분단이 지속되어 왔지만 인간의 내면가치나 정서적인 측면에서는 동류임을 드러내 남북 주민들의 통합이 얼마든지 가능할 수 있다.

북한은 분단 이후 주민들의 삶을 사회주의 생활문화로 변화시키기 위해 많은 정책을 제시하였다. 이에 입각한 생활문화 분야에서의 사회주의식 새로운 전통 만들기는 주민들의 가정의례에도 적용되었다. 그 기준은 봉건적, 미신적인 허례허식 요소의 폐기와 민족 고유의 미풍양속 요소의 권장이었다. 관혼상제로 대변되는 가정의례 중 국가 건설 초창기부터 유교적 전통으로 상층부에서만 향유된 관례는 폐기하였고, 제례는 상례의 마지막 절차로 포섭시키는 간소화 전략을 추진한다. 이 전략은 민간에서 거부감 없이 수용되어 북한에서의 가정의례는 혼례와 상례로 대변된다. 그러나 두 가지 가정의례의 세부 절차는 당국의 간소화 계도에도 1960년대 중반까지는 전통적인 절차를 유지하려는 의지가 강하여 전반적으로 수용되지 않았다. 그런데 2000년대에 이르러서는 혼례는 혼인예식(대례)으로 대체되고, 상례는 죽음에서부터 시신을 처리하는 초상까지로 한정되어 간소화 전략이 성공한 것으로 보인다. 그러나 간소화된 의례의 절차 가운데서도 사회주의 생활방식에 어긋나는, 봉건적이고 미신적인 허례허식이라고 강력하게 폐지를 권하는 요소들이 현재까지도 강한 전승력을 유지하고 있다.

혼례에서 큰상문화를 허례허식의 대표적인 사례로 김정일이 지적하였지만, 민간에서는 극한의 기아 상황이었던 고난의 행군 시기에도 명맥을 유지하였고, 김정은 체제에 와서는 장마당에서 구할 수 있는 다양한 음식으로 더욱 성대하게 차려지고 있다. 민간의 지속 의지는 신랑 신부라는 새로운 가족 구성원에 대한 환영과 신랑 신부를 축하하기 위해 모인 이웃과 음식을 나누려는 인정의 발로라고 볼 수 있다. 그 결과 근래에 평양을 중심으로 대규모 식당에서 혼인식이 진행되면서도 큰상문화는 지속되고 있다.

상례에서는 미신적인 요소로 초혼·인정드리기·반함·면례를 규정하고 폐지를 권하였다. 민간에서 계도가 통하지 않자 전문 민속지에서 이 절차들의 서술을 배제하는 조치를 내리기도 하였다. 2000년대에 들어 초혼과 반함은 거의 사라졌지만 인정드리기는 여전히 강한 전승력을 가지고 있다. 망자에 대한 마지막 작별을 고하는 상황에서 저승 노자를 반드시 드려야 한다는 인정의 발로가 민간에서의 지속 의지로 강하게 남아 있기 때문이다. 면례 풍속은 평안도 전역과 함경도 일부 지역까지 전승되는 풍습으로, 죽은 부모 유골의 안녕을 확인해야 자식의 도리를 다한 것으로 인식하는 의식에서 지속되는 것으로 보인다. 이를 지키지 못하면 지역사회의 강한 비난을 받는 것으로 보아, 지역문화로서의 특성이 반영된 지속 의지라고 진단할 수 있다.

북한에서 새로운 전통 만들기를 거부하고 민간에서 유지되는 혼례에서의 큰상문화와 상례에서의 인정드리기, 면례 등의 풍습은 남한에서도 1980년대 이전까지 관행으로 유지되었다. 큰상문화는 기독교 방식의 서구식 혼인예식장이 등장하고 신혼여행이 일반화되는 가운데 사라졌고, 상례의 여러 절차들은 전문 장례식장과 상조회사의 등장, 화장 문화의 확산으로 전승 의식 자체가 소멸되어 버렸다. 이런 변화 원인을 산업화·서구화·도시화의 영향으로 진단하고 북한도 같은 전철을 밟을 것이라고 예측하는 것은 착각일 수 있다. 현재 북한에도 집안이 아닌 대규모 식당에서 혼인예식이 진행되지만 정면에 큰상을 마련하여 신랑 신부가 앉아 하객과 마주하는 잔치 마당을 유지하고 있으며, 장례문화도 대도시를 중심으로 화장이 확산되고 있지만 입관의 절차에서 인정드리기는 유지되는 것으로 보인다. 면례도 매장한 유골을 화장을 통해 재수습하는 방식으로 변화하고 있다고 한다.

북한의 가정의례는 외부적인 변화 요인에 맞춰 의례나 절차도 간소화되고 변화하고 있지만, 인간의 도리, 인정을 지켜야 한다는 윤리 덕목으로 의례 절차의 본연의 의미까지는 폐지하지 않고 유지하고 있다. 남한이 의례의 급변 속에 그에 담긴 본연의 의미를 놓아버린 것에 비해 고무적이라고 볼 수 있겠다. 통일의 과정 속에서 가정의례에 담긴 민족 고유의 전승 의미를 상호 소통으로 되살리는 방향이 진정한 생활문화의 통합을 꾀하는 길이 될 것으로 보인다.

참고문헌

서울대 북한민속연구단, 『북한의 생활문화 아카이브』, 일생의례.

조선사회과학원 민속학연구소, 『조선민속조사자료-관혼상제』, 미간행 복사본, 2006.

조선사회과학원 민속학연구소, 『조선민족생활문화 총서 25-조선민속용어집』, 사회과학출판사, 2006.

조선사회과학원 민속학연구소, 『조선민족생활풍습 총서 11-가정의례』, 사회과학출판사, 2006.

『國朝寶鑑』

『禮記』

〈사설〉「조선민족제일주의정신을 높이 발양시켜 우리인민의 우수한 민족적전통을 활짝 꽃피우자」, 『민족문화유산』 2007년 1호.

김일성, 「학생들을 사회주의, 공산주의 건설의 참된 후비대로 교육교양하자(교육부문 일군들앞에서 한 연설, 1968년 3월 14일)」, 『김일성전집』 40, 조선로동당출판사, 2001.

김정일, 「건축예술론(1991년 5월 21일)」, 『김정일선집』 11권, 조선로동당출판사, 1998.

김정일, 「문화유산계승문제에 대한 로동계급적립장에 대하여(김일성종합대학 학생들과 한 담화, 1964년 3월 19일)」, 『김정일전집』 7, 조선로동당출판사, 2014.

김종군, 「북한 상제례 문화의 전통과 현대적 변용」, 『북한의 민속』, 민속원, 2020.

김종군, 「북한의 민속전통 계승의 실제와 의미」, 『동방학』 22, 한서대학교 동양고전연구소, 2012.

김종군, 「북한의 북한지역의 상장례(喪葬禮) 변화 연구-1960년대 민속조사 자료를 중심으로」, 『온지논총』 39, (사)온지학회, 2014.

김종군, 「연구사를 통해 본 조선 민속학의 성과」, 『한국민속학』 71, 한국민속학회, 2020.

김종군, 「코리언의 혼례 전통 계승과 현대적 변용」, 『통일인문학』 63, 건국대 인문학연구원, 2015.

김종군·정진아, 『고난의 행군시기 탈북자 이야기』, 도서출판 박이정, 2012.

도민재, 「유교 제례의 구조와 의미-기제를 중심으로」, 『동양철학연구』 42, 동양철학연구회, 2005.

리정순, 「우리인민의 고유하고 우수한 미풍량속을 옳게 살려 나가자」, 『민족문화유산』, 2001년 1호.

선희창, 『조선의 민속』, 사회과학출판사, 1991.

이영춘, 『차례와 제사』, 대원사, 1994.

조선사회과학원 민속학연구실, 『조선민속풍습』, 사회과학출판사, 1990.

천수산, 『중국 조선족 풍속』, 민족출판사, 2008.

하정현, 「유교 기제사의 구조와 의미」, 『종교문화비평』 14, 한국종교문화연구소, 2008.

제 6장

북한의 음식문화

남영호(신한대 리나시타교양대학)

이 장에서는 북한의 음식문화를 남한의 음식문화와 비교해 알아본다. 음식문화란 어느 사회에서건 일상생활의 주요요소이자, 일상생활을 들여다보는 창이다. 북한의 음식문화를 배우는 것은 1) 남북한이 공유하는 음식체계가 무엇인가를 새롭게 상상하는 데 도움이 되며, 2) 북한의 일상생활이 어떻게 구성되어 있는가를 이해하도록 할 뿐 아니라, 3) 북한의 일상생활과 음식문화의 시대적 변천을 따라가며 체제의 특성에 접근할 수 있도록 해 줄 것이다. 이와 함께 4) 2010년대 이래 평양을 중심으로 발달하고 있는 외식문화의 현주소를 점검하면서 오늘의 북한 문화를 이해하고, 5) 최근 북한에서 강조하는 '민족료리'의 의미를 생각해보고자 한다.

〈차례〉

Ⅰ. 서론
Ⅱ. 북한의 일상음식
Ⅲ. 반찬, 특별한 음식, 남성과 여성
Ⅳ. 북한의 명절음식: 설날과 추석
Ⅴ. 평양의 외식문화와 그 의미
Ⅵ. 결론: '민족료리'의 (재)형성

Ⅰ. 서론

아마도 음식은 남한과 북한의 사람들이 동질성을 가장 쉽게 확인할 수 있는 영역 가운데 하나일 것이다. 우리는 이미 북한의 음식 대부분을 일상에서 접하고 있으며 설령 남한에 없는 북한 음식이라 하더라도 같은 음식문화 체계에서 대체로 거부감 없이 받아들일 수 있다. 북한에서 건너온 이들의 이야기를 들어보면 처음에는 몇몇 남한 음식이 낯설기도 했지만, 적응하고 좋아하는 데까지 긴 시간이 필요하지 않다.

그런데 음식문화의 동질성이란 조상으로부터 전래되어 현재까지 고정되어 있는 실체가 아니다. 한반도의 음식문화에는 지역적 차이도 존재하고 시대적으로도 많은 변화가 있었다. 이를테면 김치가 오늘날과 같이 고추로 버무려 새빨간 모양과 매운 맛을 가지게 된 것은 17세기 이후의 일이며, 현재와 같은 품종의 배추로 정형화된 것은 100년 전에 불과하다. 또 김치가 민족음식의 대표로 승격해 서양 음식이나 일본 음식과의 구도에서 독특한 상징성을 지니게 된 것도 최근의 일이다.[1)]

부대찌개와 같은 음식은 6.25전쟁 이후 미군부대의 주둔지에서 시작된 음식이며, 아구찜의 역사는 부대찌개보다도 짧다. 닭고기를 튀기거나 훈제로 조리하는 각종 치킨은 이제 한국을 벗어나 세계인의 인기를 끌게 되었지만, 이러한 조리법의 원조는 한국이 아니다. 엄밀한 의미에서 시대적 변화를 초월한 고유 음식은 존재하지 않고, 다른 나라나 다른 지방과 영향을 주고받으며 새로운 식자재와 조리법이 등장하고 변용되며 사라지는 것이 음식문화의 속성이다.

---

1) 한경구. 1994. "어떤 음식은 생각하기에 좋다: 김치와 한국민족성의 정수." 『한국문화인류학』 26호, pp.7-8.

해방 이후 남한은 사회의 모든 면에서 엄청난 변화를 경험한 역동적 사회인 반면, 북한은 유일체계로 변화가 거의 없는 사회라는 통념이 있다. 그러나 북한의 음식문화도 사회경제적 변화와 함께, 남한의 음식문화 못지않은 변화를 겪어왔다. 북한 음식문화에 대한 이해는 북한이 단일체제이기에 획일적 생활만 가능할 것이라는 선입견에서 벗어나 공유와 협력의 일상적 기초를 확인하는 계기이면서, 오늘의 북한 사회가 직면한 문제가 무엇인지에 대해 접근하는 통로가 될 수 있을 것이다.

일반적으로 인문사회과학에서 음식에 관심을 기울이는 것은 음식 그 자체보다는 음식을 생산하고 소비하는 행위가 주어진 사회집단의 정체성, 가치관, 위계질서, 역사적 배경 등과 관련되어 있기 때문이다.[2] 이를테면, 몇 년 전 대만 공차가 한국에 도입되어 인기를 끌었다든가, 매운 맛이 세계적으로 유행했다든가, 방탄소년단이 언급한 이래 미국 로스앤젤레스 한인 곱창 식당이 유명해졌다든가 하는 일들은, 세계화와 지역 고유 음식이 상호배척하지 않으며 지역적으로 다른 의미를 지닌다는 맥락에서 연구의 관심이 될 수 있다. 북한의 음식문화도 북한 사회의 특성을 구성하는 주요 요소로 여기에서도 문화체계와 변화라는 차원에서 살펴보려 한다. 이와 함께 북한의 음식문화가 우리에게 잘 알려져 있지 않기 때문에 이에 대해 소개하고자 한다.

이 장에서는 북한의 일상음식과 특별한 음식, 명절음식을 찬찬히 살핀 다음, 2010년대 이후 평양 등 대도시에서 일부 계층 사이에서 시작된 외식문화와 그 의미, 그리고 김정은 정권 이후 강조되고 있는 민족음식에 대해 살펴보려 한다. 이는 『로동신문』,

2) 김광억, 1994, "음식의 생산과 문화의 소비: 총론," 『한국문화인류학』 26호, pp.7-8.

『천리마』, 『조선녀성』과 같은 북한 문헌, 북한이탈주민과의 면담, 해외 북한식당 방문을 바탕으로 했지만, 특히 3장의 서술에는 북한을 여러 차례 방문해 여러 음식을 직접 조리해보고 경험한 일본 조선대학교 김정숙 교수가 쓴 『밥상아리랑』이 큰 도움이 되었다.

Ⅱ. 북한의 일상음식

1. 배급제에서 장마당으로

북한의 음식문화를 이해하는 데에는 사회주의 체제의 기초인 배급제와 90년대 등장한 장마당이라는 사회 환경의 변화가 중요하다. 배급제는 물질적 재화에 대한 국가의 중앙공급체제로 북한에서는 1947년 1월 6일 '식량배급에 관한 조례'를 제정한 것이 시초이며, 완전한 식량배급제는 1957년 1월 '식량판매를 국가적 유일체계로 할 데 대하여'라는 내각결정 102호의 채택 이후 실시되었다.[3] 식량 배급은 각 직장에서 식량배급표를 지급받아 배급표와 함께 매우 저렴한 식량대금을 지불하고 배급을 받는 형태였다.

> 80년대는요, 뭐 그때 당시는 뭐라 그럴까, 이거 매 집집마다 배급을 줬어요, 배급. 쌀을 주지 않았습니까(반어법적 강조형). 국가에서 이렇게 쌀을 공급해 주다보니까 뭐 이렇게 사고팔고 사고팔고, (이런 거) 우리 없어요. 그렇게 하고 공장에서도 명절마다 돼지 잡아가지고 매 사람마다 2킬로 2킬로 몇 킬로씩 다 이렇게 준다 말이에요. 뭐 돼지고기 사고 뭐 이런 거 없었어요.
>
> (황해북도 출신 남 1967년생)

3) 통일부 통일교육원 교육개발과 엮음, 2016, 『북한지식사전』, pp.294.

이러한 배급제는 1990년대 초부터 경제난이 심화되면서 제대로 작동하지 않다가, '고난의 행군'이 본격화되는 1995년 말부터는 일부 계층을 제외하면 중단되기에 이른다. 이전 시기 배급소나 국영상점이 물품을 구입하는 주된 장소였다면, 일종의 개인 시장인 장마당이 그 이후 현재까지 북한 주민들의 통상적인 식량과 물품 매매의 공간이 되었다. 북한이 2005년 식량배급제를 정상화한다고 선언한 이후에도 식량배급은 종종 중단되었으며, 식량배급이 시행될 때에도 일부 계층과 지역에 한정되는 등 불안정하다. 물론 1990년대 장마당이 등장하기 전에도 농민시장을 통해 계획경제의 틀 바깥에서 상품을 교환하거나 판매하기는 했지만, 오늘날 장마당은 농산물뿐 아니라 공산품을 포함한 다양한 상품을 구매하는 '상설시장'이 되었다. 배급제가 제대로 작동하던 시기에는 자신이 스스로 가꾸거나 기른 채소나 야채, 가축 이외에는 배급소와 국영상점 또는 비공식적 친분이 주된 공급원이었던데 반해, 장마당이 활성화된 현재에는 식자재가 더 다양해져서 파인애플이나 바나나 같은 중국에서 수입한 과일도 상에 오르곤 한다. 이러한 변화는 오늘날 북한의 음식문화에 커다란 영향을 끼치고 있다.

2. 주식과 부식

북한 사회과학출판사가 2006년 펴낸『우리민족의 전통적인 생활문화와 풍습4: 민족음식과 식생활』(이하『민족음식과 식생활』)은 현재의 북한 음식문화를 그대로 반영하지 않지만, 북한이 계승해야 한다고 여기는 전통적인 음식문화의 체계를 정리한 서적이다. 이 책은 "밥을 주식으로 하고 국과 김치를 기본부식물로 하는 것은 력사적으로 이루어진 우리 민족의 고유한 식생활관습이다."[4]라고 적고 있다. 이 서술은 당연하게 보이나, 북한의 다른 문헌이나 탈북자 면담에서 확인된 바와 다소 차이가 있다. 2000년 『조선녀성』은 "예로부터 조선사람들은 삶은 감자나 감자농마국수, 감자떡을 주식물로 리용하였다. 특히 산간지대 사람들은 감자음식을 주식으로 리용하였다."[5]는 기사를 게재하였다. 이 잡지는 식량난이 극심하던 1999년에는 감자가 맛있고 영양가 높은 음식이라고 예찬하는 기사에서 "주식으로 들 수 있는 감자 음식 몇가지"로 감자밥, 감자농마국수, 감자지짐, 감자오그랑죽 등의 조리 방식을 소개했다.[6] 비슷한 시기 또다른 기사에서는 "건강과 장수를 보장하는데 효과가 있는 장수식료품" 인 버섯을 가정에서 키우는 방법을 다루기도 했다.[7]

하지만 배급제가 작동하던 시기에도 쌀밥보다는 옥수수를 섞은 밥이 더 흔한 일상의 식사였다. "배급주는 게 저기 뭐야. 강냉이 30프로 줬으니까, 30프로. 그러다 점차적으로 50프로가 되더구만. 90년대 들어오면서 50프로 됐다, 94년부터 없어지게 딱 끊어졌지."[8] 마찬가지로 고난의 행군이 끝난 이후에도 주로 감자에서 뽑은 전분을 재료로 하는 농마국수나 옥수수국수가 흔한 저녁 식사였다. 북한 사람들이 이야기하는 국수란, 냉면 등을 포함해 면이 주가 되는 모든 음식의 총칭으로 육수를 우려내고 삶아 낸 면 위에 꾸미(고명)를 올려 먹는 음식이다. 아마도 벼농사가 힘든 이북 지방에서는 해방 이후 현재까지 감자와 옥수수를 밥을 함께 주식으로 삼았던 것으로 보인다. 그래서 옥수수밥보다는 쌀밥이 귀한 음식이지만, 남한에 와보니 옥수수국수가 밀가루로만 만든 국수보다 맛있다는 소감도 있다.

4) 사회과학출판사, 2006, 『우리 민족의 전통적인 생활문화와 풍습4: 민족음식과 식생활』.
5) "좋은 주식물 감자." 『조선녀성』 2000년 2월, p.39.
6) "맛있고 영양가 높은 감자음식." 『조선녀성』 1999년 2월, p.38.
7) "가정에서 버섯기르기." 『조선녀성』 1997년 4월, p.39.
8) 함경북도 출신 남 1942년생

여성들은 말이야, 비록 자기는, 가족은, 맨 옥수수밥을 먹더라도 도시락은 남편을 위하는 마음도 있거니와 또는 대외적으로 다른 사람 볼건데 그렇잖아요, 어떤 뭐 인식이 그 가정에 대한 평가도 되고, 될수록 도시락을 그전에는 쌀밥을 싸줬어요.

(함경북도 출신 남 1937년생)

네, 엄마가 내가 국수 타박 안 해서 좋다고 어떤 집 애들은 국수 안 먹겠다고 그래서. 나는 국수 왜 안 먹니, 나 맛있다고 그래서 엄마가 그거 하나 좋다고.

(쌀은 강냉이가 많이 섞여 있었어요?)

저 부모님들은 다 그렇게 먹고 저만 이밥(쌀밥) 줬어요.

(평양출신 여 1990년생)

네, 북한에서 그저 한 끼는 국수 먹어요. 이렇게 근데 내가 왜 이렇게 국수를 그렇게 좋아해, 그러니까 왜 국수를 좋아하는가, 강냉이밥을 먹어야 되니까. 강냉이밥 이렇게 딴딴하잖아요. 옥수수 말이야 옥수수밥 거기. 그러니까 뜨거울 때는 괜찮아요. 그저 갓 지었을 때는 그런대로 그저 이런데 여기서는 이밥을 그저 먹기 싫을 정도로 먹잖아요. 그러니까 국수를 그저 이따금씩 먹는 거야. 거기서는 국수를 삼시 세끼 국수는 먹었어. 그래도 새나지(질리지) 않았어요. 강냉이밥이 싫어서...... 다른 건 맛을 다 잃어도 이 국수는 거기선 야, 이 흰 국수를 먹어봤으면 하는 게 소원이었는데 흰 국수를 내가 사는데 이 강냉이 국수만 먹어보면 못한 거예요. 고거 내가 느꼈어요.

(함경북도 출신 여 1966년생)

북한의 문헌에서는 국수를 "예로부터 우리 인민이 가장 좋아하는 특별한 음식"으로 "손님이 오거나 잔치를 하는 것과 같이 기쁜 날에는 의례히 국수상을 차리는 것을 하나의 례의로 여겼왔다"고 서술한다. 그리고 "메밀국수를 무김치와 배추김치에 말고 돼지고기를 넣은 것을 찬국수라고 하는데 관서지방의 국수가 제일"이라며 평양 냉면의 우수함을 서술하고, 농마국수 가운데는 "특히 오늘의 량강도, 자강도, 함경남북도 지방의 특산물인 감자를 원재료로 하여 만든 감분국수가 즐기기는 으뜸이었다"며 지역별 특색을 설명한다.[9] 그렇지만 위의 함경북도 출신이 강냉이 국수를 자주 먹었던 것처럼, 평안남도에서도 농마국수는 집에서 흔히 먹는 음식이었다.

답변) 면 사서 해 먹는 사람도 있긴 있어요. 근데 면 사서 해 먹는 거하고 이제 직접 이제 그 이제 반죽을 해서 물을 끓이면서 이제 분틀에 해서 내려서 그 먹는 게 더 맛있지요.

질문) 귀찮기는 하겠네요. 시간도 걸리고.
답변) 예. 좀 귀찮지요. 그러니까 이제 그 농마 국수하는 집에 가서 그 앉은 자리에서 해주니까 그거 사면 농마국수 같은 거는 사 먹지요. 집에서 너무 번거로우니까.

질문) 그러면 그 면이 농마면, 그 농마 감자에서 나온 거지요?
답변) 예. 감자 농마지요. 우리는.

(평안남도 출신 여 1971년생)

앞에서 인용한 『민족음식과 식생활』의 서술대로 북한도 국과 김치가 일상음식의 기본부식인 것은 남한과 마찬가지이다. 북한 공식문헌에서는 여러 가지의 국을 조리하는 방법을 설명하고 있지만, 실생활에서는 시래기국, 된장국, 김치국, 또는 해안지역인 경우 생선찌개가 일반적이다. 남한과의 차이라면 돼지고기나 돼지비개를 넣은 김치찌개는 술안주로 먹는 경우가 많고, 일상음식으로는 김칫국을 차리는 것이 흔하다. 된장을 넣어 김칫국을 끓이기도 하기 때문에 된장은 반드시 있어야 하는 식자재여서 고난의 행군 이전에는 국가에서 공급해주었지만 요즈음에는 장마당에서 사기도 하고 직접 담그는 집도 많다. 아침에는 밥과 국, 그리고 철에 따라 나물 정도로 간단하게 상을 차리고, 저녁에는 가정 형편에 따라 장을 보아 반찬을 더 내기도 한다.

9) "국수," 『천리마』 1980년 6월호, p.85.

답변) 국은 대체로 이제 그 배춧국 아니면 시래기국 아니면 뭐 무가 싸니까. 뭇국.
질문) 그럼 김치로는 국 안 끓여 먹어요?
답변) 김칫국 있어요. 그냥 김칫국이라고 하는 거는 우리는 김치 국거리로 그냥 이렇게 좀 작게 두고 물은 좀 많고.

(평안남도 출신 여 1971년생)

일단 아침은 입쌀 한 70% 섞인 밥에다가 옥수수 한 30% 섞인 밥을 이렇게 해서. 그리고 국은 좀 그때그때 좀 다르다고 보면 될 거 같고요. 계절마다 좀 다를 거 같고. 그 다음에 겨울에는 김치 그리고 여름에는 그때그때 나오는 야채로 이렇게 반찬 해서 먹었던 거 같고. 아침하고 점심은 일단 밥이 같아요. 그리고 아침을 해놓으면 점심밥까지 보통 다 같이 해놓거든요.

(함경남도 출신 남 1994년생)

3. 김치의 지역적 특색

남한의 밥상에서도 김치를 빼놓을 수 없지만, 북한의 밥상에서 김치가 차지하는 비중은 더 크며 겨울이 긴 북한에서 김장은 가정의 큰 행사로 “반년 양식”을 장만하는 일이다.

왜냐하면, 새로운 풀이 나오는 봄까지 먹어야 할 양식이라는 의미에요. 다른 채소는 그렇게 많지 않고 김치가 막 주식처럼 먹을 때, 주식이라기보다 이제 김치밥도 해 먹고 김치가 굉장히 중요하다는 말이에요. 국도 끓여먹고 반찬도 해 먹고 그렇잖아요. (함경북도 출신 여 1965년생)

질문) (김장을) 한 톤(1톤)씩은 하는 거지요?
답변) 네. 한 톤씩은 하는데 그걸 다 김치를 못 해요. 양념이 안 되잖아요. 그러니까 그저 양념할 만치 돈 될 만치 빨간 양념을 하고 그 다음에 다 절궈요.
질문) 아. 백김치로요?
답변) 백김치로 그저 소금에다 절궈서 이제 봄에서부터는 그 절군 거를 이렇게 씻어서 양념 있으며 양념으로 이렇게 좀 버무려서 절근 거를 먹어요...... 냉장고 없으니까 다 그저 소금에다 다 절궈야만이. 절구면 변하지 않잖아요. 그렇게 해서 여름까지 가는 거에요.

(함경북도 출신 여 1966년생)

위의 면담 내용처럼 김장을 1톤까지 하지 않더라도 최소한 몇 백 킬로그램 정도 하는 것이 일반적이며 이를 위해 따로 휴가를 2-3일 받아 온 집안이 같이 김치를 담근다. 북한의 공식 매체에서도 가을철이면 김치를 맛있게 담그는 법에 대해 김칫독, 김치소, 젓갈 등까지 자세하게 소개하기도 하며 김장철 풍경을 스케치한 기사를 내기도 한다.

> 김치는 새 독을 헐 때마다 새로운 맛이 난다. 너무 큰 독에 한 독 해 넣기보다 작은 독 두 둑에 채워 담그면 더 맛있게 먹을 수 있다. 또 독은 큰데 김치감이 작아도 김치 맛이 나쁘다...... 배추 통김치 소에는 고운 것이 좋고 깍두기에는 조금 굵은 고추 가루가 났다(낫다)...... 젓갈은 두 가지 정도 준비하는 것이 좋다. 식성에 따라 다르지만 먼저 먹을 김치에는 비교적 진한 맛이 나는 김치, 꼴뚜기, 멸치젓 등이 좋지만 늦게 먹을 김치나 국물을 많이 붓고 시원한 맛으로 먹을 김치에는 새우젓(백하젓), 조기젓 등이 좋다.[10)]

> 김치와 관련한 우리 인민의 고상한 미풍량속에 대한 이야기도 있다. 예로부터 우리 인민들속에서는 겨울김치를 담글 때면 이웃들과 친척들이 한데 모여 배추를 절구고 씻는 것으로부터 양념소를 만들고 독에 날라다 넣으며 김치움을 파는 것에 이르기까지 서로 돕는 미풍이 있었다......《우리 집 김치도 미연이 엄마가 와 담그었는데 뭘 또 이렇게 들고오나?》 리덕실 영예군인(상이군인)의 말이었다. 알고보니 한숙녀성은 해마다 김장철이면 영예군인가정의 김장을 도맡아해주곤 하였다. 그의 딸 미연이가 가져온 고구마며 콩나물찬도 밥상우에 올려놓았다. 민족의 향기가 풍기는 소박한 음식상이었다.[11)]

김치를 담그는 방식은 지역에 따라 다소 차이가 난다. 『민족음식과 식생활』은 김장이 가정이 치르는 행사 가운데 일 년 중 가장 큰 일이라고 하며, 남한을 포함해 한반도에서 지역별로 특색

10) "김장 준비를 잘 하자면," 『조선녀성』, 1965년 9월, p.126
11) 오은별, "즐겁고 이채로운 김장철풍경," 『로동신문』 2015년 11월 26일, 5면.

있는 김장김치가 많다고 소개한다. "평안도지방에서는 백김치, 동치미가 유명하"며, 함경도지방에서는 갓김치, 영채김치가 특색있"으며, "황해도지방김치에서는 고수김치가 손꼽히였다"[12)]

면담에서도 다른 몇몇 음식과 함께 김치의 지역적 특색이 강조되었다.

> 평양시 음식은 함경도보다는 고춧가루를 덜 쓰는 편이에요. 함경도가 너무 고춧가루 많이 쓰는 편이고. 량강도, 함경남북도가 고춧가루를 좀 많이 써요. 아주 좀 맵게 먹는 편이에요. 그리고 평안남북도가 거기도 고춧가루 좀 허옇게. 김치 담가도 허옇게 담가서 함경도 사람들 비웃어요. 왜 저렇게 허옇게 담그냐고 이렇게.
>
> (함경남도 출신 여 1970년생)

> 질문) 평양에 있을 때랑 황해남도 있을 때랑 김치 맛이 달랐나요?
>
> 답변) 다르지요. 왜냐하면 다를 수밖에 없어요. 평양에서는 기본적으로 명태를 많이 넣었어요.
>
> 질문) 명태를 넣어요?
>
> 답변) 예. 그러니까 김치 할 때 생태 공급도 같이 해요. 수산물 공급도 같이 하기 때문에 김장에 맞춰서 생선 공급을 같이 해요. 그러다보니까 명태를 사다가 그거를 김치할 때 양념에 버무릴 때 넣어요. 생태를 이렇게 포 떠가지고 같이 버무려서. 근데 이제 황해도로 이사를 오니까 거기는 명태가 귀해요.
>
> (황해남도 출신 1967년생 여)

뒤의 면담에서 나오지만, 김치에 명태를 넣는 것은 함경도 지방의 전통인데, 평양시는 공급이 그런대로 괜찮아서 명태를 쓰기도 하지만, 그 이외 평안도, 황해도 지역은 새우젓(백하)를 많이 넣는다. 그런데 김치에 대해서는 북한 내 지역적 차이보다는 남한과의 차이가 더 크며 평안도 김치가 남한 김치 보다 낫다는 이야기가 많았다.

---

12) 사회과학출판사, 2006, 『민족음식과 식생활』, pp.153-155.

우리는 여기[중국] 와서 솔직히 나 식당 한번 일 해봤어요. 한국 분이 운영하는 식당이라고 누가 소개해서 한두 달 일 해봤는데 나보고 김치 하라 그러더라고요. 그래서 내가 맨 처음에 북한식으로 한 거예요. 사장님이 막 깜짝 놀라더라고요. [왜요?] 너무 맑으니까 너무 허여니까. (저는) 한국 김치 한 번도 못 봤잖아요. (그렇지만) 숙성되니까 그 김치가 사장님이 입을 딱 벌리는 거예요. 그래서 계속 했지요. 근데 김치라는 게 솔직히 담백한 맛에 먹고 하는데 (한국에서는) 온통 끝에까지 그저 고춧가루 물을 칠해 놓는 거예요.

(평안북도 출신 화교 1962년생 여)

내가 이제 이 한반도 함경북도, 함경남도, 평안남북도....경기도, 전라도, 경상도, 강원도, 이렇게 다 돌아본 사람인데..... 제일 잘 하는 데가 평안도에요. 평안도가 김치를 제일 잘 해요. 근데 그 비결이 어디에 있는가. 여기는 배추를 절이잖아. 배추김치. 평안도 가게 되면 꼭 무 한 벌에 배추 한 벌 이렇게 그러니까 쩡 해요. 먹으면 사이다 맛이나. 그렇게 잘 하고 그 다음에 우리 함경북도에서는 옛날에는 명태 같은 거를 김치에 많이 넣었어. 그리고 평안남도 이쪽으로 나오니까 새우젓을 많이 넣더라고, 새우젓을.

(함경북도 출신 1937년생 남)

남한과 마찬가지로 자신의 출신 지역 음식을 자랑하지만 김치의 경우에는 평안도 김치가 북한 내의 다른 지역보다 나을 뿐더러 남한에 비해서 높은 수준이라는 것이 많은 북한이탈주민의 이야기였다. 여기서 김치를 담글 때 고수를 넣기도 한다는 점이 특이하다.

Ⅲ. 반찬, 특별한 음식, 남성과 여성

1. 반찬

밥을 기본 주식으로 국과 김치를 기본 부식으로 하여, 철에 따라 나물이나 야채, 채소로 만든 반찬이 식탁에 올라온다는 점에서 북한 일상음식의 체계는 남한과 동일하다. 그렇다면 북한의 밥상에 올라오는 반찬은 남한과 같을까, 다를까. 김정숙은 재일교포이면서 일본 조선대학교 생활과학과 영양학 교수로 재직중이다. 김정숙은 2년에 한 번씩 학생들과 함께 북한을 찾아 유명 요리사들로부터 조리 교육을 받기도 하고 종종 북한에 살고 있는 언니와 일가친척을 방문해 맛보고 만들어 본 음식과 만난 사람들에 대한 기록을 『밥상 아리랑』이라는 책으로 남겼다.[13] 일본 음식을 일상적으로 접하는 입장에서, 북한에서 관찰하고 경험한 반찬에 대한 세밀하고 정겨운 기록은 북한의 반찬이 남한과 다르지 않음을 보여준다.

남한과 마찬가지로 북한에서도 깻잎은 흔한 식재료이다. 김정숙은 학생들과 평양호텔에 묵었을 때 된장에 절인 깻잎이 나왔는데, 학생들이 탄성을 지르며 순식간에 먹어 치웠다고 한다(평양호텔은 재일교포와 외국인 방문객이 많이 묵는 숙소로 이 호텔의 아리랑식당은 재일교포가 운영하고 있다). 그 뒤 생 깻잎을 가이드로부터 받아, 평양기초식품공장에서 나온 간장과 호텔에서 얻은 조미료와 양념으로 무쳐 깻잎절임을 만들었다. 조선대학교 학생들은 모두 이 깻잎절임을 맛있게 먹었지만, 북한 사람이 만든 깻잎절임과 다시 비교해 보니 아무래도 맛의 차이가 났다는 것이다.

김정숙이 북한에서 경험한 정겨운 음식의 또다른 사례가 쌈이다. 쌈은 전통 사회에서 농사일을 하면서도 간단하게 먹을 수 있기에 보리밥과 고추장, 된장을 함께 상추에 싸서 먹곤 했던 음식이다. 고려시대에 원나라로 끌려갔던 궁녀들이 상추쌈을 해 먹으면서 쌈 문화가 원나라에 전파되었다고 한다. 남한과 마찬가지로 재일교포 사이에서도 부모가 자식에게 또는 연인이 서로에게 입

13) 김정숙(차은정 역), 2020,『밥상 아리랑』, 서울: 빨간소금.

에 넣어주는 음식이 쌈이다. 그런데 북한에서는 처음 보는 사이에서도 쌈을 싸서 서로 입에 넣어주는 것이 전혀 어색하지 않다고 한다. 상추나 깻잎, 양배추에 고기나 생선을 싸서 먹는 풍경은 남북한 사이에 차이가 없어 보인다.

흔하면서도 맛있게 만들기 어려운 음식이 명태양념찜, 청포묵, 두릅나물 무침이다. 『밥상 아리랑』에서 묘사된 조리법은 남한과 다를 바 없다. 명태양념찜은 생태의 내장을 바르고 칼집을 비스듬하게 다섯 군데 낸 뒤 소금과 후추, 마늘, 파를 집어넣는다. 다음으로는 잘게 썬 파, 마늘, 간장, 고추장, 참기름, 후추들을 적당히 넣고 섞은 뒤 익은 명태 위에 얹고 바른다. 두릅을 무치는 방법은 여러 가지 있겠지만 이 책에서는 설탕과 식초를 절대 사용하지 않으며, 두릅을 소금물에 살짝 데친 뒤 바로 차가운 물에 담가 행구고 마늘과 고추장으로 버무리는 것이 북한의 표준화된 방식이라고 한다. 또 북한 요리사는 청포묵을 만든 뒤 소고기를 그 위에 얹는다고 가르쳤지만, 북에서 건너온 이들은 면담 과정에서 북한에서는 소고기가 귀한 음식이어서 그런 식으로 먹어 본 적이 없다고들 했다.

2. 고기와 생선

고기는 북한에서 흔하게 사용할 수 있는 식자재는 아니다. 1990년대 초부터 북한의 경제난이 극심해지고 공급체계가 마비되자 고기를 자주 밥상에 올리는 가정은 많지 않다. 물론 장마당 경제가 활성화된 뒤, 여유 있는 계층에게는 고기를 먹을 기회가 전보다 더 많아진 것도 사실이다. 특히 북한에서 소는 농사짓는데 없어서는 안 될 가축이기 때문에, 남한에 와서야 처음 먹어보았다는 이들이 많았다. 그래도 집에서 직접 돼지나 토끼, 닭, 개를 키우거나 장마당에서 구입해 조리한 경험은 흔하다.

질문) 84년까지는 평양에 사셨잖아요? 그때 아파트에서 닭 키웠어요?

답변) 예. 닭 키우는 거 간혹 있더라고요. 간혹 있었고 돼지는 말썽이 많아서 못 키웠는데 80년대 말 90년대 들어서면서 돼지 많이 키운다고 그러더만, 베란다에서.

질문) 토끼도 키웠어요?

답변) 토끼도 저 화장실에서 키우지요. 베란다에서도 키우고. 근데 그게 사료가 있어야 되는데 닭 같은 거는. 닭은 풀만 먹고 안 되지 않습니까. 그러니까 토끼는 풀만 먹여도 되는데 그래 닭 기르기 좀 힘들지요.

(함경북도 출신 1942년생 남)

북한 사람들이 돈 주고 사 먹지 않고 접할 수 있는 고기는 개고기. 집집마다 개 기르잖아요. 개는 집집마다 다 기르기 때문에 내가 고기 먹고 싶을 때 개 한 마리 잡아가지고 먹을 수 있잖아요. 일상적으로 제일 많이 먹는 게 개고기고, 그 다음에 토끼를 많이 먹어요.

(황해남도 출신 1967년생 여)

돼지를 잡거나 장마당에서 돼지 내장을 구입해 집에서 순대를 만드는 경우도 많고, 요즈음에는 장마당에서 순대를 직접 구입하기도 한다. 남한에 와서 순대를 먹어 보았지만, 북한 순대와는 다른 음식이며 맛이 없다고도 했다.

질문) 돼지는 좀 종종 잡나 봐요?

답변) 돼지는 기본 기업소에서 명절 때 되면 잡아요.

질문) 인민반 내에서 잡는 경우도 있나요?

답변) 인민반에서는 안 잡아요. 그래갖고 그 저기 전문 돼지고기 파는 데 거기 가면 고기 파는 데가 있으니까.

질문) 아, 그러면 그 순대는 집에서 만들고요?

답변) 순대는 그 가내반에서 만들어 내다 파는 것도 있고 어떤 잘하는 집은 그 순대를 밸을 사다가 집에서 피까지 순대 사면 피까지 주니까 그래 가지고 자작 집에서 만들고.

(황해남도 출신 화교 1950년생 남)

반면 도루묵이나 동태 같은 생선은 지역에 따라 또 시기에 따라 흔했다고도 하고 비쌌다고도 하는 등 기억이 엇갈린다. 이는 배급제가 원활하게 작동할 때와 그렇지 못할 때, 그리고 북한의 물자수송이 잘 되는가 여부에 따른 것으로 보인다.

암튼 생태가 비싸요. 돼지고기의 3배, 4배로 비쌌거든요. 우리 평안도 이쪽은 비쌌어요. 함북도는 똥값이겠지만, 우리는 비쌌어요, 평성 이쪽에는. 근데 그거 귀한 수산물이 생기면 저희 아버지가 생각이 나더라고요.
(평안남도 출신 1969년생 여)

질문) 주로 어떤 생선이 많았어요, 그럴 때?
답변) 예. 청어 기본적으로 많이 나오고요. 그리고 이제 그 철 따라 도루묵이 철 때는 그 도루묵이 나오고 이제 동태 뭐.
질문) 여긴 서해니까 좀 먼데요.
답변) 뭐 동해안, 서해안 할 것 없이 우리 바닷가에 그거는 100프로 장수꾼들이 다 달아 오니까 막 차로 날라 오니까 그거는 상관없어요. 뭐 있을 것 다 있어요.

(평안남도 출신 1971년생 여)

질문) 그 이외에 량강도에 생선은 없나요?
답변) 생선은 있어요. 절임 아니면 냉동이 올라오죠.
답변) 90년대 초인가 80년대 말인가, 동태가 공급으로 나왔어요. 식료품상점에서 몇 마리 공급했는데, 정확하게 기억나지 않아요. 한창 잡힐 때는, 동태는 자주 받았어요. 동태는 귀한 생선이 아니고, 늘 먹는 것이에요.

(량강도 출신 1976년생 여)

3. 남성과 여성

북한에서 음식의 조리는 여성이 전담하는 것으로 되어 있으며 여성이 상을 차릴 때에는 윗사람에게 먼저 밥과 국을 담는 것이 예의이다.

세상에 자랑할 만 한 우리 민족음식의 발전에는 조선녀성들의 지혜와 슬기가 그대로 반영되어 있다(p.50)...... 우리 나라에서는 예나 지금이나 음식조리를 잘 하는 것을 녀성들의 인품을 평가하는 중요한 기준의 하나로 여겨오고 있다(p.53)...... 우리 인민들은 음식을 차릴 때에도 례절을 지키는데 항상 관심을 돌리였다. 우선 음식을 담을 때 귀가 떨어지거나 허물이 있는 그릇에는 담지 않도록 주의하였다. 그리고 할아버지, 할머니를 비롯한 시부모들을 모시고있는 가정들에서 며느리들은 밥을 푸거나 국을 뜨고 반찬을 담을 때 먼저 웃어른들의 것부터 담았다(p.56)[14]

질문) 이렇게 집에서 음식 만드는 거는 여자가 주로 하나요?
답변) 네. 조선에서는 다 여자가 해요.
질문) 중국에서는요?
답변) 중국에 남자들이 다 하지
질문) 그럼 조선에 계실 때는 사모님이 하셨겠네요?
답변) 네. 여자가 많이 해요.
질문) 근데 인제 순대를 한다거나 이렇게 큰 거 뭐 돼지를 잡는다거나 이런 건 좀 여자 혼자하기 힘들잖아요?
답변) 그래도 다 여자가 해요 순대 그때.
질문) 순대도 다 여자 혼자 만들어요? 남자는 전혀 아무것도 안 해요?
답변) 네. 남자들은 그저 누워서 테레비나 보고. 나는 같이 직장에 나가는 것도 그래요 남자가 먼저 퇴근했으면 사실은 집에 와서 밥 먼저 해야 되는데야. 텔레비 틀어 놓고 텔레비 보고 색시 올 때까지 기다린다 그래.

(황해남도 출신 화교 1950년 생 남)

질문) 설날 음식은 남자들도 같이 하나요? 아니면 여자들만 일찍 일어나서?
답변) 아니오. 북한에서는 남자가 주방에 서면 진짜 몰상식하게 보기 싫다 해가지고 남자들은 물걸레 한번 안 쥐어요...... 여자들이 다 해놓은 다음에 일어나서 자기네 술안주 할 숯불이나 살리고 그저 그거에요. 좀 사는 집에서는 고기 같은 거 헛간 가서 잘라오라 하면 그거 잘라다 주고 닭 잡을 것 있으면 닭 잡아다 주고 뭐 이런 식으로.

(평양출신 1980년 생 여)

그렇지만 최근에는 직장에서 제대로 월급이 나오지 않고 장사를 생계수단으로 삼는 가정이 늘면서,[15] 직장에 매여 있는 남성보다 도소매업 등으로 가계를 실질적으로 책임지는 여성의 발언권이 세어졌다고 한다.

Ⅳ. 북한의 명절 음식: 설날과 추석

설날의 대표적인 음식은 남북한 모두 떡국이다.

> 위대한 령도자 김정일 동지께서는 다음과 같이 지적하시였다. 《떡국은 우리 민족의 고유한 음식입니다. 예로부터 우리 나라 사람들은 음력설명절에 떡을 해서 먹고 남은 떡을 가지고 겨울에 얼구어두었다가 그것을 가지고 떡국을 해 먹었습니다.》 떡국은 설음식 가운데서 가장 기본적이고도 상징적인 민족음식이였다...... 떡국은 설명절이면 누구나 먹는 것이 풍습으로 되어있은데로부터 지난 시기 어느 가정에서나 떡국만은 반드시 마련하였으며 떡을 좋아하지 않는 사람도 이날만은 떡국 한그릇정도는 먹는것으로 되어있었다.[16]

북한의 대중매체의 기사도 이와 유사하다.

> 예로부터 우리 인민은 떡국을 설 명절에 많이 만들어 먹었다. 해마다 떡국을 한 그릇씩 먹는데 따라 나이도 한 살씩 늘어난다는 뜻에서 지난 시기 어른들은 흔히 아이들의 나이를 물을 때 떡국을 몇 그릇째 먹었느냐고 묻곤 하였다.[17]

---

14) 사회과학출판사, 2006, 『민족음식과 식생활』.
15) 조정아·최은영, 2017, 『평양과 혜산, 두 도시 이야기: 북한 주민의 삶의 공간』, 통일연구원, pp.67-68.
16) 사회과학출판사, 2006, 『민족음식과 식생활』, pp.101-102.
17) "특색있는 설 음식 몇가지, 『조선녀성』 2016년 2월, 54면.

하지만 1966년 『로동신문』은 설날 풍습에 대한 기사에서 "평남 지방을 제외하고는 떡국이 일반적이었고 관서(특히 평양) 지방에는 만둣국이 유명하였고 서울을 중심으로 이남 지방에는 약밥과 수정과가 이름 높았다"[18]고 적고 있다. 이러한 서술을 종합해보면 설날에는 떡국을 먹는다는 관념이 존재했으나 실제로는 지역적 차이보다 개별적 차이가 더 큰 것으로 여겨진다.[19]

> 명절만큼은 70년대 전후 황해도의 기억은 좋죠. 오빠하고 스케이트 놀이도 하고.
> (황해도에서 설날 음식은 어땠나요?)
> 찰떡하고 고깃국과 만두 만드는 것. 고기 덩어리 통째로 끓여서 국물을 만들고 덩어리를 나중에 썰어서 양념을 따로 해요. 편육을 해서 먹었죠.
>
> (평양 출신 1956년생 여)

비슷한 시기 황해도에서 설을 쉰 이는 이와는 다른 기억을 가지고 있다.

> 질문) 네. 그러면 황해남도에는 사람들이 새해에 떡국을 먹었나요?
> 답변) 아, 그럼 떡 명절 때는 다 떡 먹지요.
> 질문) 다 떡국 먹었어요?
> 답변) 네.
> 질문) 그러면 화교도 역시 떡국은?
> 답변) 화교들도 다 따라 먹으니까 그 명절 때는.
>
> (황해남도 출신 화교 1950년생 남)

18) "설날에 대한 이야기." 『로동신문』 1966년 1월 1일 6면.
19) 전통적인 설날 음식으로 영호남 지방은 떡국, 중부 지방은 떡만둣국, 이북 지역은 만둣국이나 떡만둣국이라는 것이 민속학계와 인류학계의 통설이다.

다른 지역 출신자들의 발언도 서로 엇갈린다.

> 저희는 떡국을 안 먹었어요. 지방마다 다른데, 저희는 국이 돼지고기 국이었어요. 돼지고기와 두부를 넣고 국을 끓여 주셨어요...... 저희는 절을 안 했어요. 새해 축하합니다라고 어른들에게 인사하면서 집에 들어가서 가지고 간 술을 따라 드리면서 새해에도 건강하시라고 말을 했어요.
>
> (강원도 출신 1992년생 여)
>
> 떡국은 설날에 무조건 먹어요...... 여기는 떡국을 다 해서 하지만 우리는 입쌀을 가지고 방앗간 집에서 만들어서 가지고 오고.
>
> (함경북도 출신 1964년생 여)

북한의 여러 문헌에서는 명절음식을 다양하게 소개하고 있지만, 공급이 원활했던 시기, 고난의 행군 시기, 장마당이 활성화된 시기등 시기에 따라 그리고 가정형편에 따라 차이가 난다. 아래는 1980년대 평양의 합숙소에서 설날을 보낸 경험이다.

> 음식 같은 경우, 사탕 조금, 삶은 계란 조금, 그리고 명절 음식으로 한 그릇 가득 나왔죠. 그만한 음식이 없어요. 아침 식사 시간에 식당에 가면, 정말 그때 상차림은 집에서 그렇게 못 할 정도로, 고깃국, 이밥, 반찬, 염장 몇 조각이 아니거 튀김, 고사리, 콩나물, 만두 등으로 가득했어요. 떡도 있고 송편과 절편이 있고, 그렇게 이틀을 기름지게 먹었어요
>
> (평양 출신 1956년생 여)

2000년대 농촌에서 설을 쇤 경험은 위와는 다르고 가정형편이 괜찮은 이의 경험도 다르지만, 아래의 면담들을 통해 북한의 설날 음식 풍경은 어느 정도 그려질 것으로 생각된다.

질문) 설날 때 특별한 음식이 있다면 떡인가요?
답변) 떡에다 이밥에다가 돼지고기, 이게 최상의 명절이지요.
질문) 돼지고기는 어떻게?
답변) 돼지고기는 뭐 1kg면......
질문) 어떤 식으로, 삶아서 먹어요?
답변) 삶아서 양적으로 많이 먹죠. 돼지고기 국을 해 먹고. 왜 그러냐면, 돼지고기가 비싸거든요. 강냉이 10kg는 한 집 식구가 얼마나 오래 먹어요. 그런데 돼지고기는 1kg을 산단 말이에요. 그래서 1kg을 볶아 먹으면 성이 안 차니 국 끓여 먹어요. 명절날에 삶아서, 양념 버무려서 그렇게 해서 도시락. 이렇게 기업소 별로 모여서 먹을 때도 있거든요. 근데 여기서 저렇게 볶자면 한 사람밖에 못 먹거든요. 그러니까 그것도 비싸니까 그렇게 섞어서 이팝에다 고깃국을 끓여서 국물에다 한 사람이 서너 점 씩, 이렇게 하면 그걸 다 명절 쇘다, 평상시 그렇게는 못 먹잖아요. 명절 쇘다 하는 거예요.

(함경북도 출신 1966년생 여)

답변) 여기 오니까 설이 설 같지 않아요. 우리 북한은 되게 크게 쇠요. 설이라 하면 그 전전날부터 뭐 떡을 하고 고기 같을 것 있으면 고기, 개라든가 돼지라든가.
질문) 개도 잡나요?
답변) 네, 개 잡아요. 우리 외갓집은 시골이었어요. 개를 잡아가지고 헛간이라고 있는데 개를 매달아놓고서 그렇게 해서 설 전날부터. 설을 진짜 크게 쇠었어요.... (설날) 아침에 일어나서 만두를 빚어요. 아침에 금방 만두를 빚어서 만두에다 고깃국, 돼지고기 넣고 끓이다가 거기다 만두를 넣고 끓여 먹고. 설날에 기본 마른 나물들, 말렸던 산나물을 해가지고 음식을 하는데. 설날에 설기떡을 많이 해 먹어요. 시루떡이라고도 하지요.
질문) 그런데 아침에 만두 만들면 떡은 물론 전에 만드나요?
답변) 이 떡은 그날 아침에 딱 해요. 준비 작업을 다 해놨다가. 떡이 굳으면 맛이 없어요. 그렇게 하고 찌면 이렇게 서로서로 다 붙기 때문에. 그래서 이걸 아침에 해서 금방 따끈할 때 먹어야지.

(평양 출신 1980년생 여)

오늘날 북한에서 추석은 설 못지않게 중요한 민속명절이다. 하지만 북한 정권 수립 이래 한동안 추석 성묘는 조상숭배의 봉건 유습이라 하여 억눌러왔다가 1960년대 말 이래 자유화했고 1988년 휴식일로 지정했다. 추석 성묘를 완전히 금지한 적은 없기 때문에 휴식절이 아니었던 시기에도 직장이 문을 닫는 경우가 많았고 비공식적으로 매년 성묘를 다니는 것이 일반적이었다. 김일성의 회고록에도 일제 강점기 자신을 대신해 김일성 부모의 묘를 관리하고 제를 지내준 이에 대한 고마움이 묘사되어 있다[20]. 김정일, 김정은 시대를 거치면서 민족문화전통을 복원하고 계승하자는 기조가 강화되면서 이제 추석의 공식명칭은 한가위가 되었다. 이러한 국가 정책의 변화, 장마당 이후 사회 계층의 분화, 지역별 차이로 추석을 쇠는 풍습은 가정에 따라 다소 차이가 난다.

> 추석도 저희들이 다 모여서 쇴거든요. 추석 때는 일단 음식 할 수 있는 걸 다 가지고 저희 집에 모여서. 저희 집이 산소 올라가는 길로 가까우니 다 모였어요. 산소가 따로 있어요. 이렇게 가면 그 때는 일 년에 한 번씩 8촌들도 볼 수 있고, 8촌도 친척이네 이러면서. 80년대까지는 굉장히 성대하게 잘 쇴어요. 추석은 일 년 열두 달 중에서도 제일 잘 쇠는 명절이었거든요.
> (산소 올라가면 무슨 음식 해갔는지 기억하세요?)
> 네. 두부전은 꼭 해갔고 지짐 해갔고, 그리고 가자미 구운 거, 꼭 임연수 구운 것도 있었고, 돼지고기, 계란 삶은 거, 그리고 그 해 난 과일, 포도 비롯해서 사과, 배 등 가을에 나는 모든 과일류는 다 올라 갔어요. 그리고 햇 쌀밥 올려 놓고, 놓을 수 있는 건 다 놨던 것 같아요.
> (지금이 주로 함경도에서 있던 것들의 기억이죠?)
> 네.
>
> (함경남도 출신 1969년생 여)

20) 김일성. 1992.『세기와 더불어』 2권. 조선로동당출판사. p.430.

아래와 같이 차례상 차리는 규칙을 분명하게 기억하며 준수하는 경우가 있지만, 그보다는 고사리를 올리면 안 되고 음식물에 머리카락이 들어가지 않도록 조심하며 여자가 먼저 맛을 보면 안 된다는 몇 가지 금기만 기억하는 경우가 더 많았다.

답변) 맏외삼촌 집에 모여가지고 오전 10시쯤에 산으로 출발을 해서 정각 12시에 제를 시작해요. 상을 놓는 거는 한국도 있을지 모르겠지만 북한에는 상을 놓는 규칙이 있어요. 홍동백서, 두동미서. 붉은 것은 동쪽에 하얀 것은 서쪽에. 머리는 동쪽에 꼬리는 서쪽에. 그런 식으로 놓아요.
질문) 음식은 주로 어떤 것이에요?
북한은 그런 상에는 무조건 떡을 놔요. 송편이나 절편이라고 하죠. 고기는 자르지 않고 통째로 삶아서.
질문) 어떤 고기인가요?
답변) 돼지고기. 돼지고기밖에 없으니까. 돼지고기를 놓고 과일은 무조건 놓고 수산물로 놓고 해서. 그리고 장마당에서 사탕이라 견과류나 이런 것들 좀 사서 가져오고, 전통 같아요. 그 정도가.

(량강도 출신 1986년생 남)

질문) 꼭 들어가야 되는 게 육고기, 물고기 그다음에 밥 있어야 되고?
답변) 네.
질문) 떡도 있어야 되나요?
답변) 네. 떡은 무조건 있어야 되고, 밤 같은 거는 그것도 들어가야 되지만 그 현실에 따라서 밤이랑 비싸잖아요. 우리 또 함경북도 같은 곳은 밤이 없는 고장이거든요.
질문) 아, 그래요?
답변) 앞에가 평북도나 밤이, 그러니까 밤 같은 거는 안 놔도 뭐 무방한데 무조건 놔야 된다는 게 물고기, 육고기, 떡 그 술 뭐 이거는 그저 무조건 다른 건 없어도 이것만은 무조건 상에 놔야 된다는 원칙이 있더라고.
질문) 그 인제 상에다가 뭐 육고기는 요기 뭐 이렇게 순서 놓는 방법?
답변) 나이 있는 분들 그 순서가 있더라고. 근데 뭐 어떤 집은 그 순서가 없이 그저 뭐 중심적으로 그저 그렇게 다 놓기도 하더라고.

(함경북도 출신 1966년생 여)

북한 문헌에서는 1980년대 중반까지만 해도 추석 성묘에 관한 내용이 그리 많지 않았다. 그러나 1986년 김정일이 우리민족제일주의를 주창한 이래 추석과 같은 민속명절에 관한 언급이 늘어났다.

> 가을철의 제일 큰 민속명절은 추석(한가위)이다. 추석은 우리 인민이 조상전래로 쇠여온 큰 명절이며 우리 민족의 고유한 풍습을 가장 많이 반영하고 있는 민속명절이기도 하다. 위대한 령도자 김정일동지께서는 다음과 같이 지적하시였다. 《우리 인민의 우수한 민족적전통을 적극 살리고 계승발전시켜나가야 합니다.》...... 우리 인민은 추석에 음식도 특별히 잘 만들어 서로 나누어 먹었다. 추석의 명절음식에서 대표적인 것은 송편이다. 이밖에도 추석의 명절음식으로서는 설기떡, 노치, 밤단자 등이 있다.[21]

2003년 대중매체인 『조선녀성』도 김정일이 추석의 민속전통에 각별한 관심을 보였음을 먼저 밝히면서 "오늘날 우리 민족의 민속전통을 귀중히 여기시고 적극 장려하시는 위대한 령도자 김정일 동지의 현명한 령도에 의해 추석이라고 불리우던 명칭이 고유한 우리 말 한가위로 불리우게 되었다"는 기사를 실었다.[22] 이러한 명절에 빠질 수 없는 것이 술이다. 술은 장마당이나 상점에서 구입하기도 하며 집에서 직접 빚거나 잘 빚는 사람에게 구입한다. 그래서 성묘가 끝난 늦은 오후에는 산에서 술 취해 자는 경우도 종종 있다고 한다. 지금까지 살펴본 것처럼 설날과 추석과 같은 명절에 먹는 음식은 상업화, 표준화되어 있기보다는 개별적이며 지역에 따른 전통적 차이도 아직 많이 남아 있는 것으로 보인다.

---

21) "우리 인민의 전통적인 민속명절-추석," 『로동신문』, 2007년 9월 23일 4면.
22) 본사기자, "민속명절-한가위," 『조선녀성』 2003년 9월, 53면.

Ⅴ. 평양의 외식문화와 그 의미

북한 경제는 1980년대 중후반 이후에는 국가적 차원에서 수요와 공급을 일치시켜 할당하는 계획경제의 문제가 심각하게 드러났고, 1990년대 초반 이후에는 배급 제도가 마비되었고 공장과 기업소가 자재를 제대로 공급받지 못하는 일이 흔해졌다. 이러한 경제 위기에 직면해 북한은 국가 지정 무역기관 외에 정부 부처, 기관, 군부대, 도 인민위원회, 공장·기업소가 대외무역을 할 수 있도록 허용해주는 한편, 장마당의 일부를 종합시장으로 인정해 공식화하고, 각급 경제 단위에 자율성을 부여하며 물질적 인센티브를 부여했다.[23] 북한이 계획경제를 보완하는 시장화를 대대적으로 도입한 결과, 계층 사이의 경제적 격차가 확대되었고 식당 자체가 상업화되는 변화가 생겨났다.

2000년대 이후 평양을 비롯해 많은 도시에 출현한 합의제 식당이나 전부터 존재했던 국영식당의 성격 변화는 이러한 시장화의 일부이자 결과이다. 합의제 식당이란 장사나 대외무역으로 돈을 번 '돈주'가 식자재를 원활하게 공급받지 못하는 식당의 명의를 빌려 투자하고 이윤을 분배하는 방식으로 운영되는 식당이다. 또 예전에는 일반인의 출입이 힘들었던 몇몇 식당도 외화만 있으면 식사와 숙박이 가능하게 되었고, 가구별로 공급된 배급표가 있어야 출입하던 식당에서도 표를 구입하거나 웃돈을 얹으면 특별한 대우를 받을 수 있다. 물론 외식은 시장화의 혜택을 받거나 권력을 쥔 이들과 그 주변에 해당되는 새로운 문화인 반면, 그 이전 시기보다 식당가기 더 힘들어진 이들이 많다.

평양 음식문화의 새로운 풍경 가운데 하나는 음식 배달의 보편

23) 국립통일교육원, 2021, 『북한이해』, pp.183-191.

화이다. 전화만 하면 시간에 관계없이 국이나 반찬 같은 일상 음식뿐 아니라 명절 음식, 생일 음식, 그리고 햄버거스테이크, 고로케, 돈까스, 김밥, 회, 만두 같은 다양한 음식을 배달받을 수 있다. 그 이외에 겨와 돌을 걸러낸 특상품의 쌀, 식자재, 과일의 배달과 대행이 성행중이다.[24] 이와 함께 거리나 유원지의 매대에서 음료와 함께, 순대, 인조고기밥(콩으로 고기맛이 나게 만든 음식), 두부밥(두부를 잘라서 안을 파고 기름에 튀겨 밥을 볶아 넣든지 식초를 넣어 초밥 같은 방식으로 만든 음식), 찹쌀꽈배기 같은 간단하게 먹을 만한 음식을 팔기 시작했다.

피자와 고기겹빵(햄버거) 같은 서양음식, 커피와 콜라 같은 전에 없던 음료가 등장한 것도 2010년대 이후 변화 가운데 하나이다.

호텔에 갔는데 연회 끝난 다음에 내가 거기서 ㅇㅇ위원장 했거든요. 그러니깐 접대원이 오라고 해서 가니깐 주더라구요. 코카콜라인데 쪼꼬매요. 이거 뭐야 하니깐 이거 찰 때 먹어야지 맛있다는거야. 그래? 컵에다 그러면 자리서 먹자 탁 따서 가 절반 내 절반 쭉 해서 이거 완전히 신선.. 세상에 이런 맛도 있어? 그다음에 그거 딱 한번 먹었는데 그 생각이 계속 나는 거야. 그래서 그 친구 보고 전번에 먹었던 그 새까만 거 있잖아. 이름도 몰랐어요. 그거 콜라요? 콜라라는것만 알고 있었거든요. 그리고 두 번째 먹은 게 80년도인가? 평양체육관에서 44차 세계탁수선수권대회했어[1979년 평양에서 열린 35회 세계탁구선수권대회를 지칭하는 듯하다]. 그거 할 때 짜악 나갔는데 보니깐 코카콜라 상자가 쫙 나가는데 다른 거 안보이고 딱 그거만 보이더라구.

(평양 출신 1956년생 남)

24) 조정아·최은영, 2017, 『평양과 혜산, 두 도시 이야기: 북한 주민의 삶의 공간』, 통일연구원, p.52.

위의 피면담자는 매우 이른 시기 콜라를 맛본 경우이지만, 주민 대부분은 장마당이 활성화된 이후에야 콜라의 발상지가 미국이라는 것을 모른 채 "신세계죠. 아주 그냥 이게 왠 맛이냐"하며 즐기기 시작했다고 한다. 그러나 설탕을 타지 않은 커피는 젊은 층 일부에게 인기가 있을 뿐 다수에게 환영받는 음료는 아니다. 또 식당에서 먹다 남은 음식을 포장해 가는 관습은 북한에서는 드물다.

> 그런 건 아직 없어요. 포장 일부러 포장해서 집에 와서 먹는다? 배달을 해먹으면 해먹었지 배달은 해주잖아요. 이제는 포장 팩이 다 중국에서 넘어오기 때문에 포장이 제대로 한국처럼 되거든요. 일부러 식당 가서 포장. 이런 건 없어요. 이런 건 있죠. 내가 오늘 데이트해서 산에 놀러 가자 할 때에는 식당에서 싸가지고 가는 거죠. 그런 경우는 있죠. 일부러 와서 싸가지고 남은 거 싸가지고 간다. 이거는 우리가 추해 보이는 문화가 있어요. 우리가 내가 여기 와서 처음에 놀랐거든요. 제일 처음 왔을 때. 이젠 나도 싸는데 이젠 싸주세요 하지만. 처음에는 한국분하고 교수하고 같이 밥 먹는데 나머지 싹 싸달라고 그러더라구요. 속으로는 이 교수 꽤나 가난한가 보다. 이렇게 생각했어요.
>
> (평양 출신 1985년생 여)

평양시에 있는 식당들은 운영조직에 따라 등급이 매겨지고 서열이 있는데, 평양시 급양관리소 산하를 비롯해 많은 식당들은 합의제 방식으로 운영되지만 제도적으로는 부서별로 관리되고 있다. 이 가운데 서열상 가장 높은 위치에 있는 식당은 조선로동당 호텔관리국 산하로 당이 관리하는 농장에서 식자재를 공급받는다. 하지만 금수산의사당 산하 식당은 북한에서 가장 고급으로 여겨지는 식자재를 8호 농장(권력 핵심부의 직할 농장)들로부터 공급받기에 실질적으로는 더 좋은 식당으로 여겨진다. 건설건재공업성 같은 정부의 여러 부처도 산하에 식당을 두고 있는데, 이러한 식당들은 식자재 공급 등의 문제로 대부분 합의제로 운영된다고 한다.

[표 1] 식당의 등급과 체계

운영 조직	소속 식당	특징
당호텔관리국 산하 식당	릉나식당, 승리전골집, 은하수식당(고려호텔내 피자식당), 창광애국국수, 창광식당, 고려호텔 지하식당	- 예전에는 일반인의 출입이 어려웠으나 현재는 외화만 있으면 식사와 숙박이 가능하다. - 중앙당 목장, 중앙당 공급소에서 식자재를 공급받는다
대외봉사총국 산하 식당	옥류관, 평천각, 청천각, 선교각, 기타 호텔식당 등	- 황해북도 상원군에서 좋은 식자재를 공급받는다
의사당경리부 산하 식당	청류관, 경흥관	- 당 호텔관리국 산하 식당보다 급이 낮지만 더 좋은 식자재를 공급받는다.
평양시 급양관리소	직할식당인 칠성각 이외 평양시 구역식당들	- 식자재 공급이 원활하지 않아 모두 합의제로 운영된다
각 성 산하 식당	건설건재공업성, 국가건설감독성, 철도성 등 정부 부처 산하 식당	- 대부분 합의제로 운영된다

예전에 평양시민은 가구별로 한 해 또는 해를 걸러 몇 장씩 공급되었던 식당표로 옥류관이나 평양숭어국집 같은 식당에서 외식을 하곤 했지만, 지금은 많은 가구들이 식당표를 팔아 장마당에서 필요한 물품을 구입하곤 한다. 마찬가지로 경제적 여유가 있는 계층들은 식당표를 일종의 암표상으로부터 구입하거나 웃돈을 얹어 공식 식단에 없는 음식도 주문할 수 있다.

북한에서 평양을 비롯한 몇몇 대도시에서 식당의 종류와 숫자가 늘어나며 이를 이용하는 사람들이 증가하는 현상을 어떻게 보아야 할까. 역사인류학자 잭 구디(Jack Goody)는 동서양 문명의 발달사를 음식, 사랑, 문자의 측면에서 다루는 저서에서 프랑스의 사례를 들어 17세기 이래 외식문화의 발전이 남성이 여성의 취향을 존중하고 공간이 그 여성의 취향에 맞는 지 따져보는 문화를 도입하는 계기가 되었다고 서술한다. 르네상스 이전 시기까지 귀족과 평민은 음식의 질보다는 양에서 구별되었으며, 그 이후 신분 또는 사회계급에 따라 음식의 질에서 차이가 나기 시작했고 음식점은 다양한 종류의 음식과 조리법을 시범적으로 보여주는 통로가 되었다는 것이다.[25] 그렇다면 적어도 일부 계층에게는 개별적 취향에 따라 다양한 음식을 고르고 새로운 공공예절이 탄생하며 이를 다른 이와 공유하는 음식문화가 형성되는 계기일 수도 있겠다.

하지만 현재로서는 "고위층으로 태어났으면 거기서 그저 띵까띵까하면서 살았을 것"이라는 아래 면담자의 말처럼, 시장화·상업화와 사회계층의 격차 심화가 어떻게 진전되는지는 아직 지켜보아야 할 것 같다.

> 질문) 젊은 여자가 식당에 가서 남자랑 같이 술 마시는 거 사람들이 이상하게 보나요?
>
> 답변) 그게 어떻게 말할 수 있냐면 두 가지. 부러워하는 거하고, 결국은 부러움으로 시작했다가 마지막에는 그 여자는 밤새껏 그러고 앉아 있다가 사람들이 질투 절반 부러움 절반에다가 여기(남한)와 같아요.
>
> (평양 출신 1990년생 여)

25) 잭 구디, 2010, 『잭 구디의 역사인류학 강의』, 산책자, pp.198-212.

Ⅵ. 결론: “민족료리”의 (재)형성

지금까지 살펴본 것처럼, 북한 음식문화는 큰 틀에서 남한과 큰 차이가 나지 않으며, 남북 교류협력 사업에서 접근이 용이하며 체제의 상이성을 넘을 수 있는 좋은 주제가 될 수 있다. 하지만 이와 동시에 북한 정책의 시대적 변화와 체제의 차이, 경제적 어려움으로 인한 낯설음도 존재한다. 최근 북한에서는 평양과 지방 모두에서 합의제 식당이 증가하고 있으며 식당의 상업화와 음식의 계층화가 진행되면서 개인주의화가 두드러진다. 다른 한편에서는 2010년대 이후 비물질문화유산(무형문화)을 보존해야 할 민족문화의 일부로 강조하면서 여기에 음식문화를 포함시키는 것도 주목할 만하다.[26] 여기에는 고난의 행군을 거치면서 이완된 체제를 비물질문화를 통해 결속하고자 하는 의지와 함께 음식의 상업화·국제화를 노리는 실리추구의 측면이 있는 것으로 보인다.

북한은 1993년부터 김일성 생일인 4월 15일에 매년 ‘태양절료리축전’을 개최해 새로 개발한 ‘민족료리’를 선보이고 각 지역의 특산요리를 전국적으로 알리는 행사를 진행해왔다. 이 대회에 출품된 요리를 보면 “전통음식의 재현보다는 지역에서 생산되는 식재료를 활용해서 상품성을 높이는 방향으로 나아가고 있음을 알 수 있다.”[27] 2019년 ‘태양절료리축전“에 출품된 요리 가운데에는 밥 위에 닭고기와 나물을 얹어 비벼먹는 해주교반이나 낙지숙회 같은 고유의 음식도 있지만, 숭어구기자즙찜, 성천밤토끼고기보양찜, 귤즙친느타리버섯찜, 련어스빠게티, 치즈로스띠 같은 새로운

26) 권혁희. 2019. “북한의 비물질문화유산 정책의 변화와 특성.” 『통일정책연구』 제28권 1호.

27) 차은정. 2020. “북한의 민족음식: 김정은 시대의 ‘지방특산료리’를 중심으로.” 강정원 편, 『북한의 민속』, p.294.

음식도 속속 등장한다.[28)]

북한 음식문화 변화의 배경이 남한과 동일하지는 않지만, 북한에서도 전통이 고정된 과거로 보존의 대상인 것은 아니다. 북한이 비물질문화유산 보존 법령과 제도를 정비한 배경 가운데 하나는 유네스코(UNESCO)와 같은 국제기구의 기준에 맞추어 세계적 추세에 따라가기 위함이다. 2015년 제정된 민족유산보호법에서는 문화유산을 물질문화유산, 비물질문화유산, 자연유산으로 구분하고 비물질문화유산 내의 세부 범주로 유네스코의 기준에 맞추어 정비하였다. 그렇다면 세계적 추세, 세계적 기준이라는 틀과 민족 내부의 관계라는 내용으로 남과 북이 만날 수 있는 접근 가능한 주제 가운데 하나가 음식문화가 될 수 있을 것이다.

28) 차은정 위의 글, pp.292-293

참고문헌

1. 북한문헌

김일성, 1992, 『세기와 더불어』 2권, 평양: 조선로동당출판사.

『로동신문』, 1966년 1월 1일.

『로동신문』, 20076년 9월 23일.

『로동신문』, 2015년 11월 26일

사회과학출판사, 2006, 『우리 민족의 전통적인 생활문화와 풍습4: 민족 음식과 식생활』

『조선녀성』, 1965년 9월호.

『조선녀성』, 1997년 4월호.

『조선녀성』, 1999년 2월호.

『조선녀성』, 2000년 2월호.

『조선녀성』, 2003년 9월호.

『조선녀성』, 2016년 2월호.

『천리마』, 1980년 6월호

2. 국내문헌

권혁희. 2019, "북한의 비물질문화유산 정책의 변화와 특성," 『통일정책연구』 제 28권 1호.

국립통일교육원, 2021, 『북한이해』.

김광억, 1994, "음식의 생산과 문화의 소비: 총론," 『한국문화인류학 26호』.

김정숙(차은정 역), 2020, 『음식 아리랑』, 서울: 빨간소금.

잭 구디(김지혜 역), 2010, 『잭 구디의 역사인류학강의』, 서울: 산책자.

조정아·최은영, 2017, 『평양과 혜산, 두 도시 이야기: 북한 주민의 삶의 공간』, 통일연구원,

차은정, 2020, "북한의 민족음식: 김정은 시대의 '지방특산료리'를 중심으로," 강정원 편, 『북한의 민속』, 서울: 민속원.

한경구, 1994, "어떤 음식은 생각하기에 좋다; 김치와 한국민족성의 정수, 『한국문화인류학』26호.

통일부 통일연구원 교육개발과 엮음, 2016, 『북한지식사전』.

제 7장

북한음악의 이해

천 현 식 (국립남도국악원)

북한은 같은 뿌리의 민족, 국가이자 휴전 상태의 가장 가까운 이웃이다. 그런데 북한은 주로 특이함이 강조된다. 그것은 북한이라는 나라의 특이함과 함께 역사 속에서, 공간 속에서 불연속성을 강조하는 것이다. 따라서 불연속성과 함께 연속성, 공통의 관점이 더욱 진행되어야 이웃이자 통일을 지향해야 할 나라로서 북한은 우리에게 조금 더 현실의 존재이자 대화 가능한 대상이 되리라 생각한다. 또한 '미사일', '개성공단' 등의 정치-경제와 같이 서로의 이해관계가 날카롭게 얽힌 분야는 갈등이 주목받기 쉽다. 오히려 문화예술, 특히 대중적인 음악이 남북이 서로를 이해하고 교류하는데 더욱 효과적일 수 있다. 북한의 음악은 우리와 상관없는 나라의 음악이 아니라 오랫동안 함께 역사를 같이해온 바로 이웃의 음악이다. 남북한의 같은 점과 다른 점을 따져보면서 북한음악을 이해해 보자.

〈차례〉

Ⅰ. 음악의 기원과 역할
Ⅱ. 음악미학: 내용과 형식
Ⅲ. 남북한 음악의 비교
Ⅳ. 사회주의와 북한의 음악미학
Ⅴ. 북한음악의 특징
Ⅵ. 북한음악의 감상
Ⅶ. 맺음말

Ⅰ. 음악의 기원과 역할

1. 음악의 기원과 기능

북한음악도 결국 음악 일반의 특징을 갖고 있고, 일반 음악사의 맥락 속에서 이해될 수 있다. 그래서 먼저 음악 자체의 기원과 역할을 살펴봄으로써 북한음악의 일반적 특징과 보편성을 이해해 보고자 한다. 이를 바탕으로 북한음악의 개별적 특징과 특수성도 이해할 수 있다.

먼저 음악의 기원은 다음과 같이 5가지 정도로 가려볼 수 있다.

[표 1] 음악의 기원[1)]

가설	내용
성선택 가설	동물들의 소리와 같이 구애 신호로 시작
선전자(밈)	유전자(遺傳子, gene)와 달리 한 세대 내에서 횡적으로 전파되는 문화의 진화 단위 선전자(宣傳者, meme)
상호 털고르기	**언어와 같이 집단 구성원 간의 결속을 강화**
자장가 가설	아기를 달래기 위해 시작한 자장가에서 시작
치즈케이크 가설	다른 목적으로 진화한 두뇌 메커니즘의 우연한 부산물

음악의 기원은 위 표와 같이 크게 성선택 가설, 선전자(밈), 상호 털고르기, 자장가 가설, 치즈케이크 가설로 살펴볼 수 있다.

1) 최재천, 「다윈과 음악」, 최재천 외, 『21세기 다윈 혁명』(서울: 사이언스북스, 2009), 153-163쪽.

[그림 1] 음악의 기원에 따른 학자들

왼쪽부터 찰스 다윈·제프리 밀러(이상 성선택), 리처드 도킨스·대니얼 데닛(이상 선전자), 대니얼 레비틴(상호 털고르기), 스티븐 핑커(치즈케이크)

이 가운데 진화적 이점으로 구성원 간의 결속을 강화함으로써 음악이 생겨났다고 보는 '상호 털고르기'는[2] 음악의 기원을 얘기할 때 항상 등장하는 가설로서 매우 보편적이다. 이 가설은 특히 북한음악, 사회주의 음악을 이해하기 위해서 매우 쓸모 있는데, 북측의 음악은 이러한 가설의 시각에서 접근할 필요가 있다.

다음으로는 음악의 기능으로서, 다음과 같이 6가지 정도이다.

2) 대니얼 J. 레비틴 지음, 장호연 옮김, 『호모 무지쿠스, 문명의 사운드트랙을 찾아서: 뇌, 진화, 인간의 본성 그리고 여섯 가지 노래』(서울: 마티, 2009).

[표 2] 음악의 기능[3)]

우애	**대규모 협력 작업을 쉽게 함 - 교가, 국가**
기쁨	기쁨과 슬픔, 유쾌와 불쾌를 판단하고 표현
위로	음악을 통해 혼자가 아니라는 사실을 실감
지식	중요한 정보를 후세에 전달
종교	종교의식에 쓰임으로써 불안함을 채움
사랑	이성뿐 아니라 타인에 대한 사랑이 유대를 가능

위 표의 음악의 기능 '우애, 기쁨, 위로, 지식, 종교, 사랑' 6가지 가운데 가장 보편적이면서도 특히 북한음악에서 가장 중요시되는 것이 바로 '우애'이다. 이것은 글자 그대로 음악이 집단 내부의 우애를 다지는 기능을 한다는 것이다. 음악이 집단 내부에서 감정의 소통과 함께 일체감과 안정을 가져온다는 것이다. 이러한 기능을 적극 활용하고 있는 것이 바로 북한에서 말하는 '음악정치' 개념이라고 할 수 있다.

다음은 '우애'를 바탕으로 한 음악의 기능을 설명하고 있는 글이다.

> 인간의 역사를 보면, 움직임과 노래를 함께 함으로써 훨씬 더 효율적으로 집단의 작업을 해왔다. 만약 무거운 돌을 캐내고 끌어서 제자리에 올려놓을 수 있는 **근육을 리듬감 있게 조정하는 능력**이 없었다면 이집트의 피라미드나 다른 많은 유명한 기념물은 만들어질 수 없었을 것이다.(번역과 밑줄, 강조는 글쓴이)[4)]

3) 대니얼 J. 레비틴 지음, 장호연 옮김, 『호모 무지쿠스, 문명의 사운드트랙을 찾아서: 뇌, 진화, 인간의 본성 그리고 여섯 가지 노래』(서울: 마티, 2009).

4) William H. McNeill, *Keeping Together in Time: Dance and Drill in Human History*(Cambridge, Massachusetts: Harvard University Press, 1995), p. 4.

위 인용글은 유명 건축물을 예로 들어 설명하고 있다. 이를 북한에 적용 가능한데, 북한에서도 새로운 국가를 건설하기 위해서 '근육을 리듬감 있게 조정하는 능력'이 필요했다.[5] 그 능력, 즉 음악이 없었다면 육체적, 감성적 일체감을 바탕으로 하는 효과적인 국가건설은 가능하지 않았을 것이고, 그것을 가능하게 하려면 음악의 기능, 즉 '우애'에 주목했을 것이다. 이러한 음악의 기능을 북측에서는 노동생활과 연결하고 있고, 그에 그치지 않고 공통된 감정과 육체에 기반을 둔 '국가 만들기'까지 적용해 왔다.

2. 음악의 역할

'우애'의 기능을 하는 음악의 역할에 대해서는 동서양을 막론하고 옛날부터 중요하게 논의됐다. 소크라테스의 가르침을 정리한 플라톤의 『국가』와 조선 시대 궁중의 음악교과서 『악학궤범』(樂學軌範)에서 이미 음악의 교육적, 정치적 중요성에 대해서 언급하고 있다. 이는 동서고금을 막론하고 공동체가 하나가 된다는 것의 핵심인 '소통'의 중요한 수단으로 '음악'을 꼽고 있음을 보여준다.

또한, 음악은 타자를 이해하고, 타자와 소통하는 데 매우 효과적이고 손쉬운 도구이다. 이는 음악의 대중성 때문이다. 음악은 문학·연극·미술·무용·영화 그 어느 것보다도 대중성을 갖춘 장르로서, 사람은 태어나면서부터 죽을 때까지 언제 어디서나 음악을 즐긴다. 이는 오히려 소리에 기반을 둔 음악이 갖는 모호성 때문이다. 문자와 달리 불분명하면서 시각적, 공간적으로 상대적 제한을 받지 않는 무차별성 때문에 보편적이면서도 무한한 가능성을

5) 천현식, 「'피바다식 혁명가극'과 감정훈련」, 『현대북한연구』 13권 3호(북한대학원대학교, 2010), 208쪽.

보여준다. 이러한 무차별성은 감성과 이성의 결합으로 확장이 가능하다. 음악은 모호한 소리와 몸짓에 기반을 두면서도 명확한 말이나 문자와 결합할 수 있는데, 이것이 바로 '감성과 이성', '감정과 육체'의 결합을 추구할 수 있게 하는 힘이다.

다음 그림은 '소통'이라고 할 수 있는 정보전달 강화의 단계를 보여준다.

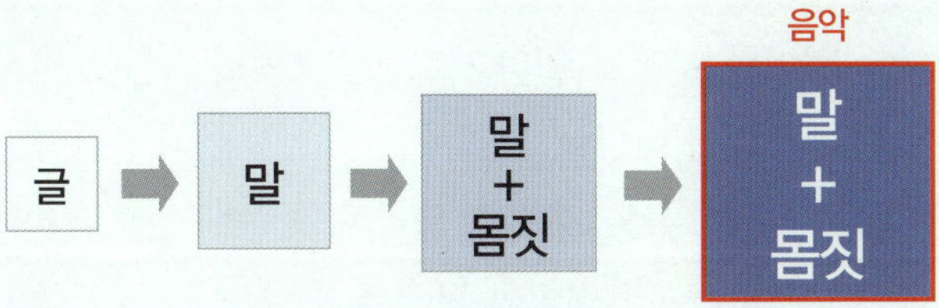

[그림 2] 정보전달(소통) 강화

위 그림과 같이 '정보전달'의 측면에서 보자면, 개별 소통수단으로는 '글'이 명확하지만, 그 자체만으로는 해석의 어려움이 있다. 그래서 글이 높낮이, 길이, 크기, 색깔이 있는 '말'로 전달될 때 그 의미가 분명해진다. 또한, 그것이 몸짓과 함께할 때 의미와 해석이 더욱 확실해진다. 높낮이, 길이, 크기, 색깔이 바로 음악의 4가지 기본 요소(음높이, 음길이, 음세기, 음빛깔)이며 몸짓이 바로 춤의 기본 요소이다. 이렇게 음악과 춤이 함께 하는 것이 바로 음악의 옛 형태인 종합예술이며, 정보전달의 가장 강력한 형태이다. 단순히 글자로 전달되는 것과 내용을 담은 종합예술을 보고 이해하고 감동하는 것은 강도나 지속성에서 비교가 되지 않는다.

이러한 특징을 언어와 음악의 결합이라는 측면에서 살펴보면 다음의 표로 나타낼 수 있다.

[표 3] 언어와 음악의 결합[6]

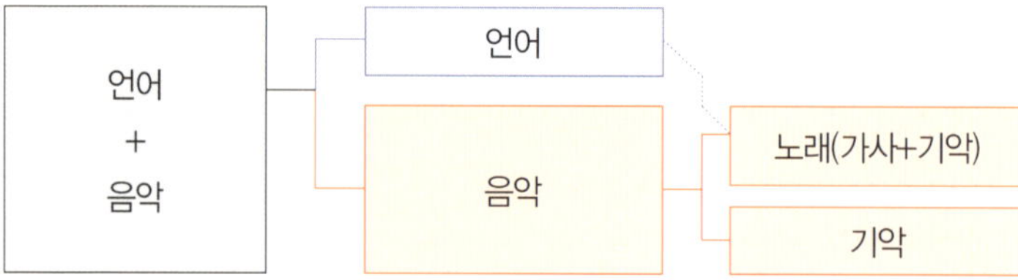

인류 초기에 '언어와 음악'은 분화되지 않았다가 문명이 발달하면서 '언어'와 '음악'으로 분화된다. 언어(말)는 글자로 변화되었다. 음악은 언어와 분리된 기악으로도 변화되었지만, 보편적 특성인 언어는 가사로 살아남아서 현재까지도 가장 대중적인 갈래인 '노래'에 함께 하고 있다. 경험과 분리된 단순한 정보전달이 아니라, 가사와 음악(기악)이 결합한 체험의 음악은 머리와 몸속에 각인되는 효과를 낳는다.

3. 음악과 감정[7]

내용을 전달하는 '언어'와 다른 '음악'의 장점은 바로 정보와는 직접적이지 않은 '감정'을 효과적으로 드러내고 공유할 수 있다는 것이다. 감정은 '언어'로 극명하게 드러나는 '인지'와 별개의 것이 아니라 밀접한 상관관계를 가진다. 감정적 각성상태는 인지 처리과정에 큰 영향을 미친다. 집중, 지각, 기억, 의사결정, 그리고 이들 각각과 동반하여 일어나는 의식과정은 모두 감정상태에 의해 영향받는다. 그 이유는 간단하다. 감정적 각성상태는 뇌 활동을 조직하고 조정하기 때문이다.[8] 감정상태에 따라서 여러 가지

6) 크리스토프 드뢰서 지음, 전대호 옮김, 『음악본능: 우리는 왜 음악에 빠져들까?』(서울: 북하우스 퍼블리셔스, 2015), 62쪽 참고.

7) 이 부분은 필자의 다음 글 중 1, 2장을 요약하고, 수정, 추가한 것이다. 천현식, 「'피바다식 혁명가극'과 감정훈련」, 『현대북한연구』, 13권3호(북한대학원대학교, 2010).

신경 전달 물질이 나올 수 있고, 그냥 흘러 지나갈 수 있는 정보임에도 감정적으로 밀착되어 있고 중요한 정보는 바로 뇌 속에 저장된다.[9] 즉, 감정 상태와 밀착된 정보는 중요하게 판단되어 바로 저장(기억)된다는 것이다.

감정에는 아주 기본인 보편감정부터 사람들 사이의 관계에서 생기는 사회적 감정도 있다. 사회적 감정은 기본 감정을 바탕으로 사회적 본능에 의해서 형성된다. 사회적 본능의 필수 요소 중 하나는 바로 '공감'이다. 감정을 공유하는 과정을 거치면서 사회화되고, 사회적 감정으로 나아갈 수 있다. 사회생활을 영위하기 위해서는 집단생활이 가능하도록 해주는 감정을 동일하게 획득할 필요가 있다.[10] 이러한 공감을 가능하게 해주는 매개체가 중요하다. 이성은 말과 글이라는 언어로 사회화되어 드러나고 있으며 감정은 예술이라는 매체로 드러나게 된다. 예술은 집단 내부의 일체감을 형성하고 집단 바깥과 구별 짓는 역할을 훌륭하게 해낸다. 그러니까 어느 집단이나 그들의 일반적인 사회적 감정이라는 것을 바탕으로, 그것을 구체화한 특수 양식인 예술 갈래를 만들어낸다. 그리고 그것을 집단 내부가 공유하는 중심으로 삼는다.

그중에서도 특히 음악활동은 함께하는 사람들끼리 공통된 움직임을 갖게 할 뿐만 아니라 공통된 감정 상태를 갖고 서로를 신뢰하게 만들어 준다. 이것은 개인 간, 집단내부의 '경계상실'이자 '공감'이라는 개념으로 풀이될 수 있다. 이것이 바로 '우애'를 다지

---

8) 조지프 르두 지음, 강봉균 옮김, 『시냅스와 자아: 신경세포의 연결 방식이 어떻게 자아를 결정하는가?』(파주: 소소, 2006), 374쪽.
9) 강봉균, 「우리는 어떻게 기억하는가」, 『차이나는 클라스: 의학·과학 편–질병·인체·유해물질』(서울: 중앙일보에스, 2021), 176–177쪽.
10) 찰스 다윈 지음, 김관선 옮김, 『인간의 유래1』(파주: 한길사, 2006), 167–233쪽을 참고함.

는 과정이며 협력의 기초를 닦는 과정이다.[11] 이러한 통일된 소리와 동작인 노래와 춤은 사회적 유대에 그치지 않고 정치 구조를 만들어내는 데까지 나아가는 기본이 된다. 음악과 춤은 서로에 대한 강한 공감과 애정을 느끼게 하고 '경계상실'에 이르게 한다. 이것은 절대 개인에 머물지 않는다. 이러한 음악과 감정, 특히 사회적 감정의 관계에 주목하고, 그것을 중심으로 음악을 만들어내고 국가적 정책으로 실현한 것이 바로 북한음악이다.

음악감상

【전체공연】 1. 은하수관현악단 공연(파리 살 플레옐 극장, 2012.3.14.),
https://www.youtube.com/watch?v=wH2XhR7TBHk.
【가극】 2. 〈혁명가극-피바다〉, 피바다가극단,
https://www.youtube.com/watch?v=NjHNOLSuqd8.

Ⅱ. 음악미학: 내용과 형식[12]

1. 형식과 내용

음악미학의 여러 쟁점 중 하나가 '형식미학과 내용미학'의 대립이다.

[표 4] 음악의 본질로서 형식과 내용의 대립

형식	⇔	내용

11) '경계상실'은 앞서 인용한 맥닐(William H. McNeill)의 책에서 언급한 개념이다.
12) 이 부분은 필자의 다음 글 중 2장을 요약하고, 수정, 추가한 것이다. 천현식, 「북한음악에 나타난 사회주의 음악의 보편성」, 현대북한연구회 엮음, 『예술과 정치』 (서울: 선인, 2013).

예술의 본질, 의미, 혹은 아름다움이라는 것이 대상의 형식에 있는가 내용에 있는가 하는 물음에 따라 음악미학은 형식미학과 내용미학으로 나눌 수 있다.[13] 형식미학은 음악의 자율성을 주장하며, 음악 구조에 관한 형식원리의 음악미를 중시하는 것이다. 형식미학의 대표 음악학자 한슬릭(Eduard Hanslick, 1825~1904)은 음악이 존재하기 위해서는 예배나 춤, 연극 혹은 축제와 같은 외적인 목적이 전혀 필요하지 않으며, "음향으로 약동하는 형식이 음악의 유일무이한 내용이자 대상"이라고 말했다. 따라서 최고의 형식은 '순수하고 절대적인 기악'이었다.[14] 반면 내용미학은 음악을 실체와 소통하기 위한 수단으로 보며 음악이 무엇(내용)을 어떻게 잘 전달하느냐를 기준으로 음악미를 판단한다.

2. 내용미학과 형식미학

1) 형식미학

'내용미학'의 관점은 사실 고대에서 현재까지 동서양에 걸쳐 매우 기본적이면서도 보편적이어서 특별히 '미학적' 논의가 존재하지 않는다. 앞서 살펴본 것과 같이 예술은 본래 악가무(樂歌舞)가 혼합된 것이었으며, 음악과 언어(시)는 분리된 것이 아니었다. 따라서 음악은 특정 내용(주제)을 실체와 소통하기 위한 수단이었다. 북한음악도 이를 계승하고 있다.

하지만 한슬릭으로 대표되는 형식미학은 어떤 갈래와도 구분되는 음악만의 독자적인 미학을 구축한다. 한슬릭의 음악미학은 음

13) 조영주, 「음악미학의 이해」, 『음악과 민족』, 2호(민족음악학회, 1991), 22쪽.
14) 크리스티안 레만 지음, 김희상 옮김, 『음악의 탄생: 왜 인간은 음악을 필요로 하게 되었나』(서울: 마고북스, 2012), 160쪽.

악 특수적인 것이 음악미학의 본질이라는 점을 강조한다. 음악의 본질적 아름다움은 음악 내에서만 발생한다는 것이다. 다시 말해서 음악의 의미 혹은 내용은 음악 외적인 그 어떤 것으로부터도 발생하지 않고 음악 자체 내에서만 발생하며, 그 자체로 완전하다는 것이다. 따라서 음악작품은 내재적 의미 관계들로 꽉 찬 독립적이고 폐쇄적인 것이고, 그 자체로 완전한 것, 그 자체와 연관된 모든 관계로부터 독립적인 것이 된다. 이 미학은 고전·낭만주의 미학 이래로 형성된 자율성 미학의 음악적 극단이라고 할 수 있다.[15)]

이러한 형식미학의 성과와 한계는 다음과 같다.

[표 5] 한슬릭의 음악미학 '내재적 형식미학'의 성과와 한계

구분	내용
성과	음악의 내적 독자성 획득
한계	음악과 외부 관계성 단절

위 표와 같이 형식미학의 성과는 음악의 내적 독자성을 획득함으로써 음악 자체의 발전과 논리를 구축하는데 디딤돌이 된 점이다. 반면 한계로는 그 성과가 극단으로 치달으면서 음악의 외부, 즉 인간사회와 아무 관계가 없는 무의미한 미학으로 남게 되었다는 점이다.

15) 이미경, 「한슬릭 음악미학의 음악미학사적 의미: 미학적·시대적 배경을 중심으로」, 『낭만음악』, 16권 3호(통권63호), 2004년 여름호(낭만음악사, 2004), 11쪽; 에두아르트 한슬리크 지음, 이미경 옮김, 『음악적 아름다움에 대하여』(서울: 책세상, 2004).

2) 내용미학과 북한음악

이성적 판단으로서 형식적 완결미를 판단하는 형식미학이 아닌, 해당 작품을 매개로 한 감정의 전달(공감)을 강조하고 내용을 강조하기 위해서는 음(音)보다는 가사에 치중해야 하며 형식보다는 내용에 주목해야 한다. 북측의 음악미학은 음악이 독자적인 양식, 형식 그 자체로 아름다움을 느끼는 것이 아니라, 음악과 사람과의 관계 속에서 현실을 반영하여 정서와 그에 따른 내용을 교환하게 되면서 아름다움을 느낀다는 관점을 가진다.

이에 따라 북측은 음악적 자율성을 주장하는 형식미학을 비판하고 있으며 이는 '사회주의 사실주의'의 관점과도 연결된다. 1930년대부터 사회주의 종주국 소련에서는 이미 형식주의를 비판하며, '예술을 위한 예술을 거부'하는 사회주의 사실주의가 공표되었다. 이러한 사회주의 사실주의를 북한에서도 받아들였다. 또한, 북한의 음악미학은 내용미학과 함께 그러한 내용을 공유하기 위해 음악을 통해 듣는 사람과의 정서와 감정 교류를 중시하는 정서이론, '감정미학'의 전통을 잇고 있다. 내용미학은 감정, 감성의 중요성과 효용성을 인정하고, 그럼으로써 작품중심이 아니라 듣는 사람의 경험을 중시했다는 데 의의가 있다.

3) 내용미학과 형식미학의 비교

다음은 형식미학과 내용미학을 대립시킨 표이다. 물론 이 대립하는 사항은 상대적이다.

[표 6] 형식미학과 내용미학의 비교[16]

형식미학		내용미학
정신·이성		육체·감정
음악의 자율성		음악과 현실의 관계성
순수예술(탈사회)		참여예술
형식 완결미		내용전달·감동
절대음악	⇔	표제음악
예술음악(어려운 음악)		대중음악(쉬운 음악)
작곡가		연주가
음악가·작품		청중
음(音)		가사
기악(소나타, 교향곡)		성악(교향시, 오페라)

형식미학은 정신과 이성을 강조하는 반면 내용미학은 육체와 그에 따른 자연스러운 감정을 중요시한다고 할 수 있다. 정신과 이성을 강조하는 형식미학 작품은 일종의 이상적인 상태를 추구하면서 음악의 자율성을 주장하게 되고 결국 탈사회화된 순수예술을 지향한다. 반면 내용미학의 작품은 현실에 존재하는 육체와 감정에 가치를 두면서 음악이 어떻게 현실과 관계 맺는가를 위주로 사고하게 되면서 참여예술의 형태를 띠기도 한다. 음악의 미에 대한 가치 평가에서 형식미학은 음악적 구조인 형식의 완결미

16) 와타나베 히로시 지음, 윤대석 옮김, 『청중의 탄생』(서울: 강, 2006) 참조.

를 기준으로 하며, 내용미학은 작품 자체의 완성도보다는 해당 작품으로 작자가 전달하고자 했던 내용이 잘 전달됐는지와 그것이 드러난 형태인 감동을 기준으로 한다.

형식미학을 대표하는 음악의 형태로는 '절대음악'(絕對音樂, Absolute music)을 들 수 있다. 절대음악은 양식과 기교 모든 면에서 감정의 절제와 객관성을 지향하며 형식 개념이 중요하게 취급된다. 그와 다르게 내용미학의 형태로는 작품의 내용을 제목으로 표시하는 '표제음악'(表題音樂, Program music)을 들 수 있다. 표제음악은 양식과 기교에서 충분한 감정의 활용하는 자유로운 표현을 중시하며 독창성을 지향한다. 따라서 형식 개념을 상대적으로 중요하게 취급하지 않는다. 형식미학은 음악 자체의 원리에 집중하게 됨으로써 어려운 음악을 지향하는 경향이 있고 대중보다는 전문가들의 취향에 가치를 둔다. 반면 내용미학은 내용 전달을 위해서 쉬운 음악, 즉 대중음악을 지향한다. 그리고 형식미학은 완결적 형식을 만들어내는 작곡가가 중시되며 내용미학은 작품의 내용과 감정을 전달하는 연주가가 중시된다. 이러한 대립점을 '음악가·작품'과 '청중'으로 나눠 보면 형식미학은 '음악가·작품' 중심, 내용미학은 '청중' 중심이라고 할 수 있다. 그리고 음악 자체에서 형식미학은 현실의 의미보다는 '소리'(音) 그 자체에 집중하며 내용미학은 내용을 강조하기 위해서 가사에 치중한다. 따라서 형식미학의 작품은 소나타와 교향곡으로 대표되는 기악음악이 대표이며 내용미학의 작품은 교향시와 오페라로 대표되는 성악음악이 대표가 된다.

이러한 형식미학과 내용미학의 차이를 조금 더 명확하게 하도록 두 미학을 정도에 따른 범주로 크게 나눠 보면 다음과 같다.

[표 7] 형식미학과 내용미학의 범주

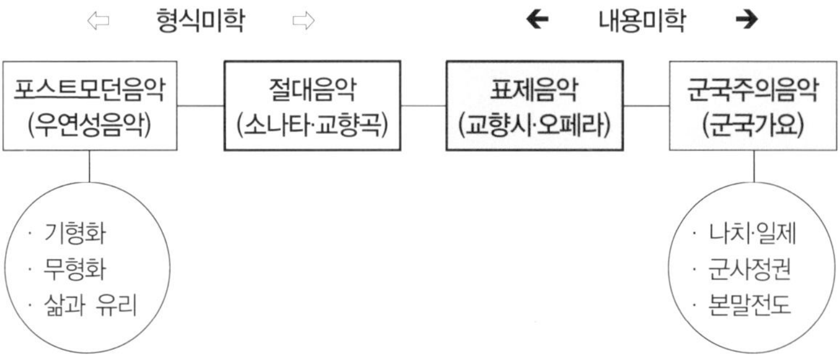

형식미학의 정격화된 형태로는 앞서 살펴본 것처럼 소나타·교향곡으로 대표되는 절대음악이 있고, 내용미학의 정격화된 형태로는 교향시·오페라로 대표되는 표제음악이 있다.

형식미학의 극단에는 현대음악의 연장선에 있는, 해체주의와 상대주의를 담고 있는 포스트모던음악이 있다. 이러한 음악의 모습을 살필 수 있는 형태로는 존 케이지(John Cage, 1912~1992)로 대표되는 '우연성음악'을 들 수 있다. 반면 내용미학의 극단에는 나치와 일제, 군사정권과 같은 전체주의 국가들에서 나타난 군국주의음악이 있다. 이러한 음악을 대표하는 것이 바로 군국가요이다. 내용과 무관한 극단의 형식을 추구한다는 점과 형식이 무의미한 극단의 내용만을 추구한다는 점에서 이 두 음악 모두 삶과 음악의 결합이라는 음악 본래의 의미가 사라지는 공통된 모습을 보여주고 있다.

음악감상

【우연성음악】 1. 〈4'33"〉, 작곡 존 케이지(John cage), 연주 윌리엄 막스(William Mar, 210), https://www.youtube.com/watch?v=JTEFKFiXSx4.

【절대음악】 2. 〈피아노 소나타 16번 다장조〉(The Piano Sonata No 16 in C major), 작곡 모차르트(Mozart), 연주 예노 얀도(Jenő Jandó), https://www.youtube.com/watch?v=XXIu0MRuIQU.

【표제음악】 3. 〈나의 조국 중 '몰다우'〉(Má Vlast 'Moldau', 1879), 작곡 스메타나(Smetana), 연주 베를린 필하모닉 관현악단, https://www.youtube.com/watch?v=rtWIyRLoC_A.

【군국가요】 4. 〈군함행진곡〉(軍艦マーチ, 1897), https://www.youtube.com/watch?v=8XGxJv1D9uo.

【북한음악】 5. 〈5중창-애국가〉, 제9차 전국예술인대회 참가자들을 위한 모란봉악단 축하공연(2014.05.19.), https://www.youtube.com/watch?v=VCrdiTA0Rql.

Ⅲ. 남북한 음악의 비교

1. 남북한 체제와 음악의 비교

남북한의 분단은 이미 70년을 훌쩍 넘어서고 있다. 물론 그 이전 오랜 기간 함께 한 공동체였지만, 분단으로 인한 차이는 현실 속에서 매우 크다. 그것은 국가체제 자체의 차이에서 기인하는데, 북측은 사회주의, 남측은 자본주의 체제를 공고히 해왔다. 이러한 체제의 차이는 공동체의 가치에도 영향을 미쳤다.

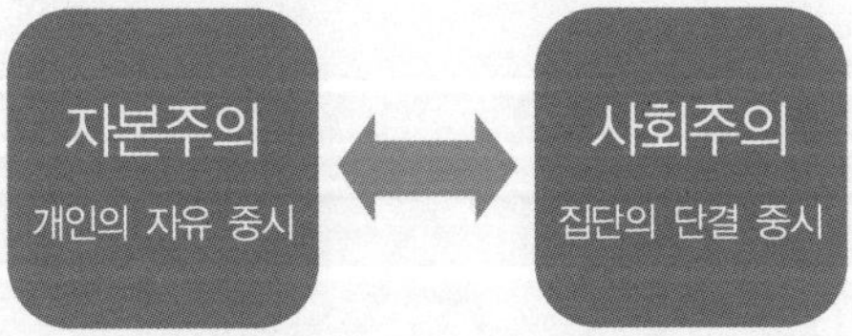

[그림 3] 남북한 체제의 차이

위와 같이 남측은 자본주의하에서 '개인의 자유'를 중시했으며, 북측은 사회주의하에서 '집단의 단결'을 중시했다. 이러한 가치의 차이는 정치, 경제, 문화, 예술 모든 방면으로 이어졌고, 당연히 음악분야에도 영향을 미쳤다.

다음은 체제에 따른 남북한 음악의 차이이다.

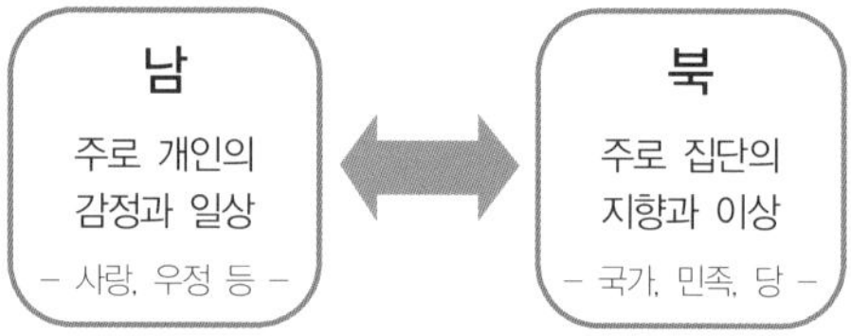

[그림 4] 남북한 음악의 차이

위 그림과 같이 남측에서는 '개인의 자유'를 중시하기 때문에 개인의 감정과 일상, 그중에서도 지극히 사적인 사랑이나 우정 등에 대해서 주로 다루고 있다. 반면 북측에서는 '집단의 단결'을 중시하기 때문에 집단의 지향과 이상, 즉 국가, 민족, 당 등에 대해서 주로 다루고 있다. 물론 이 차이는 상대적이다.

이런 까닭에 남북한이 음악교류를 하게 되면 남측은 북측의 음악들이 너무 무겁고 경직되고 (개인적인) 공감이 가지 않아 불편하다. 반면 북측으로서는 남측의 음악들이 너무 가볍고 사소하고, 지극히 개인적이다. 특히 남북교류라는 차원에서 공감이 가지 않는다.

북한음악에서 가장 중요하게 다뤄지는 제재를 보면 다음과 같다.

[그림 5] 북한음악의 제재

위와 같이 북측에서는 집단, 즉 국가의 대소사가 바로 음악의 제재가 된다. 그중에서도 북한이라는 국가의 가치에 따라 그 안에서 '대중'과 '당', '수령' 위계를 가지며 제재로 사용된다.

이러한 남북의 차이는 1985년 '남북한 고향방문단 및 예술공연단 공연', 1990년 '범민족통일음악회'와 '송년 통일전통음악회'부터 2018년 '평창 동계올림픽·패럴림픽 성공 기원 삼지연관현악단 특별공연'과 '남북 평화협력 기원 남측 예술단 평양공연'('봄이 온다')까지 극명히 나타났다.

이러한 차이는 감정을 매개로 하는 음악활동이라는 공통성을 갖지만 그것을 통해서 목표로 삼는 지향이 서로 달라서 나타난다.

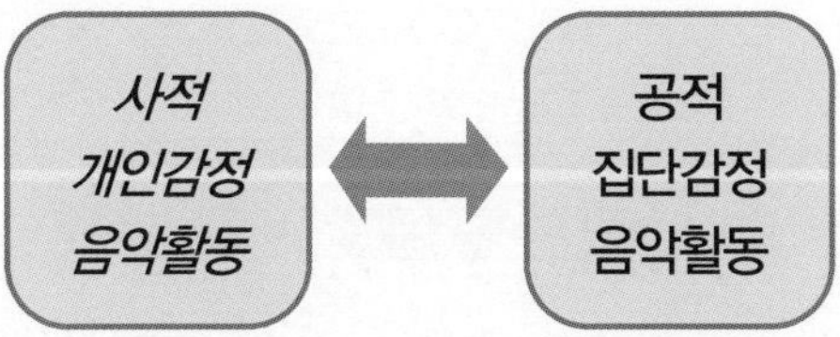

[그림 6] 남북한 음악활동의 목표

위 그림과 같이 남측은 주로 사적 개인감정에 따라 그것을 제재로 한 개인의 음악활동을 목표로 하지만, 북측은 주로 공적 집단감정의 형성과 고양을 목표로 음악활동을 한다.

이에 따라 북측은 집단의 감정을 형성함으로써 집단의 단결을 공고히 하는데, 그 주안점을 두고 있다. 물론 남측의 자본주의 음악에도 이러한 형태의 음악들이 있지만, 그 비중과 강도는 비할 바가 되지 못한다. 말하자면 북한에서는 '느슨한 단결'이 아니라 '팽팽한 단결'을 추구한다. 단지 비슷한 감정만의 일체감에 머물거나 모호한 추상적 단결은 거부한다.

북측은 음악의 '내용' 즉, 가사나 줄거리를 중심으로 서사(敍事)

가 있는 명확한 단결을 추구한다.

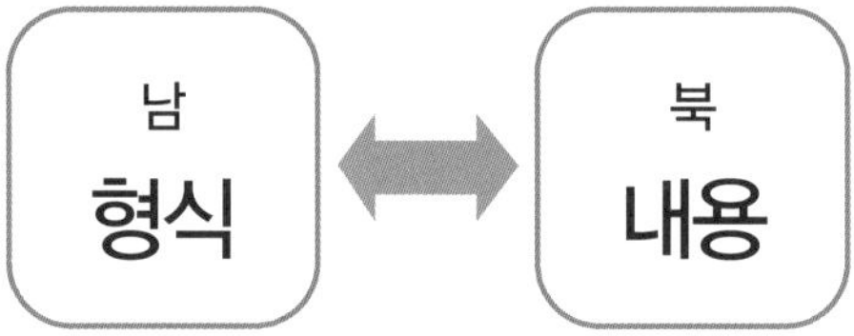

[그림 7] 남북한 음악미학의 차이1

이에 따라 음악미학 차원에서도 앞서 살펴본 형식과 내용의 구분에서 상대적으로 남측은 '형식'을 중요시하고, 북측은 '내용'을 중요시한다.

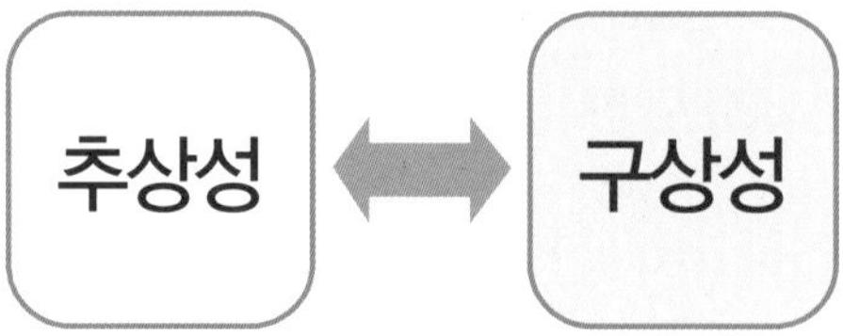

[그림 8] 남북한 음악미학의 차이2

그리고 내용보다는 형식을 중요시하기 때문에 남측의 음악에서는 '추상성'에 가치를 두고, 북쪽에서는 내용을 중요시하기 때문에 '구상성' 즉 구체적인 소재와 이야기에 가치를 둔다.

이러한 음악미학의 차이는 물론 상대적인 것으로서, 북측에서는 공적 집단의 지향과 이상을 담아내어 단결을 추구하기 때문에 거대담론을 담아내면서도 소위 말하는 '대중성'이 관건이 된다. 반면 남한은 '형식미'를 추구하는 것을 더 예술성이 높은 것으로 취급하는 경향이 있는데, 상대적으로 '내용'을 중요시하는 사적담론 중심의 대중음악에서도 형식미는 예술성의 중요한 척도가 된다.

다음은 남측과 북측의 음악경향을 나타내는 예의 음악들이다.

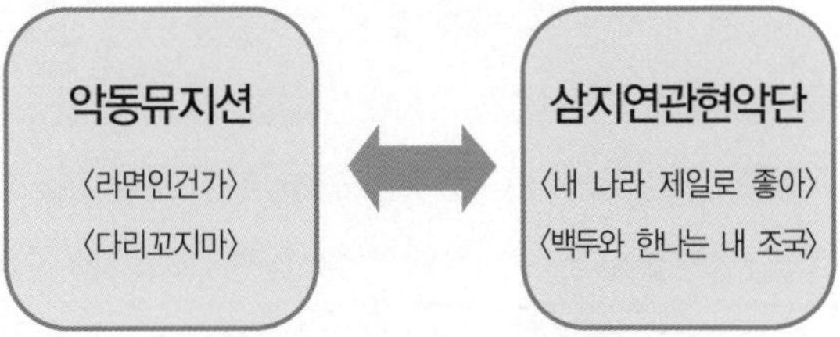

[그림 9] 남북한의 음악차이

남측의 가수 악동뮤지션과 북측의 악단 삼지연관현악단의 곡목을 예로 들었다. 두 가지 모두 가사, 즉 내용이 분명한 음악이지만 악동뮤지션은 매우 사적인 가사이고 삼지연관현악단은 공적인 거대담론의 가사라는 차이를 보여준다. 그리고 사실 악동뮤지션의 위 두 가지 노래 〈라면인건가〉와 〈다리 꼬지마〉도 다양한 해석이 가능한 모호한 가사라는 점에서, 말하고자 하는 주제가 분명한 삼지연관현악단의 〈내 나라 제일로 좋아〉와 〈백두와 한나는 내 조국〉과는 다르다.

이는 남북한 체제의 세계관이 다른 까닭에서 나타난 것이다. 이러한 세계관에 따라 음악미학까지 영향을 미친 것이다. 다음은 북한에서 바라보는 '세계관과 음악미학'의 관계이다.

[표 8] 세계관에 따른 북한의 음악미학

자본주의		사회주의
이원론(관념론)		유물론
부르주아 미학	⇔	프롤레타리아 미학
형식미학		내용미학(감정미학)

위와 같이 사회주의 미학은 형식미학을 반대하고 내용미학을 추구한다. 이는 사회주의의 세계관에 따른 것이라고 할 수 있다. 사회주의 사상인 유물론의 관점에 따라 물질과 정신이 분리되지 않은 현실의 세계를 담아내고, 나아가 현실의 주인인 프롤레타리아의 실제 생활을 충실히 담아내어 공감하게 하는 것이 바로 사회주의 미학의 특징이다. 반면 북측에서 형식미학은 이원론(二元論, 관념론)에 따른 것으로 비판받는다. 현실과 관계 맺지 않는 관념, 즉 무내용의 형식미를 추구하는 것은 물질과 정신을 분리하여 사고한 것이라는 비판이다. 이것이 바로 자본주의 사회의 부르주아 미학이라는 것이다. 사회주의 음악미학은 이원론(관념론)의 대표인 형식미학을 반대하고 유물론의 방법론으로서 내용미학을 추구하는 것이 핵심이다.[17]

2. 남북한 음악의 정의

다음은 남한과 북한에서 내리고 있는 '음악'에 대한 정의이다.

[표 9] 남북한의 '음악'에 대한 정의[18]

구분	정의
북한	음을 기본형상수단으로 하여 ***현실을 반영***하는 예술의 한 형태
남한	박자, 가락, 음성 따위를 갖가지 형식으로 조화하고 결합하여, 목소리나 악기를 통하여 ***사상 또는 감정***을 나타내는 예술

위 표는 북측의 『조선말대사전』과 남측의 『표준국어대사전』에

17) 천현식, 「북한음악에 나타난 사회주의 음악의 보편성」, 현대북한연구회 엮음, 『예술과 정치』(서울: 선인, 2013), 70-71쪽.

18) 사회과학원 언어학연구소, 『조선말대사전2』(평양: 사회과학출판사, 1992), 1658쪽; '국립국어원 표준국어대사전', http://stdweb2.korean.go.kr(검색: 2014.09.21.).

나오는 음악에 대한 정의이다. 먼저 북측의 '음악 기본형상수단으로 하여'와 남측의 '박자, 가락, 음성 따위를 갖가지 형식으로 조화하고 결합하여, 목소리나 악기를 통하여'는 같은 내용을 다른 말로 표현한 것이라고 할 수 있다. 남북의 다른 차이는 그 뒤 문장인 북측의 '현실을 반영'과 남측의 '사상 또는 감정을 나타내는'이다. 이러한 차이는 앞서 살펴본 '세계관에 따른 북한의 음악미학'의 표로 해석할 수 있다. 남측 사전의 '사상 또는 감정을 나타내는'은 '관념론'적 정의라고 할 수 있다. 반면 북측 사전의 정의는 '유물론'에 따라 '현실'을 반영해야 음악이라고 할 수 있다는 점을 분명히 하고 있다. 적극적으로 해석하면, 북측에서는 '현실을 반영'하지 않은 '사상 또는 감정'을 담아낸 음악은 진정한 '음악'이 아니라고 본다는 것이다. 사상 또는 감정을 나타내더라도 그러한 사상 또는 감정이 발현된 '현실'을 반영해야 한다.

이는 북한의 음악 교과서라고 할 수 있는 김정일의 『음악예술론』에서 더욱 명확히 드러난다.

> 참다운 음악은 시대의 요구에 충실하며 시대의 사명에 이바지한다. 이것은 시대 앞에 지닌 음악의 기본의무이며 중요한 역할이다.(밑줄과 강조는 글쓴이)[19]

위 문장은 『음악예술론』의 첫 문장으로서 참다운 음악을 규정하고 있다. 가장 눈에 띄는 것이 바로 『조선말대사전』의 '현실을 반영'한다는 것과 비슷한, 밑줄 친 '시대의 요구'와 '시대의 사명'이다. 더 엄격히 말하면 '현실을 반영'하는 것으로는 충분치 않고, 시대의 요구와 사명에 이바지하는 것이 바로 '참다운 음악'임을

19) 김정일, 『음악예술론』(평양: 조선로동당출판사, 1992), 3쪽.

밝히고 있다. 현실을 기계적으로 반영하는 것을 북한에서는 자연주의로 규정, 비판한다.

음악감상

【남한 대중가요】 1. 〈라면인건가〉, 악동뮤지션,
https://www.youtube.com/watch?v=9xEDN9gxnMs.

【남한 대중가요】 2. 〈다리꼬지마〉, 악동뮤지션,
https://www.youtube.com/watch?v=bbVW7SPAj4k.

【북한 대중가요】 3. 〈내 나라 제일로 좋아〉, 2018년 평창 동계올림픽·패럴림픽 성공 기원 '삼지연관현악단 특별 공연'(서울, 2018.02.11.),
https://www.youtube.com/watch?v=bNKKNXjFfiI.

【북한 대중가요】 4. 〈백두와 한나는 내 조국〉, 2018년 평창 동계올림픽·패럴림픽 성공 기원 '삼지연관현악단 특별 공연'(서울, 2018.02.11.),
https://www.youtube.com/watch?v=EyIk1kjEWXI.

【북한 창작민족음악】 5. 〈민족기악 2중주와 관현악-비날론 삼천리〉, 가야금 조옥주·소해금 남은하, 은하수관현악단(파리 살 플레옐 극장, 2012.3.14.),
https://www.youtube.com/watch?v=tliMHbmmdJo.

【북한 창작민족음악】 6. 〈장새납과 남성4중창-사회주의 우리 농촌 좋을시구〉 (김은철-장새납, 리춘일·리금혁·강경훈·문명삼-4중창), 어머니날경축 은하수음악회 '어머니들에게 드리는 노래' (2012.11.17.), https://www.youtube.com/watch?v=jkKExfr_6uw.

Ⅳ. 사회주의와 북한의 음악미학

1. 소련과 북한의 음악미학[20]

소련은 초기부터 형식미학의 비판과 내용미학의 강조가 이루어져 왔다. 사회주의 종주국 소련이 사회주의 사실주의가 공표된

20) 이 부분은 필자의 다음 글 중 3장 1), 2)를 줄였다. 천현식, 「북한음악에 나타난 사회주의 음악의 보편성」, 현대북한연구회 엮음, 『예술과 정치』(서울: 선인, 2013).

1934년 제1차 작가총회에서 내린 중요한 결론 중 하나가 '경향성'과 함께 '예술을 위한 예술을 거부'한다는 것이다.[21] 이는 사회주의 사실주의가 철저히 경향적이며 정치적인 방법론으로서, 음악을 포함한 예술이 형식만을 따지는 형식주의가 아닌 어떤 내용을 어떻게 담아내느냐에 관한 이론이기 때문이다. 사회주의 사실주의가 정식으로 공표된 작가총회에서 가장 중요시되었던 것이 바로 형식주의에 대한 반대였으며, 이는 사회주의 사실주의의 가장 중요한 맥락이 바로 내용미학의 관점임을 보여주고 있다. 1930년대 중반 이후 소련을 위시해 계속된 사회주의 미학의 중요한 특징인 형식주의 반대는 앞서 살펴본 것과 같이 단순한 미적 취향의 차이가 아니라 본질적인 세계관의 차이에 의한 것이었다.

이러한 형식미학, 형식주의에 대한 비판, 즉 내용미학에 대한 강조는 소련 사회주의 미학, 즉 이른바 사회주의 사실주의의 핵심이었다. 그리고 이는 북측에도 국가건설 초기부터 고스란히 전달되었고 현재에 이르고 있다. 그러니까 북한음악의 형식주의 반대와 내용미학의 강조, 즉 북한음악론에서 중요하게 취급되는 '사상성과 예술성', '형식과 내용'의 쟁점에서 '사상성'과 '내용'을 강조하는 것은 사회주의 미학의 보편적 특징이다. 이러한 내용미학의 단면을 보여주는 북한음악의 갈래 중 하나가 바로 해당 시기 당의 정책을 설명하며 전체 인민들에게 상시 체계로 보급되는 노래인 '당정책풀이가요'이다.

또한, 북측의 음악사에서도 음악적 논쟁을 포함해 음악지형을 좌우한 음악미학의 쟁점 중 가장 중요한 것이 형식미학 반대, 내

21) 문성호, 「소련의 음악정책과 사회주의 리얼리즘」, 『낭만음악』, 2001년 봄호, 13권 2호, 통권 50호(낭만음악사, 2001), 135, 174-186쪽.

용미학 추구였다. 문학가 임화(林和, 1908~1953)와 더불어 문학예술 남로당계 주요 인사이자 당대 한반도 최고의 음악가로 꼽혔던 작곡가 김순남(金順男, 1917~1983 추정)도 이 쟁점의 한복판에 있었다. 분단 이후 북한음악계에서 중요 위치에 있다가 2선으로 후퇴하고 결국 정치적으로 제거된 사건에서도 그 논거는 '형식주의'에 대한 비판이었다. 김순남이 이른바 전문가를 위한 음악, 순수예술을 통한 부르주아 형식주의 음악을 추구했다는 것이었다.

이처럼 북측에서는 형식미학을 대표하는 형식주의 이론을 유물론의 관점에서 일종의 관념론으로 보면서, 순수예술을 위한 자본주의의 부르주아 반동이론으로 파악하고 있다.

2. 사회주의 북한음악의 미학[22]

사회주의 미학의 전통을 가진 북한음악의 미학을 세분화해서 살펴보면 다음과 같다.

[표 10] 북한음악의 미학

내용미학과 감정미학
인간개조
사회주의 사실주의
민족적 양식
결정론의 세계관

22) 이 부분은 다음 필자의 글 중 2장 2절 1)의 '미학'을 요약하였다. 천현식, 『북한의 가극 연구』(서울: 선인, 2013).

첫째, 앞서 살펴본 것과 같이 북한의 '미학', 특히 '음악미학'은 내용미학과 감정미학이다.

둘째, 본성과 양육의 논쟁에서 철저히 '양육'을 지지하는, 즉 인간개조라는 세계관을 갖는다. 이는 결국 북측 문예이론 중 하나인 '공산주의적 인간학'과 연결된다. 이 이론은 공산주의 혁명투사들의 전형(典型)을 창조하고 그들의 생활을 보여줌으로써 사람들을 주체(主體)형의 공산주의자로 키운다는 것이다. 이러한 새로운 공산주의적 인간의 창조에 대한 관념은 본성과 양육이라는 인류사의 오랜 논쟁에서 철저히 '양육'에 무게를 두고 있는 북측 문예이론의 특징을 보여준다. 이는 정신적 발달을 포함한 모든 문화적 과정을 비생물학적 과정, 즉 타고나지 않는 것으로 여기는 생각이다.[23] 즉, 새로운 문화, 새로운 감정과 이성을 가진 인간을 창조하고 그를 모범으로 따라 배우게 해서 그러한 전형을 인민대중 속에 일반화시킬 수 있다는 논리이다. 그럼으로써 궁극의 목표인 새로운 인간집단을 창조하고자 한다. 사회적 조건만 갖춰준다면 개인의 감정과 의식 상태까지도 개조 가능하다고 보는 것이다.[24]

셋째, 사실주의, 특히 사회주의 사실주의의 배경이 있다. 북한의 미학은 아름다움의 정점으로서 '신'이나 '절대성'을 추구하지 않는다는 점에서 낭만주의 미학과는 다르다. 이렇게 음악과 사람과의 관계를 중요시하는 관점은 현재 현실을 음악작품에서 드러내려고 하는 사실주의로 나타난다. 그리고 이는 다시 현실 속에

---

23) 백영제, 「예술발생의 생물학적 배경」, (사)부산민주항쟁기념사업회 부설 민주주의사회연구소 엮음, 『사회생물학, 인간의 본성을 말하다』(부산: 산지니, 2010), 278쪽.

24) 장대익, 「사회생물학과 진화론적 환원주의」, 최재천 외, 『사회생물학 대논쟁』(서울: 이음, 2011), 72-74쪽.

서 개인보다는 사회주의적 지향인 집단주의를 반영하는 사회주의 사실주의의 미학으로 이어진다. 인간사회의 해방적 가치를 중요시 하는 사회주의 사실주의와 맞닿아 있다. 그래서 추구해야 할 아름다운 사회주의 이상을 현실에 반영하기 위한 수단으로서 예술을 도구화할 수 있다.[25] 추구해야 할 현실을 반영하는 '반영론'과 '전형이론'을 북한음악에 구현한다. 북한의 사회주의 사실주의는 이에 머물지 않고 1980년대 이후 '주체 사실주의'라는 이름으로 '수령'과 '민족' 개념을 포함한 주체사상에 기반을 둔 북한식 사실주의를 추구하고 있다.

넷째, 음악예술에서 민족적 양식(민족성)으로 표현되는 민족주의이다. 민족주의 성향은 '개인이라는 개념'과 함께 '인간 보편성 목록'에 포함되는 인간의 보편적 특징이다.[26] 이는 소련 중심의 사회주의에서는 '사회주의적 내용에 민족적 형식'이라는 문예이론으로 이론화되었다. 이러한 문예이론을 북측에서도 받아들였고 민족적 양식의 강조에 따라 초기 문학예술계의 건설과정부터 우리나라의 민요와 민속음악이 중요시되었다. 이에 따라 북한식 음악을 '민족음악'으로 개념화하였으며, 이를 1980년대 중후반 주체사상의 확립 이후 민족주의를 전면화하면서 '주체음악'으로 재개념화하였다. 이러한 민족적 양식은 단순히 전래의 민족양식을 재현하는 것이 아니라 전통음악을 바탕으로 현대 외래음악(현대성)을 비판적으로 받아들여 창조적으로 계승한다는 견해와 결합된다.

다섯째, 사회주의 국가인 북한의 유물론이라는 사상적 배경에

25) 스테판 코올 지음, 여균동 옮김, 『리얼리즘의 역사와 이론』(서울: 한밭출판사, 1985), 149-150쪽.

26) 스티븐 핑커 지음, 김한영 옮김, 『빈 서판: 인간은 본성을 타고 나는가』(서울: 사이언스북스, 2004), 761, 765, 766쪽.

서 나오는 '결정론의 세계관'이다. 무목적성의 변화나 우연을 인정하지 않고 필연과 합법칙성을 기본으로 하는 사회주의 사상과 궤를 같이한다. 세상을 선과 악이 대비되는 것으로 파악하면서, '선'이 승리하고, 가장 중요한 근본 고리가 해결됨으로써 전체 문제가 해결되는 결정론을 배경으로 한다. 이것은 인과론에 기본을 두면서, 우연과 변화를 받아들이지 않는 목적론적 세계관과 비슷해지는 경향이 있다. 우연과 변화가 일어나는 현실 속에서, 이런 결정론에 따르면 우연과 변화가 일어나는 사건들은 부수적인 것들이 되어버리거나 결정과정을 방해하는 것들이 되어버린다. 이런 세계관은 북한예술의 대표양식인 '피바다식 가극'에서도 극명하게 드러난다. 선악의 대비라는 이야기가 대본으로 구성되고, '선'이 승리하며 모든 문제가 해결되는 방향에 맞게 모든 가극양식들이 구성된다. 그 방향으로 가는 데 방해하는 요소들은 제거된다. 제거되지 않더라도 중요하지 않게 처리된다.

음악감상

【창작곡】 1. 〈바이올린 협주곡-옹헤야〉(작곡 북-리한우, 편곡-남 최지혜, 지휘 남-김성국, 바이올린 남-오주영), 2018-2019 국립국악관현악단 관현악시리즈2 '다시 만난 아리랑'(롯데콘서트홀), https://www.youtube.com/watch?v=H7n6ksioptM.

【창작곡】 2. 〈관현악-청산벌에 풍년이 왔네〉, 국립교향악단(지휘 채주혁), https://www.youtube.com/watch?v=z3vZwhm5F_k.

【서양 클래식】 3. 〈집시의 노래〉(Zigeunerweisen), 바이올린 선우향희, 만수대예술단 삼지연악단 신년경축음악회 (2011), https://www.youtube.com/watch?v=3pj2W_P58Nc.

【서양 팝음악】 4. 〈손풍금 5중주-테이크 온 미〉(Take on Me, 아하A-Ha, 1985), 금성학원(현 김원균명칭 음악종합대학 제2음악학원), 국제 문화예술축제(2012), 노르웨이 허케네스 조선소(Kirkenes shipyard), https://www.youtube.com/watch?v=npRIB3BfRus.

Ⅴ. 북한음악의 특징

1. 북한음악의 원칙

1) 내용미학과 감정미학

북한음악의 원칙 가운데 가장 기초적인 것은 앞서 설명한 것과 같이 작품의 형식을 중요시하는 것이 아니라 작품에 담긴 소재와 주제의 전달을 목표로 하는 내용미학의 중시이다. 또한, 그러한 내용을 효과적으로 전달하기 위해서 감정의 고저를 활용하는 감정미학을 중시한다. 내용미학을 대표하는 표제음악(프로그램 음악)으로는 작곡가 스메타나(Bedřich Smetana, 1824~1884)가 19세기 후반에 조국 체코의 독립을 기원하며 6개의 곡에 고향의 역사와 자연을 담은 제목과 내용을 담아낸 〈나의 조국〉(Má Vlast)이 흔히 제시된다.

이러한 내용중심의 북한음악이 가진 세부 특징은 다음과 같다. 먼저 음악창작 특징의 몇 가지이다. 첫째, 제목과 가사(내용)가 있는 노래를 기본으로 하며, 그것을 소재로 해서 여러 성악곡으로 만들기도 하고, 기악곡화(편곡 등)한다. 그래서 기악곡도 모두 제목과 내용이 있다. 그리고 기악곡도 해당 창작의 제재인 노래의 주선율을 최대한 그대로 통째로 살리면서 편곡하고, 반복하는 방식을 사용한다. 그래서 처음 참석하는 공연에서도 관객들은 과거에, 다른 공간에서 들어본 노래들을 듣는 경우가 대부분이다. 따라서 어렵지 않게 공연에 참여할 수 있다.

다음은 공연무대 특징의 몇 가지이다. 첫째, 무대 상단에 자막이 나오는 장치가 기본으로 설치된다. 둘째, 무대 상단 장치와 공연 영상 자막으로 노래 제목과 연주자, 가수 등을 알려준다. 또한, 그러한 자막에 가사도 포함하는 것이 기본이다. 셋째, 무대 배경막도 노래 가사에 맞춘 내용을 담아 설치한다. 최근에는 배경 자체로 컴퓨터 영상화면을 활용하고 있다.

다음은 가사와 배경영상을 활용한 2018년 평창 삼지연관현악단 특별공연의 한 장면이다.

[그림 10] 2018년 삼지연관현악단 공연 중 〈흰 눈아 내려라〉

위 장면은 평창 동계올림픽을 축하하기 위해서 내려온 북측 삼지연관현악단 서울공연의 두 번째 곡 〈흰눈아 내려라〉의 갈무리 화면이다. 무대 상단을 보면 '행복의 이 아침에 노래 불러준다네' 라는 가사를 노래에 맞춰서 보여주고 있다. 노래 시작 전에는 이 자리에 제목과 가수 등을 소개해준다. 그리고 무대 뒤 배경영상으로 노래 가사에 맞춰서 눈 내리는 장면을 보여주고 있다.

2) 이야기로서의 북한음악

내용미학 관점에 따라 북한음악은 언어와 음악의 명확한 분리를 추구하지 않는다. 그래서 가사와 기악이 함께 있는 '노래'를 기본으로 해서 기악, 합창, 음악극 등을 만들어낸다고 하였다. 그런데 가사도 그냥 단순한 소재들의 파편이 아니라 사회의 현실을 반영하는, 줄거리가 명확한 '이야기'를 담는다.

단적으로 말하자면 '이야기를 소리에 담은 것이 바로 북한음악'이다.

[표 11] 이야기를 소리에 담은 북한음악

이야기	내용:	표제 가사
	형식:	완결된 구조의 주제선율 완결된 구조의 전체음악

이야기인 '북한음악'은 내용과 형식 측면에서 그 특징을 살펴볼 수 있다. '내용'이라는 측면에서는 자연스레 현실을 반영한 '제목'과 '가사'로 이야기를 구성해야 한다. 그래서 서양 예술음악에서 흔히 있는 '교향곡 몇 번'이라는 식의 제목은 있을 수 없다. 제목에 해당하는 표제가 있으며 기승전결의 이야기를 담고 있는 가사가 필수이다.

그리고 이러한 이야기의 측면은 음악의 '형식'에도 구현된다. 해당 음악의 제목과 가사를 담고 있는 이야기를 표상하는 주제선율이 분명히 제시되며, 이는 기승전결의 완결된 음악적 구조를 가져야 한다. 이렇게 분명히 인식되는 주제선율이 여러 번 반복되면서 각인되어 내용과 함께 전달된다. 또한, 이러한 주제선율을 바탕으로 전체 음악도 기승전결의 완결된 양식구조를 가져야 한다. 음악적 형식을 바탕으로 기승전결을 갖는 전체 구조 속에서 소재와 주제를 갖는 이야기가 명확히 전달되기 때문이다.

이렇듯 가사의 중요성은 단지 그 '내용'을 나타낸다는 것에만 한정되지 않는다. 가사와 곡(선율)을 밀착시키는 방법을 세부적으로 구체화해서 작사의 원칙으로 삼고 있기도 하다. 작사를 먼저 하고 가사의 글자와 뜻에 맞게 작곡함으로써 내용미학을 음악형식에까지 철저히 구현한다. 예를 들어, 첫째, 선율 한 음에 글자 하나씩 붙이기, 둘째, 가사 구절과 선율 마디를 맞추기, 셋째, 가사와 곡을 억양과 고저, 강약에 맞추기 등이 있다.[27)]

3) '대중성'을 위한 민족성과 현대성

위에서 살펴본 내용미학과 이야기로서의 특징은 결국 '대중성' 구현을 위한 방법론이라고 할 수 있다. 내용을 담은 이야기를 전달하고자 하는 목표는 대중들과 그것을 공유(알고 느끼고)하고자 하는 것이다. 그래서 북한음악의 원칙 가운데 중요한 것 중 하나가 바로 '대중성'이다. 이러한 대중성의 원칙을 확보하고자 음악창작의 세부 사항들을 만들어낸 것이다.

이러한 대중성 확보의 대표적인 북한음악의 예를 보면 가사가 있는 간단한 노래(명곡)를 기본으로 해서 다양한 양식으로 확대한 것이다.

[표 12] 〈피바다가〉의 변주

양식	작품
가요	혁명가요 〈피바다가〉(김일성, 1936)
연극	혁명연극 〈혈해〉(김일성, 1936)
영화	예술영화 〈피바다〉(조선예술영화촬영소 백두산창작단, 1969)
가극	혁명가극 〈피바다〉(피바다가극단, 1971)
교향곡	교향곡 〈피바다〉(김영규·김윤봉, 1973)
소설	장편소설 『피바다』(4.15 문학창작단, 1973)
독주	소해금독주 〈피바다가〉

27) 김정일, 『음악예술론』(평양: 조선로동당출판사, 1992), 60-61쪽; 김경희·림상호, 『《피바다》식 혁명가극1: 주체음악총서(4)』(평양: 문예출판사, 1991), 107-109쪽.

위와 같이 노래 〈피바다가〉의 변주, 즉 확대는 음악양식에 국한되지 않는다. 노래 〈피바다가〉는 독주와 교향곡, 가극의 음악양식으로 확대되기도 하지만 연극이나 영화, 문학장르인 소설로도 확대되었다. 이는 〈피바다가〉 자체가 다른 북측의 음악과 같이 이야기를 담은 노래이기 때문에 가능한 것이다.

이러한 '대중성', 북측에서 말하는 '통속성'의 원칙은 북한음악의 또 다른 원칙인 '민족성'과 '현대성'의 밑바탕이 된다. 달리 말하면 '민족성'과 '현대성'은 '대중성'을 확보하기 위해 구현되는 원칙이라고 할 수 있다.

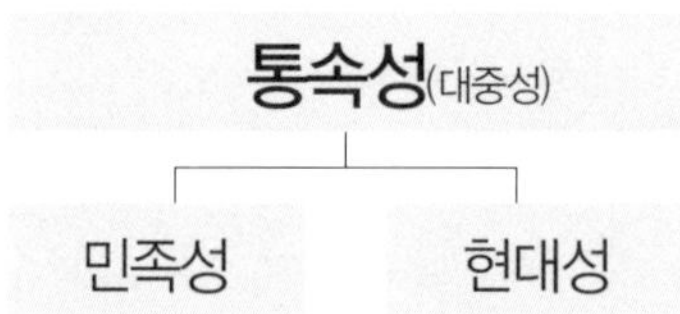

[그림 11] 북한음악의 대중성 구현

'대중성'을 확보하기 위하여 이 땅, 이 역사를 공유하고 있는 민족성(내용과 형식)을 중시할 수밖에 없다. 그래서 북측은 민요를 바탕으로 민족음악을 구현하는 것을 커다란 목표로 삼아왔다. 또한 '대중성'을 확보하기 위하여 '현대성'도 놓칠 수 없었다. 북한이라는 국가가 본격 건설되기 시작한 1950년대 이후는 이미 근대 시기를 거치면서 서양 현대음악이 '우리'의 음악으로 자리잡혀 있었고, 그러한 음악감성은 '대중적'이었다. 그래서 북한은 현실사회의 현대성, 서양 근현대음악을 자신의 원천으로 인정하고 받아들였다.

이렇게 대중성을 위해 민족음악을 바탕으로 서양음악을 수용한 사례로는 북측의 '배합관현악'을 들 수 있다. 여기서 말하는 '배합'

(配合)이란 민족악기와 서양악기를 섞었다는 것이다. 국악기와 서양악기를 섞어서 새로운 형태의 관현악단을 구성하였다.

[그림 12] 배합관현악단의 연주(만수대예술단)와 악기배치[28]

위와 같이 관현악단에서도 공감의 이야기를 만들어내는 '대중성'을 위해서 '민족성(민족악기: 해금류, 가야금, 저대류, 장새납 등)'과 '현대성(서양악기: 바이올린, 첼로 트롬본, 튜바 등)'을 대중적인 '배합관현악'으로 구현했다고 할 수 있다. 이는 북측 관현악단에서 보편적으로 구성되는 기본 편성이다.

28) 노동은, 『북한음악론』(서울: 민속원, 2021), 118, 120쪽.

4) 집단감정의 국가 만들기

북측은 새로운 국가 건설을 위한 공동체 구성원들의 단결을 텍스트 위주로 하는 설득과 교육의 방법론으로만 추구하지 않았다. 앞서 살펴본 것과 같이 감정을 바탕으로 하는 음악 등의 예술을 향유하는 방법론으로 공적 집단감정을 구성하고 강화했다.

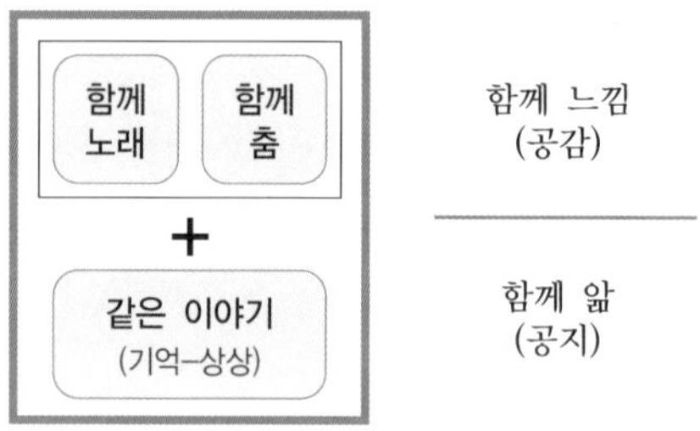

[그림 13] 북한음악의 사회통합 '일체화'

위 그림과 같이 북측은 사회통합, 즉 '일체화'를 음악을 포함한 예술을 통해 함께 느끼고, 함께 아는 것으로 이루고자 했다. 그래서 공동의 '기억'(항일)과 '상상'(국가건설)의 이야기를 '공지'(共知)하고, 공동의 노래와 춤으로 '공감'(共感)함으로써 그것을 강화했다. 이는 음악의 본성 '감정'의 공유를 내용미학의 관점에서 이야기와 결합해 국가적으로 조직화한 것이라고 할 수 있다.

이러한 배경에서 사건이 기본이 아니라 '감정조직'을 기본으로 하는 극작술을 북측 가극의 교본인 「가극예술에 대하여」(1974)에서도 주장하고 있다.

> 음악극조직에서 기본은 감정조직이다.[29]
> 인간의 감정세계를 깊이 파고드는것은 음악의 본성으로부터 제기되는 기본요구이다.[30]

결국, 이성 중심인 내용(대본, 가사)을 감정 중심의 형식(음악)으로 조직하는 방식이다. 이러한 접근은 북한 문학예술 자체, 즉 사회주의 미학의 내용·감정미학과 상통하는 것이다.

6) 집단주의

위에서 언급한 원칙들은 결국 북측 사회가 결국 '집단주의'를 추구하였기 때문에 세워진 것이라고 할 수 있다. 그런 점에서 북한의 음악사는 '단결의 노래'를 만들어가는 역사라고 정의할 수 있다. 단결을 목표로 집단의 지향을 음악에 담아 공통의 감정으로 일체화하고자 했다.

이에 따라 독주 악기나 가수 혼자만 나오는 경우는 거의 없고, 지휘가 있는 관현악단이 함께 반주하는 방식으로 집단적 음악을 구현한다. 이에 따라서 무용극, 가극, 집단체조와 예술공연 등 대규모 예술이 중시된다. 결국, 모든 악단이 극장식 체제로 행정을 포함한 창작단(이론, 작사, 작곡 등), 관현악단, 합창단, 무용단 등을 갖추고 있다. 그리고 부르주아 퇴폐음악으로 터부시해왔으나 근래 받아들이고 있는 재즈에서도 개인이나 소수의 애드리브 위주인 '비밥'이 아니라 집단의 반주와 춤이 함께 하는 '빅밴드 스윙'을 지향한다.

---

29) 김정일, 「가극예술에 대하여, 1974년 9월 4~6일」, 『김정일선집4: 1974』(평양: 조선로동당출판사, 1994), 384-386쪽.

30) 김두일, 『조선식기악음악창작』(평양: 문예출판사, 1992), 116쪽.

2. 북한음악의 실제 원리[31)]

다음 표는 음악을 중심으로 문예이론까지 포괄하는 북한음악의 실제 원리를 나타낸 것이다.

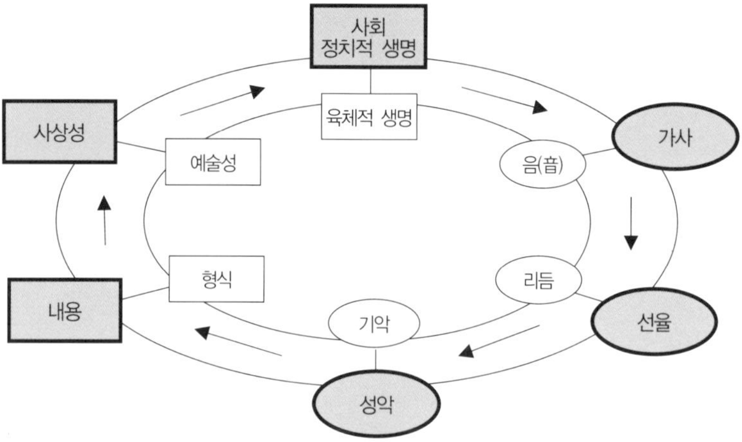

[그림 14] 북한음악의 실제 원리

1) 음악양식

음악은 크게 '음'(音)과 '가사'로 구성된다. 내용미학 관점의 북한음악에서 중요한 것은 음이 아니라 가사이다. 북한음악에서는 가사를 먼저 짓고(작사) 곡을 만들게(작곡) 된다. 가극에서 대본과 작곡의 관계도 마찬가지인데, 대본이 최종 승인되어야 작곡 행위가 이어진다. 가극대본이 최종 완성되면 그것을 기념해 '대본 수여식'이 진행될 정도이다. 그리고 작사는 기본적으로 문학가인 시인들이 쓰는데, 조선문학가동맹의 기관지 『조선문학』에도 '가사'가 독립된 양식으로 게재된다.

31) 이 부분은 다음 필자의 글 중 5장 1절 1)의 '미학'을 요약, 추가하였다. 천현식, 『북한의 가극 연구』(서울: 선인, 2013).

음(音)은 크게 음길이의 '리듬'과 음높이의 '선율'로 나눌 수 있다. 이 둘의 관계는 앞서 내용미학의 관점에 따라 가사가 중요했던 사실의 연장선에서 선율이 강조된다. 박자나 리듬이 강조, 극대화되면 의미전달이 어렵게 되기 때문이다. 그래서 선율에서도 도약진행보다는 가사가 온전히 전달되는 방식의 완만한 순차진행이 중요시된다.

기악과 성악의 관계는 앞서 리듬과 선율에서 선율이 중요했던 사실의 연장선에서 성악이 강조된다. 내용미학의 관점에서 보자면 사람의 목소리에 자연스럽고 쉽게 내용을 담을 수 있는 성악이 기교 위주의 기악보다 가치가 있다. 게다가 선율을 충실히 표현하기 위해서는 기악보다는 성악이 적당하다. 선율이 강조되기 위해서는 기악의 기교보다 성악의 가창성이 그것을 자연스럽게 보장하기 때문이다. 그 때문에 북측은 기악의 연주에서도 선율을 살리기 위해서 노래(성악)를 기본으로 하는 작곡을 중시한다.

2) 문예이론

문학예술의 내용과 형식 관계에서는 앞서 기악과 성악에서 성악이 중요했던 연장선에서 '내용'이 강조된다. 성악은 앞서 설명했듯이 가사를 담아내는 선율을 표현하는 방식이었다. 이처럼 음악뿐만 아니라 모든 문학예술 갈래에서 의미전달을 첫째 목표로 하므로 형식보다는 내용을 강조한다.

문학예술은 미학적 평가의 기준에 따라 사상성과 예술성의 대립쌍이 형성된다. 이 둘의 관계에서는 앞서 내용과 형식에서 내용이 중요했듯이 사상성이 강조된다. 내용을 강조하기 위해서는 예술성보다 사상성이 중요하기 때문이다. 사상성이 선차적으로 해결되고 나서 그것을 예술적으로 표현하면서 예술성이 논의된다.

북측의 문예이론에서 사상성을 담보하는 사상 주제적 측면은 '사회정치적 생명'과 '육체적 생명'으로 나누어 설명한다. 이 둘의 관계는 앞서 사상성과 내용성의 관계에서 사상성이 중요했듯이 '사회정치적 생명'이 강조된다. 사상성을 표현하기 위해서는 육체적 생명을 주제로 하기보다는 사회정치적 생명을 강조해야 하기 때문이다. 육체적 생명을 진정으로 꽃피우는 것이 사회정치적 생명이라는 논리이다.

3. 북한의 음악정치[32)]

북한에서 말하는 '음악정치'의 본질은 단순히 음악에 정치적 내용을 담는다는 것에 머물지 않는다. 음악정치의 본령은 음악을 매개로 정치와 생활을 일체화시키는 것이다. 음악을 매개로 정치와 경제생활, 정치와 노동생활, 정치와 외교활동을 일체화시키는 것이 바로 음악정치가 추구하는 모습이다. 그러니까 공연장을 공장이나 농장, 광장, 학교, 운동장, 가정 등 일상생활의 장소와 일치시킴으로써 그 경계를 상실케 하는 것이 음악정치의 목표이다.

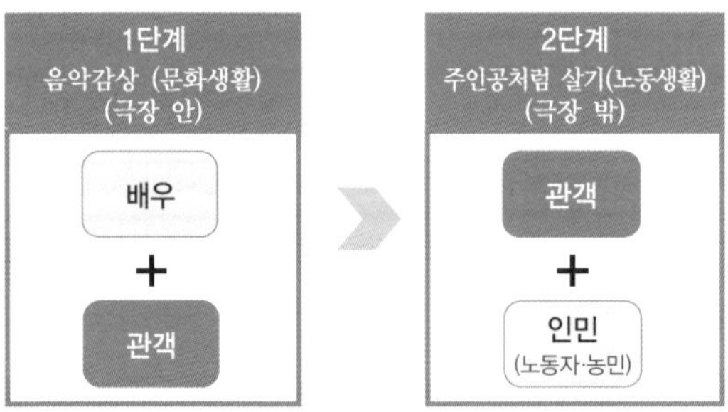

[그림 15] 북한의 음악정치: 극장 안과 밖의 경계상실

32) 천현식, 「'음악정치'로 본 북한 삼지연관현악단 공연」, 『민족화해』, 2018년 3+4호, 통권91호(서울: 민족화해협력범국민협의회, 2018), 47-48쪽.

북측의 노래와 음악, 특히 공연은 하나의 이야기이다. 사건과 줄거리가 있는 서사(敍事)이다. 그것이 특정한 이야기의 대본을 갖는 음악극이 아니라 개별 노래와 음악, 무용 등의 종합예술 형태라고 하더라도 북한의 공연은 사건과 줄거리가 있는 이야기로 구성된다. 그 이야기는 불특정 개인의 감정이나 일상을 담아내는 것이 아니라 해당 공연이 열리는 시공간의 현실을 반영해서 그 의미에 맞는 가장 전형(典型)을 보여주기 때문에 가장 정치적이라고 할 수 있다. 여기서 정치적이란 우연한 개인의 비본질적인 사건이 아니라 가장 중요하고 본질적인 문제를 선택한다는 것이다. 이는 사회주의적 사실주의 미학의 특징이기도 하다. 1단계, 극장 안의 음악감상(문화생활)은 2단계, 극장 밖의 노동자·농민의 노동생활로 이어져서 극장에서 봤던 이야기의 주인공(전형), 즉 배우처럼 현실에서 사는 것, 경계상실을 목표로 한다. 관객이 극장 안에서는 '배우'가 되고, 극장 밖에서는 '인민'이 되어 경계를 상실하는 것이 바로 음악정치이다. 그래서 극장 안의 이야기는 북한 사회(집단)의 가장 중요하고 본질적인 문제를 다룬다.

이러한 음악정치의 운용은 북한이 집단주의의 사회주의국가로서 사회통합의 기제로 음악을 활용하기 때문에 나타나는 현상이다. 일반적 사회통합의 첫 번째 방식은 이성에 호소하는 공식적 교육이고 두 번째 방식은 감정에 호소하는 비공식적 교육으로서 문학예술 활동이라고 할 수 있다. 그 가운데에서도 사회통합의 완성은 감정의 통합으로 가능하다는 점에 주목해서 음악정치를 중요하게 활용하고 있다. 그것은 북한사회의 일체화, 즉 일정한 내구성과 항상성을 가져온 밑바탕이 되었다.

【국악 산조】 1. 〈가야금산조 중에서 '휘모리'〉, 경남철(김원균명칭 음악종합대학 민족기악학부 교수), 인민배우 정남희 생일 100돐 기념 가야금연주회(2005), https://www.youtube.com/watch?v=3WLQEBnaolk.

【창작민족음악】 2. 〈바이올린독주-닐리리야〉, 문경진, 은하수관현악단(파리 살 플레옐 극장, 2012.3.14.), https://www.youtube.com/watch?v=vo8P3PCNVEI.

【창작민족음악】 3. 〈전기기타 2중주-바다 만풍가〉(기타 김복향·리수경), 김원균명칭음악종합대학 제2음악학원 창립35주년발표회(2017), https://www.youtube.com/watch?v=2-zQECbOXM4.

【성악 민성(民聲)】 4. 〈바다 만풍가〉, 김설미, 조선인민군 제1차 비행사대회 참가자들을 위한 모란봉악단 축하공연(2014), https://www.youtube.com/watch?v=p6cuspqYWLA.

【성악 양성(洋聲)】 5. 〈사랑 사랑 내 사랑〉, 서은향, 2010 3.8국제부녀절기념 은하수음악회, https://www.youtube.com/watch?v=5Q4-a8Uu37U.

【합창】 6. 〈청산벌에 풍년이 왔네〉, https://www.youtube.com/watch?v=Umf1D0HUJrE.

【합창】 7. 〈녀성독창(민성)과 남성합창(양성)-바다의 노래〉, 일본 남성합창단사나이 2010 콘서트((男声合唱団サナイ2010コンサート, 2010.12.05.), https://www.youtube.com/watch?v=leGqj6rgqr4.

【대중음악】 8. 〈청산벌에 풍년이 왔네〉, 모란봉악단, 당7차대회 경축공연(2016), https://www.youtube.com/watch?v=wkAwF2JyUX0.

【가극노래】 9. 〈피바다가〉, 송희순, 피바다가극단, 〈혁명가극-피바다〉, https://youtu.be/NjHNOLSuqd8?t=9690.

【민족가극】 10. 〈춘향전〉, 평양예술단(일본, 1990), https://www.youtube.com/watch?v=daQZMXwgfmY.

Ⅵ. 북한음악의 감상

1. 2018년 삼지연관현악단 방남 공연[33)]

2018년 평창 동계올림픽·패럴림픽 성공 기원을 위해 열렸던 북측의 삼지연관현악단 공연(2월 8일 강릉시 강릉아트센터 사임당홀, 2월 11일 서울 국립중앙극장 해오름극장)을 감상해보고자 한다. 다음은 서울공연의 모습이다.[34)]

[그림 16] 2018 평창 동계올림픽·패럴림픽 성공 기원 삼지연관현악단 특별공연 (서울, 2018.02.11.)

남북화해와 한반도 평화의 시작을 알렸던 위 공연은 다음과 같은 메시지를 담고 있었다.[35)]

---

33) 이 부분은 필자의 글 중 다음 부분을 수정하고, 추가하여 작성한 것이다. 천현식, 「'음악정치'로 본 북한 삼지연관현악단 공연」, 『민족화해』, 2018년 3+4호, 통권91호(서울: 민족화해협력범국민협의회, 2018), 48-49쪽.

34) 삼지연관현악단 특별 공연(서울, 2018.2.11.), OhmynewsTV, https://www.youtube.com/watch?v=OD7cLYjTdVo(검색: 2022.05.30.).

35) 천현식, 「평창에 보내는 평화, 남쪽에 보내는 통일의 메시지!」, 통일뉴스, http://www.tongilnews.com/news/articleView.html?idxno=123717(검색: 2022.05.30.).

반갑습니다.
흰 눈이 내리는 평창 동계올림픽에 참석하게 되어 기쁩니다. 평창올림픽이 평화의 비둘기와 함께 평화올림픽이 되기를 바랍니다. 이렇게 세계적 평화축제의 장을 열게 된 내 나라가 제일로 좋습니다.
그대에게 헤어져 못 잊었던 마음을 전합니다. 우리는 이별의 여정을 끝내야 합니다. 다시 하나가 되어 빛나는 미래로 달려 나아가기를 바랍니다. 이제는 세계인들 속에서 남북한이 함께하면서 백두와 한라로 갈라진 내 조국, 우리의 소원 통일을 이뤘으면 합니다.
다시 만납시다.

위와 같은 해석은 북측에서 공식적으로 제시된 것이 아니다. 앞서 살펴본 북한음악의 특징에 따라 필자가 해석한 것이다. 이러한 해석은 해당 소재와 주제를 가진 연주곡목을 순차적으로 재구성한 것이다.

[표 13] 2018 평창 동계올림픽·패럴림픽 성공 기원 삼지연관현악단 특별공연 연주곡목

순서	제목	비고
1	서곡 〈반갑습니다〉	·
2	〈흰눈아 내려라〉	·
3	녀성중창 〈평화의 노래 비둘기야 높이 날아라〉	·
4	경음악 〈내 나라 제일로 좋아〉	·
5	녀성2중창 〈J에게〉	남측 노래
6	녀성독창 〈여정〉	·
7	가무 〈달려가자 미래로〉	·
8	현악합주와 녀성독창 〈새별〉	·
9	관현악 〈친근한 선율〉	세계 명곡
10	〈노래련곡〉	남측 노래
11	녀성3중창 〈백두와 한나는 내 조국〉	·
12	〈우리의 소원은 통일〉	분단 이전
13	〈다시 만납시다〉	·

북한음악 공연은 현실을 반영해서 공연 전체를 이야기로 구성하며 그러한 이야기에 따라서 곡목을 수정, 보완하여 배치하기 때문에 이런 해석이 가능했다. 기교적이거나 예술적으로 완성도 있는 연주곡목 등을 위주로 구성하는 방식이 아니다.

한반도의 평화가 당장 중요함에 공감한 삼지연관현악단 공연의 메시지

북한 음악정치의 의미에서 보면 당시 삼지연관현악단의 공연은 음악을 매개로 정치와 외교활동을 일체화시키는 것이었으며, 공연장과 평창의 경계를 상실케 하는 것이 목표였다고 할 수 있다. 그러니까 공연장 자체를 분단된 남측의 동계올림픽 개최지 현장으로 만들고자 했다. 마찬가지로 이 공연 역시 사건과 줄거리가 있는 이야기였다. 이번 공연의 노래 제목들을 순서대로 나열해 보면 앞서 정리한 해석과 같이 공연이 담고 있는 이야기를 미뤄 짐작할 수 있다. 이처럼 여러 개의 개별 노래들을 음악적 특징에 따라 선정하고 임의로 배열하는 것이 아니라 해당 공연의 정치적 의미를 염두에 두며 주제를 확정하고 그에 따라서 가사와 제목을 고려하면서 공연 곡목들을 확정 지은 것이다. 북측의 공연에서는 가장 먼저 공연의 주제와 메시지를 정하고 곡목을 선정하게 된다. 그러니까 삼지연관현악단의 공연은 북한이라는 국가의 대표로서 남측의 동계올림픽에 참여한 김여정 노동당 선전선동부 1부부장, 김영남 최고인민회의 상임위원장의 방남이라는 정치적 사건과 연결된 주제와 메시지를 담고 있었다.

평화의 노래 〈비둘기야 높이 날아라〉, 통일의 노래 〈백두와 한나는 내 조국〉

그것을 분명하게 알 수 있게 해주는 곡을 꼽자면 〈평화의 노래-비둘기야 높이 날아라〉와 〈백두와 한나는 내 조국〉이다. 물론 남측의 노래를 12곡이나 부른 것과 세계 명곡을 23곡이나 부른 사실은 남측에 과감히 손을 내민 것과 함께 세계를 향해 동시대성을 획득하고자 하는 북측의 뜻을 보여주었다. 하지만 당시 공연의 주요 메시지는 위 두 곡에 핵심적으로 담겨 있다. 그 메시지는 첫머리에 〈평화의 노래-비둘기야 높이 날아라〉의 '평화', 뒷부분에 〈백두와 한나는 내 조국〉의 '통일'이다. 평화를 디딤돌로 삼아 통일로 나아가자는 '평화통일'의 메시지를 공연에 담아냈다고 할 수 있다. 이러한 해석은 단지 선곡된 노래의 제목으로 기계적으로 판단한 것이 아니다. 〈평화의 노래-비둘기야 높이 날아라〉는 본래 제목이 〈비둘기야 높이 날아라〉이다. 물론 이 노래 전체의 뜻이 그렇고 3절의 가사에 '평화'라는 단어가 등장하지만 본래 제목에 부제 '평화의 노래'를 달아서 무대자막으로 공식화함으로써 그 뜻을 분명하게 전달하고자 했다. 이것은 분명히 의도된 중요한 메시지이다. 이것이 당시 공연의 결정적 장면이었다고 생각한다. 또한, 2절 가사에서도 '평양'을 '이 땅'으로 바꿈으로써 이 노래에서 평화를 바라는 공간이 북측만이 아니라 남측을 포함하는 한반도임을 분명히 하고 있다. 작게는 올림픽이 열리는 평창의 평화, 크게는 한반도와 세계의 평화를 바란다는 뜻을 보여주고 있다.

[그림 17] 평화의 노래: 비둘기야 높이 날아라(서울)

〈평화의 노래: 비둘기야 높이 날아라〉

"네 자란 보금자리 이 땅(*평양)이 하도 좋아 / 평화를 사랑하는 우리의 념원 안고 / 비둘기야 비둘기야 더높이 날아라"

또한 〈백두와 한나는 내 조국〉 1절 가사의 '제주도 한나산도 내 조국입니다'를 '한나산도 독도도 내 조국입니다'로 바꿈으로써 남북 공통의 민족적 현안을 함께 공유하고자 했다는 점에서도 그 노력을 엿볼 수 있었다.

[그림 18] 백두와 한나는 내 조국 - 현송월(서울)

〈백두와 한나는 내 조국〉

"해솟는 백두산은 내 조국입니다 / 한나산도 독도(*제주)도 내 조국입니다 / 우리 민족 하나되는 통일이여라"

그리고 〈백두와 한나는 내 조국〉은 마지막에 다 같이 부르는 의례성의 〈우리의 소원은 통일〉과 〈다시 만납시다〉 전에 배치한 이 공연 순서의 절정이다. 특히 서울공연에서는 이 곡을 삼지연 관현악단의 단장 현송월(玄松月, 1977~)이 직접 부름으로써 강조하였다. 그리고 3절의 '태양조선'을 2절의 '우리 민족'으로 바꿔 반복함으로써 이 노래에서 말하는 통일이 남북의 한민족이 하나되는 통일임을 분명하게 보여주었다는 점이 중요하다. 그리고 알려진 바에 따르면 이러한 교체가 남측의 요구였고 북측이 이것을 수용했다고 하는데, 이 점이 더 뜻깊었다.

2. '우리식 재즈'와 〈황금나무 능금나무 산에 심었소〉

북한식 재즈, 북한식 용어로 말하자면 '우리식 재즈'에 대해서 살펴보겠다. 다음은 미국 영화 〈선 밸리 세레나데〉(Sun Valley Serenade)의 삽입곡 〈인 더 무드〉(In The Mood)와[36] 2009년 10월 13일 동평양대극장에서 열린 '당창건64돐기념 만수대예술단 은하수관현악단·삼지연악단 합동경축공연'의 〈색스폰 6중주 - 황금나무 능금나무 산에 심었소〉(리철운, 송용국, 김형일, 황승철, 리웅, 김성국 - 알토3, 테너2, 바리톤1)의 한 장면이다.[37]

[그림 19] 〈인 더 무드〉와 〈색스폰 6중주- 황금나무 능금나무 산에 심었소〉

두 음악, 특히 시작 부분을 들어보면 굉장히 비슷한 분위기임을 알 수 있다. 두 곡 모두 재즈이면서도 빅밴드 스윙이라고 할

36) 〈In the Mood(1941)〉, The Glenn Miller Orchestra, https://www.youtube.com/watch?v=6vOUYry_5Nw(검색: 2022.05.30.).
37) 〈색스폰6중주-황금나무 능금나무 산에 심었소〉, 은하수관현악단, https://www.youtube.com/watch?v=E5bcp2pCLd0(검색: 2022.05.30.).

수 있다.[38] '형식미학과 내용미학'의 관계 속에서 내용미학의 관점을 가진 쪽에서는 자유로운 형식이 주가 되는 '재즈'를 터부시해왔다. 전체주의, 사회주의 국가에서 특히 그랬는데, 북측도 예외는 아니었다. 국가 건설 초기부터 최근까지도 이론과 실제 음악창작에서 재즈에 대한 비판과 거부는 이어져 왔다. 그런데 공연 현장에 재즈가 등장했다는 점은 북한의 변화를 보여준다는 점에서 매우 흥미롭다.

그런데 〈색스폰 6중주 – 황금나무 능금나무 산에 심었소〉는 앞서 살펴본 북한음악의 특징과 같이 노래, 즉 가요곡을 바탕으로 편곡되었다.

[악보 1] 가요– 황금나무 능금나무 산에 심었소(1960)

이 곡은 북한에서 말하는 '명곡'으로서 작곡가 김옥성(金玉成, 1916~1965)의 1960년 노래 작품이지만 최근까지도 다양하게

38) 〈황금나무 능금나무 산에 심었소〉가 글렌 밀러의 〈인 더 무드〉와 비슷하다거나 빅밴드 스윙이라는 점 등은 음악학자 최유준의 글을 참고하였다. 최유준, 「북한의 재즈」, 최유준의 웹미디어, http://musicology.co.kr/?p=1487(검색: 2022.05.30.).

편곡되어 불리고 있다. 이 노래는 1960년 당시 천리마운동과 함께 '사회주의 락원'을 그리고 있으며, 그러한 풍요로운 '이 땅'의 사회주의를 계속해서 가꿔 나아가자는 가사를 가지고 있다.

이러한 가요를 바탕으로 하는 〈색스폰 6중주 – 황금나무 능금나무 산에 심었소〉와 글렌 밀러의 〈인 더 무드〉를 같이 듣는 것은 북한음악을 이해하는 데 도움이 된다. 단지 북측도 재즈를 받아들이고 있다는 식이 아니라, 서양식 재즈와 북한식 재즈가 다른 점, 그러니까 북측이 어떻게 재즈를 '우리식'화 했는지를 알아봄으로써 북한음악을 더 잘 이해할 수 있기 때문이다.

〈색스폰 6중주 – 황금나무 능금나무 산에 심었소〉는 〈인 더 무드〉와 비교해보면 알 수 있는데, 이 북한식 재즈는 내용, 즉 가사가 있는 선율을 통째로, 아니 1절, 2절이라는 완전한 절가 형태의 선율 전체를 최대한 살리면서 편곡했다. 통째로 반복하면서도 변화를 주어서 지루하지 않게 하고 있다. 〈인 더 무드〉에서는 악기(기악) 위주의 기교를 살린 음악적 주제들의 생성과 결합들이 '무드'를 형성하면서 구성된다. 그래서 〈인 더 무드〉의 관객들은 '무드'에 따라 음악에 몸을 맞출 수는 있어도 음악을(노래를) 함께 따라 부를 수는 없다. 게다가 개인의 실제 경험, 나아가 공동의 관심사, 집단의 역사를 함께 구체적으로 공감할 수가 없다. 하지만 북한식 재즈로는 가능하다. 이게 바로 '조선식 집단주의 재즈'인 것이다. 물론 뭐가 더 낫다는 게 아니라 추구하는 가치와 미학이 다른 데서 나타나는 결과이다. 그래도 개인의 즉흥과 기교 위주의 비밥 재즈보다는 앞서 나타난 이러한 빅밴드 스윙 재즈가 빅밴드의 압도적 소리를 배경으로 단순한 주제선율들의 반복이 많은, 춤추기 좋은 집단주의 재즈이기 때문에 북측에서도 받아들일 수 있었다. 물론 여기에 머물지, 북측에서 비밥 재즈도 나타날지는 알 수 없다.

이러한 북한식 재즈는 1960년대 후반부터 시작되어 양식화된 북한음악의 특징에 따른 것이다. 부르주아 퇴폐미학이라고 보는 형식미학을 반대하고 내용을 공유하는 사회주의 내용미학 일반을 추구한 데 따른 것이다. 그래서 재즈에서도 우선 제목과 가사가 중요하다. 구조주의적 형식에 대한 강조가 아닌, 또한 그저 내용을 담는 것이 아니라 시공간적 당대의 현실을 보여주고 미래를 제시하는 '사상적 알맹이'를 담은 '내용'이 중요하다. 따라서 〈색스폰 6중주 - 황금나무 능금나무 산에 심었소〉도 원곡에 해당하는 같은 이름의 가요곡에 담긴 '사회주의 락원'을 그리는 가사의 내용이 온전히 통으로(온전한 선율로) 전달되어야 한다. 기존 서양 클래식의 기악곡처럼 악기 중심의 기교적 선율이 아니어야 한다. 북한식으로 말하자면 '선율의 각을 떠서 토막을 내지 말아야 한다'는 원칙이 바로 이러한 입장에 따른 것이다.

가요곡 〈황금나무 능금나무 산에 심었소〉를 들어보자.[39]

[그림 20] 김광숙, 〈가요 - 황금나무 능금나무 산에 심었소〉

39) 〈황금나무 능금나무 산에 심었소〉, 보천보전자악단(김광숙), https://www.youtube.com/watch?v=1faXeNzjPps(검색: 2022.05.30.); 〈황금나무 능금나무 산에 심었소〉, https://www.youtube.com/watch?v=c9EsXInitIY(검색: 2022.05.30.).

이러한 절가형태의 가요곡이 기악곡인 색스폰6중주 재즈로 바뀐 것이다. 또한, 여러 다른 성악곡 형태로도 편곡되어 알려졌다.

새롭게 편곡되어 창작된 〈색스폰 6중주 – 황금나무 능금나무 산에 심었소〉의 내용과 형식을 정리해보면 다음과 같다.

[표 14] 〈색스폰6중주 – 황금나무 능금나무 산에 심었소〉의 내용과 형식

내용	친근한 주위 일상의 노동생활을 그리면서도 집단주의의 생산 가치를 담음
형식	자유분방한 재즈를 받아들이면서도 6중주와 관현악단의 집단주의적 음악양식

북측의 국가적 원칙인 집단주의를 내용과 형식에서 구현하면서 자유분방한 새로운 재즈를 받아들였다. 이는 대중의 현대적 감성을 만족시키기 위한 것이었지만 그 틀은 국가적 지향인 노동과 '락원'의 국가 건설을 향하고 있다.

음악감상

【전체공연】 1. 2018년 평창 동계올림픽·패럴림픽 성공 기원 '삼지연관현악단 특별 공연' (서울, 2018.02.11.), OhmynewsTV, https://www.youtube.com/watch?v=OD7cLYjTdVo.

【서양 빅밴드스윙】 2. 〈In the Mood〉(1941), The Glenn Miller Orchestra, https://www.youtube.com/watch?v=6vOUYry_5Nw.

【북한재즈1】 3. 〈색스폰 6중주–황금나무 능금나무 산에 심었소〉, 당창건64돐기념 만수대예술단·은하수관현악단·삼지연악단 합동경축공연(동평양대극장, 2009.10.13.), https://www.youtube.com/watch?v=E5bcp2pCLd0.

【가요1】 4. 〈황금나무 능금나무 산에 심었소〉, 김광숙, 보천보전자악단, https://www.youtube.com/watch?v=1faXeNzjPps.

【가요2】 5. 〈황금나무 능금나무 산에 심었소〉, https://www.youtube.com/watch?v=c9EsXlnitlY.

【북한재즈2】 6. 〈색스폰 6중주–김치깍두기 노래〉, 은하수관현악단 2010년 설명절음악회(동평양대극장, 2010.02.14.), https://youtu.be/dGub52TBk2c?t=1063

Ⅶ. 맺음말

북한음악은 다른 문화예술과 마찬가지로, 공유하고자 하는 내용을 먼저 중심에 놓고 그것을 형식과 결합한다. '내용의 공유'라는 목표를 달성하기 위해 감정을 다루는 음악의 특징을 살리는데, 결국 '내용의 공감'을 꾀한다고 할 수 있다. '내용의 음악적 공감'을 철저히 실현하고자 한 것이 북한음악의 가장 큰 특징이다. 그래서 음악사 차원에서는 내용미학, 감정미학 관점의 음악을 국가 차원에서 가장 철저하고 전면적이면서 극단까지 추구, 실현한 사례라고 할 수 있다.

북한식, 소위 주체의 사회주의국가 건설의 '내용'(이야기)을 민족적이고 현대적인 음악 '형식', 즉 절가를 바탕으로 하는 다양한 음악양식에 대중적(통속적)으로 담아 사회통합을 이루고자 하였다. 그럼으로써 위에서 아래로, 문자로 교육하는 방식을 넘어서 예술로서 자연스레 인민의 감정까지 일체화시켜 국가 차원의 지향, 집단의 역사에 함께 참여하게 하였다. 이러한 음악은 감정의 주관적, 개인적 성격을 집단의 객관적 감정으로 확대하여, 근대 이전 중세의 의식음악에 기반을 둔 집단문화로서의 성격을 추구한 것이라고도 할 수 있다. 이러한 북한의 음악관, 문예관, 미학, 세계관은 탈근대와 대비되는 근대적 세계관에 따른 것이다. 유물론을 기본으로 하면서, 세상은 모호한 것이 아니라 알 수 있는 확실한 물적 조건이고, 근본적인 것과 부차적인 것이 있고(그래서 근본모순이 해결되어야 부차모순들도 해결된다), 물적 토대나 사상의식 모두 발전해 나아가기 때문에 그 길에 개인과 집단 모두 동참해야 한다는 세계관에 바탕을 둔 것이다.

이러한 북한 사회의 세계관에 따라 형성된 북한음악이 다른 가치관과 세계관을 가진 남측으로서는 어색한 것이 사실이다. 단적으로 현재 북한음악의 소재와 주제 자체가 남측 사람들이 공감하기에는 생소한 것이 많다. 하지만 음악양식 자체는 매우 대중적이고, 같은 민족으로서 공감할 수 있는 민족음악에 바탕을 두고 있다. 또한, 남북은 같은 지역에서 공통의 정치적, 역사적 조건을 맞닥뜨리고 있다. 다양성을 인정하고 미래를 지향하는 자세를 가진다면 서로의 음악은 남북에 풍부한 음악적 경험을 함께 안겨줄 뿐만 아니라 평화와 통일을 향해 가는데 중요한 의미가 될 것이다.

제 8장

북한 춤에 대한 이해
~남과 북의 하나됨을 위한 기초~

김 채 원 (춤문화비교연구소)

김일성–김정일–김정은 가계의 독재체제로 유지되는 북측의 문화예술은 정치적 수단으로 기능해온 것은 익히 잘 알려진 사실이다. 1946년 3월, 북측은 북조선예술총연맹을 결성하고 그해 8월 중요 문화예술기관의 국유화를 진행하면서 모든 문화예술은 국가정책을 반영하는 수단으로 활용해 왔다. 북측의 국가정책, 즉, 김일성의 지도사상과 당의 주요방침을 기조로 문화예술작품을 창작하도록 기획했으며, 작품평가는 당성, 인민성, 노동계급성에 두고 판단하였다.

북측의 예술은 "정치가 뚫고 들어가기 힘든 곳도 문화예술은 뚫고 들어갈 수 있으며 총포가 가지고 쟁취할 수 없는 것도 문학예술은 가지도 쟁취할 수 있다"(조선예술 2001, 11월호, 7쪽)라는 김정일의 말에서 그 기능 및 역할을 짐작해 볼 수 있다.

해방이후 민족문화건설을 주창하며 문학예술에서 '새로운 것'을 통한 사회건설에 박차를 가하던 북측은 항일혁명문화유산의 계승을 통한 유일사상체계에 돌입하면서 '혁명'과 '현대성'을 강조한 예술창조에 박차를 가한다. 소위 '김일성사상', '김일성주의'로 얘기되는 '주체사상'을 본격화하기 위한 작업이었다. 그러나 김일성 사망 이후, 조선민족제일주의를 통한 민족문화예술의 창조궤도에 올려놓에 주력한다. 그리하여 1990년대 이후에는 민족적 색채를 살린 문화예술창조와 활동으로 민족적 전통성을 확립하기 위한 작업과 이를 바탕으로 한 국위선양에 힘써왔다.

각각의 문화는 그 나라의 풍습과 삶의 가치 및 지향이 반영되어 있는 그 자체로 보고 이해해야 한다. 상호간의 문화적 이해는 옳고 그름이 없다. 그저 어디에 가치를 두고 어떻게 표현하는가가 차이로 드러날 뿐이며, 인간에 의한 문화라는 점에서, 그리고 한민족의 역사문화를 공유했다는 점에서 우리는 이미 동질성을 확보하고 있다.

그렇다면 북측춤은 우리와 많이 달라졌을까? 어느 사회의 예술이든 그 사회체제의 규범과 질서를 벗어나서는 존재할 수 없으며, 또한 예술 안에는 그 사회의 규범과 체제가 반영될 수밖에 없다. 한국사회의 규범과 체제가 예술 안에 반영되듯 북측 역시 마찬가지이다. 다만 그것이 의도적이냐 아니냐는 차이가 있을 뿐이다. 모든 사회체제가 예술 안에 반영됨을 인정하면서 우리와 같은 뿌리에서 시작된 북측춤에 대해 개방적인 자세로 접근한다면 북측예술에 대한 시각은 넓어질 수 있을 것이다.

〈차례〉

Ⅰ. 북측의 춤은 어떻게 구분되나요?
Ⅱ. 북측에도 무형문화재가 있어요.
Ⅲ. 무용작품은 무용정책에 기초하여 창작되요.
Ⅳ. 북측춤은 〈조선민족무용기본〉을 기초로 해요.
Ⅴ. 북측춤의 이해를 위한 제언

Ⅰ. 북측의 춤은 어떻게 구분되나요?

북측에서 "민족무용을 발전시키는 원천"으로 중요한 자리를 차지하고 있는 것이 민속춤이다. 민속춤은 각각의 지역사회 안에서 오랜 옛날부터 지역사회 전체의 춤으로 전승되었으나, 각 시대를 반영하는 산물로서 전시대의 것을 계승하되 새로운 시대에 맞게 변화시켜 차세대로 이어가는 것이다.

일반적으로 모든 문화예술이 자국의 지배사상을 토대로 발전하였듯 '주체무용'으로도 명명되는 북측춤은 주체사상[1]에 의거하고 있다. 때문에 민족적 형식과 사회주의적 내용을 지향하는 북측의 춤은 '주체무용'이자 동시에 '민족춤' 혹은 '민족무용'이라는 논리로 접근할 필요가 있다.

북측은 춤장르를 크게 예술무용과 오락무용으로 분류한다. 즉 전문가에 의한 무용과 비전문가에 의한 무용으로 나눈다는 의미이다. 하지만 전문가, 비전문가 상관없이 모든 춤의 기본은 전통적인 민속을 토대로 한다는 점은 북측춤만의 특징이다.

북측춤의 장르구분은 [그림 1]과 같이 분류된다.

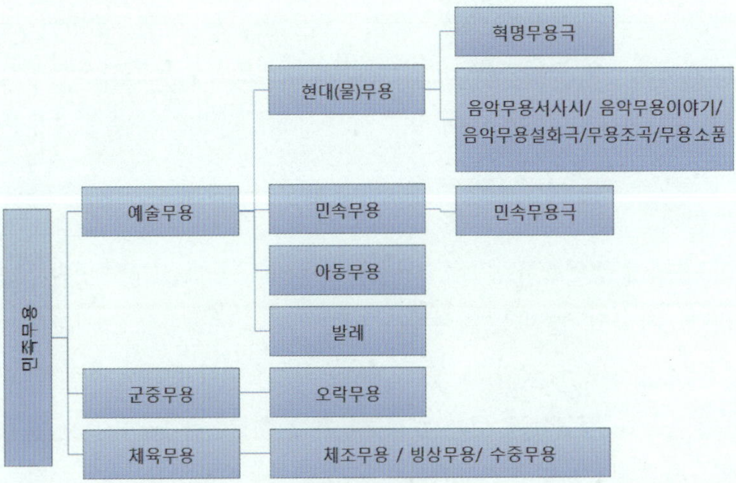

[그림 1] 북측춤의 장르구분

1) 김일성의 이름하에 주창된 조선민주주의인민공화국의 사상원리. 자력갱생을 한층 포괄적인 철학체계로 발전시켜 1960년대 후반 이후부터 주체사상으로 부르게 되었다. 처음에는 국제공산주의운동의 다극화현상에 대한 독자적인 시점을 강조하였고, 막스레닌주의의 일반적 진리를 자국의 역사적 조건에 맞춰 창조적, 자주적으로 적용하는 입장으로 설명되기도 했으나, 1970년대에 들어 주체사상은 "인간은 모든 것의 주인이며 모든 것을 결정한다는 철학적 원리"와 "근로인민대중의 자주성 실현을 위한 혁명학설"로서 인간의 능동성을 강조하기에 이른다. 고전적 막스주의 관점으로부터의 비판이나 개인숭배의 현실과 사상과의 관계에 대한 의문도 제기되고 있으나 인간중심의 세계관은 특히 제3세계에서 적극적으로 선전되어지고 있다

북측 민족무용은 전문가에 의한 예술무용과 비전문가에 의한 군중무용, 그리고 체육무용으로 크게 나뉜다. 예술무용에 속하는 현대물무용은 북측 인민의 현대 생활과 사상, 감정 등을 형상하는 창작무용을 말하며, 형식에 따라 혁명무용극·혁명가극·음악무용서사시[2]·무용조곡[3]·무용소품 등으로 나뉜다. 무용소품은 작품의 최소단위로 소재별로는 현대무용, 민속무용, 전설무용, 동화무용 등으로 세분화되기도 한다. 〈눈이 내린다〉, 〈조국의 진달래〉, 〈사과풍년〉, 〈키춤〉과 같은 4대 명작무용이 예술무용에 속하는 무용소품이다.

민속무용은 조선인민의 전통적 생활과 노동에서 발생한 무용으로, 북측은 민속춤을 원형 그대로 계승하지 않고 현대화하여 재창조 또는 재구성해내고 있기 때문에 창작민속무용으로서의 성격이 강하다. 현대(물)무용과 마찬가지로 형상기법에 따라 민속무용극, 민속무용조곡 등으로 나뉜다.

발레는 공화국창건 직후인 1950년대에 월북한 예술인들에 의한 공연이 있었으나 이후 그 발레의 독자적인 맥은 끊겼었다. 그러나 "예술의 발전을 위해서는 다른나라의 예술형식도 참고해야 한다"는 취지하에 1987년부터 평양음악무용대학에 9년 과정의 고전발레부를 개설하여 전문 발레무용가를 배출, 발레무용극을 공연할 수 있게 된 이후, '우리식'의 새로운 동작을 창작, 형상화하는데 힘쓰고 있다. 실제 2003년에 평양대극장에서 피바다가극단에 의한 발레공연이 있기도 했다. 발레강좌가 정식으로 이루어지기 전에는 월북무용가 최승희가 발레시스템을 도입하여 조선무용을

2) 음악무용서사시는 혁명실천의 각 단계에서 제기되는 과제를 대상으로 합창과 군무를 기본으로 하여 관현악, 시, 무대미술 등의 다양한 표현수단을 연쇄적으로 등장시켜 하나의 사상주제를 형상화하는 형식.

3) 무용조곡은 음악작품과 무용작품이 독자성을 지니면서 하나의 사상주제를 표현하는 음악무용작품형식.

정리하여 조선무용의 기법향상을 위한 기본시스템으로 수용되었으나 발레가 본격적으로 훈련과정에 도입되면서는 조선춤의 발전은 물론 발레의 독자적인 발전 또한 도모하고 있는 것이다.

남한의 춤장르에는 없는 아동무용은 아동의 다양한 심리를 묘사대상으로 하여 그들이 진취적으로 무럭무럭 자라나는 모습을 밝게 표현한 무용을 말하며, 무용가 최승희가 아동무용의 기본을 정리하면서 독자적인 장르의 하나로 자리잡았다.

비전문가들에 의한 군중무용은 서양의 포크댄스를 의미하는 것으로, 대중이 노동과 일상생활, 축제나 집회 등 언제 어디서든지 즐길 수 있게끔 통속적으로 창조한 무용을 말한다. 군중무용은 창작자나 대중에 의해 만들어지지만 춤추는 주체는 어디까지나 대중 내지는 노동자이다. 예술무용이 교양적 기능을 지닌다면 군중무용은 노동하는 대중의 문화생활에 활력을 불어넣는 기능을 한다. 군중무용은 계층별 특성에 맞춰 형식은 다양하지만 동작과 구성은 즐겁고 단순하게 창작해야 하는 것으로, 〈노들강변〉, 〈옹헤야〉 등이 전국의 노동현장에서 즐겨 추어지고 있다. 군중무용은 김정은 시대에 들어와 대대적으로 창작, 보급되고 있어 눈여겨봐야 할 새로운 무용추세로 부각되고 있다.

마지막으로 무용과 스포츠가 결합된 장르로, 전문체육인에 의한 체육무용이 북측춤의 한 자리를 차지한다. 남한에서는 스포츠분야에서 다뤄지는 반면 북측에서는 무용에서 다뤄지고 있다. 체육무용에는 체조무용, 빙상무용, 수중무용이 포함된다.

Ⅱ. 북측에도 무형문화재가 있어요.

북측은 고대로부터 전승된 민족무용유산 가운데 특히 민속춤을 기반으로 다양한 춤문화를 발전시켜 왔다. 북측은 민족무용유산을

'고전적 무용유산'과 '혁명적 무용유산'으로 분류한다. 전자는 20세기 초기까지의 춤을 말하며, 후자는 항일투쟁시기 유격대원들에 의해 추어진 춤을 말한다. 남한에서 '전통춤' 또는 '전승무'는 고전적 무용유산에 속하는 것으로, 본래 고전적 무용유산에는 민속춤을 비롯해 궁중무와 종교무가 포함된다. 하지만 북측에서는 궁중무와 종교무를 봉건사회의 잔재로 비판하면서 그 형식의 일부분만을 필요에 따라 수용하고 있을 뿐, 장르로서 존재하지는 않는다.

고전무용유산 가운데 특히 민족적 풍습이 잘 반영된 민속춤은 "민족무용을 발전시키는데서 의거하여야 할 원천"[4)]으로 "조선춤가락이 집중되어 있으며, 우리나라의 고유한 민요와 장단, 조선적인 의상들이 진하게 깔려있다."[5)]

남북측 모두 민속춤은 지방의 민속춤과 무대예술화 된 민속춤을 포함하고 있다. 그러나, 남한은 각 지역별로 보존회중심으로 민속춤이 전승되고 있는데 반해 북측의 전승, 혹은 전수기관의 여부는 파악되지 않고 있다. 다만 문헌상으로 기록되어 있는 민속춤이 북측춤 발전의 소재로 중요하게 활용되고 있으며, 예술단 중심으로 창작 및 재구성이 진행되고 있는 것으로 현재는 확인되고 있다.

김정은은 민족유산보호사업은 민족의 역사와 전통을 빛내는 애국사업으로 "우리나라의 우수한 물질유산과 비물질유산, 자연유산들을 세계문화유산으로 등록하기 위한 활동을 계속해야 한다"고 했다.[6)] 이를 위해 2012년 제정된 〈문화유산보호법〉은 2015년에 〈민족유산보호법〉으로 개정, 그 대상도 확대되었다. 무용은 〈민족

4) 조선의 민속전통 편찬위(1995), 『조선의 민속전통』, 과학백과사전종합출판사, p.343.
5) 주문걸·남영진(1995), 『주체적무용, 교예예술의 새로운 전환』 문학예술종합출판사, p.32.
6) 김정은, 『민족유산보호사업은 우리 민족의 력사와 전통을 빛내이는 애국사업이다 : 조선로동당 중앙위원회 책임일군들과 한 담화 2014년 10월 24일』(조선로동당출판사, 2015).

유산보호법〉 안의 비물질문화유산의 한 분야를 차지한다.

비물질문화유산에는 역사적 및 예술적, 학술적가치가 큰 언어, 구전문학, 무대예술, 사회적 전통 및 관습, 각종예식과 명절행사, 자연과 사회에 대한 지식, 경험, 전통적인 수공예술, 의학, 민족요리, 민속놀이 같은 것이 속한다.[7]

[그림 2] 돈돌라리

[그림 3] 칼춤

[그림 4] 봉산탈춤

[그림 5] 연백농악무

2012년 이후 북측이 비물질문화유산, 즉 무형유산으로 지정한 무용을 보면 충분한 역사성을 지닌 것들로, 주로 탈놀이계통과 농악계통, 그리고 애국적 사상과의 개연성이 짙은 민속춤계통에 속하는 작품들이다. 2021년 현재까지 지정된 것으로 알려진 무용

7) 전영선(2016) 「북측의 문화재정책과 남북문화유산협력」 통일교육원교육개발과, p.33

으로 돈돌라리와 법고춤, 칼춤, 팔목춤, 강령탈춤, 연백농악무, 봉산탈춤, 북청사자탈놀이, 사승무, 해서탈춤, 은율탈춤 등의 작품과 〈조선민족무용기본〉이 비물질문화유산으로 확인되었다.

그러면 북측의 민속과 무용 관련 역사서[8]를 토대로, 무형문화재로 지정된 각 작품에 대해 살펴보자.

먼저, 〈돈돌라리〉(그림2)는 함경북도 북청에서 성행한 집단무로, 일제시기 반일투쟁에서 즐겨 추어진 역사성을 지니고 있어 북에서 매우 사랑받는 춤의 하나이며, 여러 예술단체에서 무대화하여 전승하고 있다. 〈칼춤〉(그림 3)은 고대로부터 시작된 오래된 춤으로, 특히 고구려의 전투적 칼춤이 고려의 군사춤으로 전승되었으며, 19세기에는 예인들의 예술화작업을 거쳐 오늘에 이르고 있는 것으로 설명하고 있다. 남한에서는 교방의 예기들에 의해 검기무, 검무 등으로 명명되어 전승되었는데, 이러한 춤이 북한으로 넘어가 최승희 등의 신무용가들에 의해 무대무용으로 재구성되어 계승되고 있는 것이다.

고대로부터 이어진 탈놀이는 삼국을 거쳐 고려시기에 새롭게 발전하여 이조시기에 이르러 그 양식이 확립되었고 19-20세기 말에 크게 성행하였다. 지정종목가운데 강령탈춤, 봉산탈춤, 사승무, 팔목춤은 모두 황해도지역의 민속예능이며, 1960년이후 전승이 끊겼던 〈봉산탈춤〉을 1987년에 복원한 이외의 기록은 없으며, 팔목춤을 제외한 지정무용의 전승은 현재는 문헌기록상으로만 존재한다.

〈봉산탈춤〉(그림 4)의 등장인물은 팔먹중, 말뚝이, 양반, 각시

8) 박종성의 『조선민속무용』(문예출판사, 1991), 리순정의 『우리나라 민속무용』(예술교육출판사,1991), 김선영의 『조선무용사연구』(사회과학출판사, 2010), 리영환&정남선의 『조선무용사2』(예술교육출판사, 1986), 조선의 민속전통 편찬위의 『조선의 민속전통』(과학백과사전출판사, 1995) 등을 참고했다.

이다. 말뚝이는 각시를 희롱하는 취발이의 이미지와 비슷하게 연출되고 있다. 먼저 8명이 한사람씩 등장하여 추는 팔먹중춤이 군무로 각색되어 있다. 말뚝이, 양반 셋과 각시 여섯명이 양산도 가락에 맞춰 등장하는데 각시의 탈은 앞면과 뒷면이 상반된 표정을 짓고 있다. 앞면은 고운 얼굴이지만 뒷면은 추하고 못생긴 얼굴이다. 양반을 희롱하는 여인의 앙큼한 속내를 가면으로 표현한 듯하다. 이야기 흐름은 우리가 일상의 탈놀이에서 익히 알고 있듯 말뚝이가 양반을 혼낸다는 내용을 기본으로 하고 있다.

『조선민간극』에서는 봉산탈춤을 황해도탈춤으로 기록하고 있으며, 한자어를 지양하고 인민이 알기 쉬운 용어를 사용하는 북측의 특성을 고려하면 사승무는 4명이 추는 승무로 풀어쓸 수 있으므로 이는 즉 사상좌춤을 가리키는 것으로 이해된다. 다시 말해 소매가 긴 장삼에 고깔을 쓰고 4명이 등장하여 춤추는 상좌과장이 봉산, 재령, 강령, 서흥탈춤 등 황해도지역 탈춤에서 추어졌는바, 인민들도 알기 쉬운 명칭을 사용했을 것이라는 것이 필자의 추론인 것이다.

사승무와 팔목춤은 법고춤과 함께 대사없이 춤만으로 구성된 과장이다. 팔목춤은 봉산탈춤의 팔먹중과장을 바탕으로 무대무용으로 재구성한 것이며, 법고춤은 버꾸놀이라고도 하는 것으로, 상좌복장으로 바라춤과 나팔춤을 배합한 춤이라고도 한다.[9] 그러나 1966년 발행의 『조선민간극』에서 보면, 봉산탈춤의 한 과장으로 법고춤과장이 나온다. 여기서는 팔먹중이 법고를 들고 춤춘다고 기록되어 있어 오늘날 남한에서 인기리에 추어지는 버꾸춤과는 다른 것으로 볼 수 있다. 재일조선인무용가이자 연구자인

9) 박종성(1991), 『조선민속무용』, 문예출판사, p.121.

박정순에 의하면, 예전에는 본적이 있으나 현재는 추어지고 있는지 알 수 없다고 하는만큼 그 전승여부의 지속적인 추적이 필요하다 싶다.

북측에서 팔목춤은 무대무용으로 재구성되어 공연되고 있으나 사승무와 법고춤에 대한 기록이나 보고는 확인되지 않고 있다. 추정컨대 사승무는 종교적 색채가 짙은 춤으로 지양되어야 할 무용유산일 뿐이었을 것이며, 또한 팔먹중이 들고 추었던 법고춤은 북측춤에서 무용소품으로 손에 가볍게 들고 출 수 있는 작은북들이 다양하게 활용되는 만큼 다소 큰 법고는 춤을 추기에 버거울 뿐 아니라 속도감 있는 북측춤을 추기에는 무리가 있었을 것이다. 대신 법고춤의 기법들은 북측춤의 창작에 차용되었을 것인 바, 그것은 고전무용유산 계승원칙과 이를 토대로 재구성, 재창작한 북측의 여러 민속적 무용소품을 근거로 충분히 짐작할 수 있다.

북측은 궁중무용과 종교무용은 배척하고 청산해야 할 고전유산이지만 이들 형식 가운데 창작원칙에 위배되지 않고 계승할 수 있는 요소는 비판적으로 섭취하여 계승한다는 원칙을 고수해 왔다. 사승무와 법고춤 뿐 아니라 탈춤의 원형전승은 어쩌면 풍자와 해학을 빌어 지배계층과 사회를 비판한다는 점에서 이전시기에는 인민적이며 진보적이었으나 사회주의 북측에서는 '수령과 당과 인민이 하나로 행복한' '지상낙원'이기 때문에 애써 원형그대로 전승할 필요가 없다고 강제함으로써 의도적으로 전통을 변형시켜 왔다고 하겠다.

한편, 6세기로 그 역사성을 제시하고 있는 함경도의 북청사자탈놀이는 동해안 지방에서 가장 대표적으로 추어진 탈춤의 하나로, 정월대보름날 크게 놀았다. 〈북청사자탈춤〉은 신창, 신포일대로 퍼졌는데, 여러 마을에서 온 사자놀이패들이 북청읍에 모여 판을 벌였다. 〈북청사자탈춤〉에는 꼭두쇠, 사자마부, 거사, 양반, 침쟁이, 농악대 등 다양한 배역의 탈꾼들이 함께 하는데 이들은 본마당이 시작되기 전의 앞풀이마당에서 분위기를 돋우는 역할을 했다. 반주는 피리 4명, 퉁소 4명, 괭가리 1명, 새납 1명, 소고 1명, 큰북 1명, 징 1명의 비율로 피리류가 주를 이룬다. 이 춤은 〈봉산탈춤〉에서 나오는 사자춤과는 다른 독자적인 구성체계와 이야기를 가진 놀이이다. 〈봉산탈춤〉, 〈양주별산대놀이〉, 〈오광대놀이〉와 같이 규모가 큰 탈춤과 맞먹는 규모의 〈북청사자탈춤〉은 하나의 독립적인 탈춤으로서, 벽사의식이나 지신밟기 등을 통해 한해의 액을 막고 대풍을 이루기를 기원한 민족의 생활풍습과 밀접한 놀이문화의 하나이다. 하지만 이 춤 역시 황해도지역의 탈놀이와 마찬가지로 보존회 차원에서의 전승은 확인되지 않고 있다.

농악무로는 2015년 세계문화유산으로 등재된 〈연백농악무〉(그림 5)가 대표적이다. 연백평야가 펼쳐진 황해도지역에서 추어진 농악무로 〈마당놀이〉와 〈구정놀이〉로 구성되어 음악과 춤이 일체화된 전통으로 전국범위에서 추어진 민속예술이다. 농악무는 중앙예술단체, 지방예술단체, 무용소조 등을 망라하고 남북측이 민속예술의 대표로 꼽는 음악무용이기도 하다.

〈조선민족무용기본〉은 인민의 감정과 정서를 가장 직접적으로 반영하고 있는 고유한 민족춤동작들의 집합체로, 오랜 기간 조선의 인민들속에서 대대로 전해지며 시대의 요구를 반영하여 더욱 발전풍부화 되어온 민족무용의 표준화된, 춤동작들의 전일적인 체계이자 민족적정서가 강하고 우아한 춤가락들을 집대성하여 과학적으로 정립한 조선민족무용전서[10]라고 북측은 자랑하고 있다.

10) 『조선예술』제1호(평양: 조선중앙통신사, 2018), p. 30.

현대 〈조선민족무용기본〉은 문화재로 지정됨으로서 피바다가극단의 '조선무용연구소'가 계승의 보호주체로 역할을 맡게 되었다.

Ⅲ. 무용작품은 무용정책에 기초하여 창작되어요.

해방이후 1946년부터 북측은 당성·계급성·인민성의 원칙을 고수하면서 사상과 문화혁명을 수행하고 공산주의 인간을 양성하는데 목표를 둔 무용정책을 일관되게 고수해 왔다. 각 시기별로 정리하면, 1945년부터 무용인재와 무용기구를 조직하면서 예술가의 사상적 재고와 함께 사회주의적 무용예술의 기초를 다지는데 힘썼고, 1960년대에 와서는 항일혁명 전통을 계승한 무용예술 구축에 힘쓰면서 주체무용을 준비한다. 1970년대부터 시작된 주체예술로서의 무용확립 구축에의 노력은 1990년대 초까지 이어졌으며, 이후 1990년대는 북측식 사회주의를 표방하면서 민족적 요소를 강조한 민족무용예술을 계승·발전시켜 나갔다. 이어 2000년대에는 선군정치의 기치아래 사상성 짙은 선군혁명무용예술을 대공연양식으로 발전시켜 왔으며, 2010년대에 들어서는 군중이 함께 즐길 수 있는 무용형식을 강조하고 외래의 예술을 도입하여 북측의 예술을 발전시키는데 주저함이 없는 과감한 모습을 보여주고 있다.

한마디로 북측은 혁명성을 강조하는 정치성이 높은 무용과 민족의 특성이 진하게 배어있는 민속무용의 발굴 및 창작에 힘을 실으면서 북측의 독자적인 '우리식 사회주의 민족무용'을 발전시켜 왔다고 하겠다.

해방 이후부터 각 시기별 무용정책을 구현한 대표적인 주요 무용작품은 [표 1]에 나타냈다.

[표 1] 시기별 무용정책과 대표작품

시기	목 표	주요방침	대표 작품	
해방 ~1960	민족적 형식에 사회주의적 내용을 지닌 무용예술을 통해 인민을 계급적, 공산주의적으로 교화	ㅁ민주주의적 민족문화 예술 건설 ㅁ무용가 육성정책 ㅁ민족무용유산의 발굴과 계승 ㅁ선동적이며 기동성 있는 공연체계 구성 ㅁ사회주의적사실주의 창작방법구현 ㅁ무용소조 활동과 대중화 ㅁ군중무용의 장려 ㅁ민족무용 춤가락의 풍부화	무용극	사도성의이야기, 맑은하늘아래서, 붉은심장들, 조선의어머니, 반야월성곡, 심청전, 백두산중에서, 단심줄, 밀림의용사,
			무용조곡	해방의 노래, 평화의 노래, 후방의 아침, 천리마, 시절의 노래
			무용소품	목동과 처녀, 항쟁의 아침, 검무, 부채춤, 장고춤, 농악무, 사공의 기쁨, 직포공, 장검무, 즐거운 작업, 수령님의 호소높이 받들고, 방직공의 노래, 행복한 젊은이, 환희, 진주의 무희, 쇠물은 흐른다, 샘물터에서
1960년대	유일사상 확립을 위해 항일혁명 문예 이론에 입각한 무용형상화로 인민을 혁명화, 계급화	ㅁ천리마운동 전개 ㅁ항일혁명문학의 본격화 ㅁ문화사업에서 유일사상체계 구현 ㅁ혁명적 무용창작 방법과 방향제시 ㅁ무용조직의 재정비 ㅁ민족무용유산의 비판적 계승	무용극	밝은 태양 아래, 계월향, 붉은 깃발, 수령님께 바치는 노래, 옥련못 이야기
			무용서사시	고난의 행군
			무용소품	사과풍년, 눈이 내린다, 나의 중기, 풍년맞이, 건설장에서, 삼인무, 연꽃이 필때, 비천도, 나의 고지, 직사포를 고지에로, 남새밭에 비내린다
1970~1980년대 초반	주체사상에 입각한 혁명적인 무용작품을 창작하여 인민의 사상과 교양을 강화	ㅁ주체무용 예술이론의 정립 ㅁ무용창작원칙 확립 ㅁ항일혁명전통과 민족무용유산계승, 발전시킨 작품 창작 ㅁ무용소품의 발전 ㅁ작품주제의 다양화 ㅁ무용음악, 무대미술 정립 ㅁ군중무용사업과 보급체계 확립	〈피바다〉식 혁명가극무용	
			음악무용서사시	낙원의 노래
			무용소품	조국의 진달래, 키춤, 강선의 노을, 오월단오, 천리마단조공, 흥겨운 새납소리, 금강선녀, 만풍년, 비단실 뽑는 처녀, 손북춤, 쟁강춤, 어머니 당의 품
1980년대 중반 ~ 1990년초	당의 혁명사상과 독창적인 문예방침에 철저히 입각한 혁명적인 무용작품 창작으로 인민의 사상성 강화	ㅁ무용조직체계와 무용이론 정립 ㅁ민속무용의 계승, 발전 ㅁ무용표기법 창제 ㅁ남북통일주제의 작품 창작	민족가극	춘향전,
			음악무용서사시	영광의 노래
			무용소품	쟁강춤, 무사춤, 돈돌라리, 달맞이, 소몰이 총각과 처녀들

시기	목 표	주요방침	대표 작품	
1990년대	조선민족제일주의 지도이념 하에 북측식 사회주의 체제를 반영한 무용창작으로 인민의 긍지과 자부심을 고양	□ 우리식 무용창작원칙 확립 □ 무용의 소품화 작업 □ 우리식의 새로운 무용극 창조 □ 민족무용유산의 발굴, 보존 조치 강화 □ 민족적 요소 강조한 민족무용 작품 창작	민속무용조곡	평양성 사람들, 계절의 노래, 혁명의 승리가 보인다
			무용조곡	장군님 받들어 군민은 한마음
			무용소품	할머니와 병사, 봉선화, 달맞이춤, 횃불춤, 봄맞이, 그네뛰는 처녀들, 씨름춤, 활춤, 시냇가에서, 가을걷이, 농악무, 불꽃놀이, 내나라 제일좋아, 모란봉의 봄
2000년대	선군혁명위업에 충실하고 사상예술적 수준 높은 무용예술 창조	□ 선군혁명사상을 반영한 작품 창작 □ 집체창작에 의한 대공연 예술양식 발전	대집단체조와 예술공연	
			무용소품	준마처녀, 승전의 북소리, 혁명의 승리가 보인다. 선군령도를 따라서, 장군님 주신 총, 태양의 노래
2010년대	'우리민족 제일주의' '인민대중 중심의 우리식 사회주의'를 내세우면서 온 사회의 김일성-김정일 주의화를 선언.	□ 과거의 고전을 재창작 □ 명작 창작 -김일성 3대의 위대성 -당의 역사와 현노선 -과업관철에 나선 인민대중 형상화 □ 예술발전을 위한 외래무용수용	음악무용종합공연	영원한 승리의 7.27, 위대한 당 찬란한 조선.
			무용조곡	황금의 내나라
			음악무용시	아리랑이 전하는 이야기

김채원의 〈이데올로기와 춤의 관계〉(2010,우리춤연구소)에서 일부 재인용

작품의 주제는 수령과 당에 대한 충성심과 위업을 칭송하는 내용을 담거나, 항일혁명시기 및 한국전쟁시기의 애국적인 사건이나 영웅적 일화, 사회주의 체제의 자랑과 노동자로서의 긍지와 자부심을 노래하고, 민족무용유산을 시대정신에 맞게 계승, 발전시키거나 재구성한 것들이 주를 이룬다. 작품형식은 무용극·무용조곡·(음악)무용서사시·무용소품이 주류를 이루며, 이외에도 음악무용이야기, 음악무용극, 음악무용종합공연, 가극무용, 음악무용대공연 등 다양한 형식이 있으나, 무용을 노래와 극에 삽입하는 방법과 연출기법에 따른 전개방식의 차이만 있을 뿐 모두 무용소품을 기본으로 구성한 대형작품들이다.

1960년대 이전 사회주의 건설기에 창작된 무용작품은 사회의 민주주의적 변혁을 반영하고 인민을 새 생활 창조 투쟁에 동원하는 사상정치성 높은 작품과 민족무용유산을 발굴하여 당대에 맞게 재구성한 작품, 전쟁의 승리와 인민을 고무하는 투쟁적이며 전투적인 소품형식의 작품을 창작하여 전선과 후방에서 기동성 있는 공연을 행하였다. 전쟁 후에는 인민을 공산주의화 하는 최대의 목표를 이루기 위해 천리마처럼 힘차게 내달리는 노동자의 생활상을 사실적으로 형상한 작품창작에 주력했다. 또한 민족무용기법의 모색과 연구를 심화시켜 조선민족무용기법과 체계를 완성하면서 새로운 민속무용 작품들을 내놓았다. 최승희가 왕성한 활동을 펼쳤던 시기이기도 한 60년대 이전에는 사람들이 어떻게 생활하고 어떻게 일하며, 어떻게 투쟁해 나가야 하는지를 교육하고자 하는 의도로 작품이 창작되었던 것이다. 그 결과 이 시기에 민족적 특성이 강화된 춤가락의 다양화와 무용극 이외의 〈영광스러운 우리조국〉과 같은 음악무용서사시 형식이나 〈평화의 노래〉와 같은 무용조곡 형식이 창안되었으며, 무용소조의 보급으로 집단의 단결과 사람들의 정서교양에 이바지 하는 군중무용이 다수 창작되었다는 점 등을 특징으로 꼽을 수 있다.

북측에서 유일사상이 확립되는 1960년대는 당의 지도체계 확립과 인민의 혁명화와 노동계급화에 공헌하는 작품이 많이 창작되었다. 무용작품은 정치적 성향을 명확하게 하면서 사회주의 예술로서의 전형을 내놓았다. 노래와 무용을 결합한 새로운 형상기법으로 〈고난의 행군〉(그림 6)같은 무용서사시가 창조되는 등 작품의 주제와 형식에서 다양성을 추구했고, 〈사과풍년〉(그림 7)이나 〈눈이 내린다〉(그림 8)와 같은 혁명무용의 모범적 전형이 이 시기의 말에서 1970년대 초반에 걸쳐 완성되었다는 점을 특징으로 들 수 있다.

[그림 6] 고난의 행군

[그림 7] 사과풍년

[그림 8] 눈이 내린다

1970~1980년대 초반에 걸친 주체사상의 완성기에는 주체성과 민족적 특성을 강화하면서 사상·기술·문화의 3대 혁명과 '전 사회의 주체사상화'에 공헌하는 작품 창작에 힘을 쏟았다. 민족적 형식에 사회주의적 내용을 한층 강화하면서 주체이론에 입각한 가극무용을 비롯해 서정적·서사시적·극적 성격을 지니는 다양한 주제와 독특한 형식의 작품이 대거 창작되어 '주체예술로서의 무용'을 확립했다. 이 시기의 특징으로 〈조국의 진달래〉(그림 9)나 〈키춤〉과 같은 혁명무용이 명작의 틀로 전형화 되었고, 〈피바다〉식의 가극무용 형식이 확립되었다. 무용언어의 형상수준과 무용예술의 종합적 성격을 뚜렷이 살려내어 사상성과 예술성을 담보한 사회주의적사실주의 작품이 완성되었다는데 있다고 하겠다.

[그림 9] 조국의 진달래

[그림 10] 민족가극〈춘향전〉

[그림 11] 쟁강춤

1980년대 중반이후 1990년초반까지 주체예술의 꽃을 피우면서 사회주의적 민족무용을 추구해 온 북측은 민속무용의 발굴과 재조명 작업에 박차를 가했다. 특히 이 시기에는 민족적 색채가 짙은 현실적 소재의 무용작품을 창작하는데 주력했기 때문에 70년대의 속도전에 이어 '실력전'까지 등장하면서 소품화 된 무용에서 높은 기량을 보여주는 방법 모색에 힘을 쏟게 된다. 한편, 체계적인 무용이론은 김정일의 『무용예술론』으로 집대성되었고, '자모식 무용표기법'이 완성됨으로써 무용보급과 발전사업에 획기적인 전환을 가져왔다. 민족가극이 만개하면서 〈춘향전〉(그림 10)과 음악무용서사시 〈영광의 노래〉를 비롯해 오늘날 북측춤 하면 생각날 정도로 유명해진 〈쟁강춤〉(그림 11)도 이 시기에 새롭게 개작된 작품들이다.

1980년대 후반부터 대내외적 사회주의 체제의 위기를 맞은 북측은 1990년대 들어 조선민족제일주의를 제창하면서 북측식 사회주의를 반영한 작품창작에 전력을 다했다. 이는 '우리식 사회주의'를 강조한 것으로 인민들의 사상성과 혁명성의 동요를 제어하면서 북측체제를 지켜내기 위한 필사적인 방어책이었다. 더욱이 김일성 사후 추모문학예술이 등장하면서 영웅적 혁명성이 강조되는 예술작품들이 나왔지만 한편으로는 좀 더 다양한 표현방법과 소제를 융통성 있게 활용하는 변화를 보여줬다[11]. 이 시기 무용작품의 특징은 "사회주의 현실생활을 반영한 낙천적인 무용작품을 창작할 것"과 "민속무용을 현대적 미감에 맞게 형상하는 사업"을 심화시켜 나간데 있다. 각 지방의 향토색 짙은 민속춤을 찾아내어 이를 소품화하고, 이를 토대로 '우리식의 새로운 무용극'인 민속무용조곡 〈평양성 사람들〉(그림 12)이나 〈계절의 노래〉, 무용소품 〈봉선화〉(그림 13), 〈내 나라 제일로 좋아〉, 〈시냇가에서〉(그림 14)와 같은 작품이 창작되었다. 또한 수령의 혁명적 위대함과 군민일치의 투쟁기풍, 그리고 사회주의 국가 북측의 승리에 대한 확신을 내용으로 담은 무용조곡 〈장군님 받들어 군민은 한마음〉 등 민족적인 요소를 도입한 작품창작도 심화시켜 나갔다.

11) 이유경2007:12

[그림 12] 평양성사람들

[그림 13] 봉선화

[그림 14] 계절의 노래 中〈시냇가에서〉

김정일 체제가 구축되는 2000년에는 '선군혁명문학'이라는 용어가 등장하면서 선군의 시대적 사명감과 현실발전의 요구에 맞는 사상성과 예술성 높은 문학예술을 개척해 나가야 할 과제가 제시되었다. 그런 한편으로 국제사회의 문화유입이 조금씩 들어오면서 문화예술의 소재도 과거보다는 더욱 다양해지는 양상을 보이기 시작했다. 이 시기에는 〈준마처녀〉, 〈승전의 북소리〉, 〈장군님 주신 총〉등의 무용작품이 창작되어 선군시대의 정치적 기풍을 반영하는데 주력했다. 더욱이 국제사회에의 개방이 진행되는 과정에서 이전부터 강조해오던 집체예술을 극대화시켜 〈백전백승 조선노동당〉(그림 15)과 〈아리랑〉(그림 16) 같은 대집단체조와 예술공연 형식의 작품이 창작되어 대공연예술양식의 발전을 가져온 점을 최대의 특징으로 들 수 있을 것이다.

[그림 15] 대집단체조와 예술공연 〈백전백승 조선로동당〉2000

[그림 16] 대집단체조와 예술공연 〈아리랑〉2002

김정은정권에서의 슬로건은 사회주의 강국건설을 목표로 하면서 ‘우리민족 제일주의’, ‘인민대중 중심의 우리식 사회주의’이다. 구제척인 방도로는 제4차 당대표자회를 통해 〈온 사회의 김일성-김정일주의화」를 통치 이데올로기로 선언하면서, 과거의 고전을 재창작 해낼 것을 요구했다.

이러한 정책을 실현하기 위한 방도로 김일성 3대의 위대성, 당의 역사와 현 노선, 과업관철에 나선 인민대중 형상 등을 언급하고 있는데 이것은 과거로부터 관철되어온 정책방향이다. 구체적인 방법으로는 기량향상 문제, 현실체험, 속도전 (만리마소고, 마식령전투) 등이 제시되었으며, 역시 과거에도 강조되었던 방법이다. 속도전의 경우 80년대 무용부문에서는 빠르게만 전개되던 춤동작들에 대한 비판으로 잠시 주춤했었으나 김정은 시기에 들어 더욱 강도높은 속도감으로 전개되는 양상을 보인다. 창작경쟁은 명작창작과, 고전적 명작의 재창작을 내세우는 과정에서 창작의 경쟁을 통해 당이 요구하는 작품을 성과적으로 내놓을 수 있다는 이유로 제시된 것이다.

김정은시기의 무용은 새로운 창작보다는 ‘고전의 명작화’에 힘을 써 소고춤을 재구성한 〈대홍단 삼천리〉(그림 17), 장고춤을 재구성한 〈강성부흥아리랑〉(그림 18) 등을 내놓았고, 주로 음악무용종합공연 형식으로 발표되었다. 아울러 '민족성'과 '통속성'이라는 화두를 강화가 더욱 강화되었는 바, '통속성'이란 '비전문적이고 대체로 저속하며 일반 대중에게 쉽게 통할 수 있는, 또는 그런 것'으로 정의된다. 이전 시기에 '현대성'을 강조하면서 현 시기 인민들의 정서를 반영한 작품창작에 열을 올렸다면 2012년 이후로는 '통속성'이 더하여 인민들이 즐기는 문화적 풍토조성을 강화하고자 군중무용을 영상으로 제작하여 보급해나갔다(그림 19). 군중무용의 보급, 확대는 김정은이 강조하는 '애민정신'을 반영한 사업 중의 하나로, 선전가요와 전통민요에 맞춰 남녀가 쌍이 되거나 여럿이 하나가 되어 단순한 동작을 반복적으로 추는 춤이다.

한편, 예술의 발전을 위해 다른나라의 예술도 수용해야 한다는 입장에서 파격적인 변화를 체감하게 하는 춤으로 〈타프춤〉(그림 20, 21)이 등장하였고, 발레도 독립적인 장르로서 운영된다는 점은 이전시기에는 볼 수 없던 시책이다.

[그림 17] 대홍단삼천리

[그림 18] 강성부흥아리랑

[그림 19] 군중무용
〈보통4박자-내마음 별에 담아〉

[그림 20]
〈청춘시절2012〉

[그림 21] 제8차당대회
〈사회주의전진2021〉

Ⅳ. 북측춤은 〈조선민족무용기본〉을 기초로 해요.

최승희의 춤활동은 1930년대에 현대무용수법을 바탕으로 저항정신이 반영된 작품을 창작하고, 이어 같은 수법으로 조선의 고전을 소재로 한 작품을 창작하였으며, 40년대에 들어서는 중국이나 남방무용 수법과 소재를 섭취한 작품을 창작하는 변화를 보여왔다. 그러나 1946년 이후 평양의 무용연구소를 근거지로 활동하기 시작하면서부터는 “가장 민족적인 것은 또한 가장 국제적인 것이라는 신념을 간직하고 오직 이 길을 따라 나갈 때 우리나라의 무용은 고전적인 가치를 지니게 될 것이다”라는 신념을 바탕으로 그때까지의 기법을 살리되 조선의 전통적 기법계승과 그 현대적 계승에 더 큰 관심을 갖고 이를 정리해 나갔다. 그 위에 발레 체계를 수용함으로서 조선무용의 기호화, 체계화와 함께 다양한 표현력을 지닌 작품을 창작하여, 조선무용과 외래무용이 융합된 자기류의 조선무용을 확립하였다. 30여년간의 무용경험을 토대로 자신만의 기본기법을 정리하여 보급함으로써 북측무용의 이론 및 실천체계의 기초를 만들었고(그림 22), 그녀의 조선무용기본은 북측무용의 기본이 된다.

[그림 22] 조선민족무용기본 표지

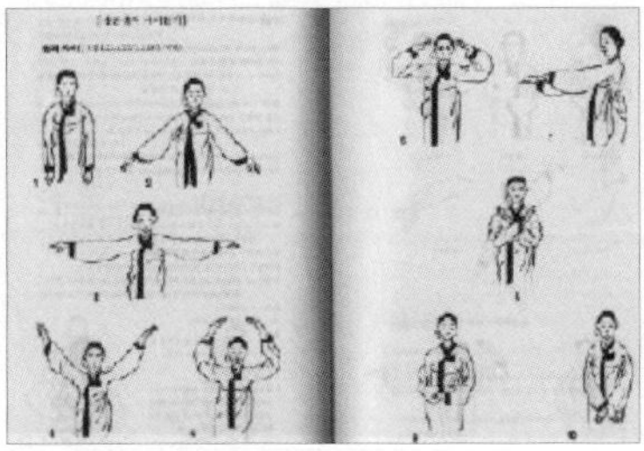

[그림 23] 팔의 기본

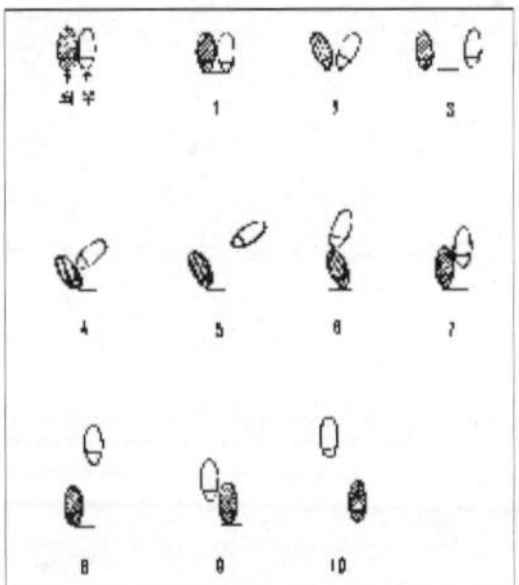

[그림 24] 발의 포지션

〈그림 23〉과 〈그림 24〉의 팔과 발의 포지션을 기본으로 무용 기초는 다양한 형태의 팔 동작들과 걷는 동작, 뛰는 동작, 도는 동작 등 낮고 쉬운 단계의 동작으로부터 보다 높은 기술을 요하

는 단계의 동작으로 진행된다. 즉, 무용기본은 걷는 동작으로 시작하여 팔동작과 상체훈련 동작을 거쳐 하체훈련 동작과 온몸동작으로 전개된다. 입춤예비동작이나 기초동작은 기초훈련을 위한 단일동작으로 구성되지만 입춤기본과 개정된 조선무용기본은 여러 개의 단일 동작소가 복합적으로 결합된 것으로, 상체동작은 하체동작을 수반하며 하체동작은 상체동작을 수반하는 원리에 입각해 반복이나 대조적인 수법으로 진행된다.

오늘날 훈련되고 있는 〈조선민족무용기본〉은 1958년에 최승희에 의해 완성된 이후 수차례에 걸쳐 당의 요구에 부응하며 개정되어 왔다. 조선무용의 기본기법과 체계는 유일사상의 확립에 힘썼던 1970년경에 진행된 1차 개정을 시작으로 주체사상이 확립되는 1980년대 중반의 2차 개정을 거쳐 조선민족제일주의가 확산되는 1990년대 중반에 3차 개정이, 그리고 2002년 녹화된 「얼씨구」를 통해 4차개정이 진행된 것으로 파악되었다.

무용기본체계의 개정에는 북측의 무용작품의 주제와 소재 및 형식에 있어서의 다양한 형상화 요구가 이면에 깔려있다. 작품과 기본기법이 서로 피드백되는 체계 속에서 춤의 변화가 진행된 것이다.

개정의 흐름을 간단히 살펴보면, 유일사상의 확립에 힘썼던 1970년경에 진행된 1차 개정 전에는 남녀 공통의 훈련동작 이외에 남자동작과 여자동작이 구분된 훈련동작이 있었다. 그러나 1차 개정후에는 남녀의 동작구분이 없는 공통된 훈련동작이 구사되었다. 70년대는 클래식 방법의 수용으로 기교적인 동작이 늘고 육체 훈련의 강도도 높아졌다. 주체사상이 확립되는 1980년대 중반의 2차 개정을 거쳐 조선민족제일주의가 확산되는 1990년대 중반에 3차 개정때는 복고적 양상으로 돌아가는 변화를 보였고 2002년 녹화된 「얼씨구」를 통해 4차개정이 진행되었다. 1차 개정에서는 발레기법을 도입하여 혁명성을 강조하는 작품을 수행하기 위한 기교적인 동작들로 기본기법이 구성되었고, 2차에서는 기교적이고 속도가 급격해진 무용작품에 대한 비판으로부터 조선적 기법을 회복하면서 발레기법을 발전시키는 유형으로 개정되었으며, 3차, 4차에서는 원래의 조선춤기본이 지닌 기법과 구성체계를 가능한 복원하여 섬세하고 다양한 움직임을 구사하는 표현성을 확대한 형식으로 개정되었다. 이를 통해 정책을 구현하기 위한 수단으로 창작된 무용작품의 발전과 맞물려 무용기법의 변화가 의도적으로 진행되었다고 할 수 있다.

사회 정치적 변화에 따른 새로운 무용예술 경향과 무용계의 필요와 요구가 제시되면 새로운 무용기본체계가 만들어진다. 북측 역시 정치적 변화에 따라 네 차례에 걸친 개정을 진행해 온 것이다.

V. 북측춤의 이해를 위한 제언

남측에는 현재 조선춤을 전문으로 하는 소규모단체들이 늘고 있다. 탈북자단체도 있고 재일조선인유학생 단체도 있고, 또 남측의 공인기관에서도 조선춤을 배워 무대에 올리는 경우가 종종 있다. 그만큼 우리는 서로가 만나고 싶어 하지만, 그 방법과 수용에서는 매우 서툴다. 남측에서 추어지는 조선춤을 인정하고 수용하지 않을 수 없듯이 이제는 북측 본토에서 추어지는 춤을 로컬리티로 보고 한반도의 민족춤의 한 부분으로 수용하고 인정해야 할 시점에 와있다.

그동안 닫힌 시야와 편협되고 경직된 사고에서 조금만 시각을 바꾸면 남북측의 예술은 결국 민족이라는 울타리 안에서 만날 수 있는 '지역과 지역'의 만남일 수 있다. 남측에는 권역별로 분류짓는 영남춤, 호남춤, 경기춤이 있듯이 북측춤도 우리춤의 일부일 뿐이라고 본다면 마음 속 경계는 달라질 것이다.

어느 지역이든 존재하는 모든 무용문화는 각 지역별 특색을 지니며, 마을별, 도시별, 나라별로 다종다양한 색깔들을 갖고 있다. 그것은 각 지역 및 사회체제의 생활 문화적, 정치사상적, 이념적, 정서적 성격의 차이로부터 기인한다. 남측이 개인적인 정서나 마을 공동체 중심이 되는 주제사상을 강조하는 춤이 위주라면, 북측은 마을의 공동체와 국가 공동체 중심이 되는 주제사상이 위주가 되는 춤문화가 중시된다.

우리는 '지금–여기서' 남북 호상 간에 이루어온 문화예술을 인정하고 외부의 기준이 아니라 내부의 기준으로 파악함으로써 통일을 지향하는 새로운 공동체의식을 생산해야 한다. 사실 각각의 문화예술을 그 사회와의 관련속에서 파악한다면 인정하지 못할 것은 없으며, 또한 어느 나라의 문화예술이든 옳고 그름으로 판단할 수 있는 것도 없고, 내것이 최고라고 생각해서도 안되는 것이다. 각각 그 나름의 이유를 근거로 확립하고 발전시켜온 문화예술인 것이다. 남북의 춤 역시 다를 바 없다. 혁명이나 민족이나 애국, 이런 단어가 북측에만 있는 것은 아니다. 남측의 춤에서도 얼마든지 찾아볼 수 있다. 다만 어떤 용어를 사용했는지, 그 춤의 기능이 어디에 있는지에 차이가 있을 뿐이다. 북측은 예술이 인민을 교양하고 혁명관을 갖게 함으로써 공산사상으로 무장시키는 공적 목적을 위해 기능하고 있다는 것이 우리와는 조금은 다른 것으로 알려져 있다. 그러나 과연 그러한지는 더 심도깊게 생각해봐야 할 문제가 아닐까싶다.

우리의 6~70년대 TV나 영화관에서는 반드시 반공이념을 주입하는 뉴스가 흘러나오거나 음반의 마지막곡은 건전가요라 해서 당시의 군사정권을 찬양하는 곡을 수록하도록 했었다. 또한 창의적인 표현이 아니라 반공이념을 심어주는 미술대회나 글짓기, 웅

변대회로 문학예술의 사상을 강제하는 행정이 펼쳐졌었다. 내가 원해서가 아니라 초등교육에서부터 우리는 반공이데올로기를 주입하는 환경속에서 성장했다. 적어도 80년대 중반까지는 그런 환경속에 놓여있었다. 남북측 모두 이념적 무장을 강요했던 것이다.

해방이후 남측의 무용은 월북한 무용가 최승희에 의해 시작된 신무용이 창작무용이라는 장르가 대두되기까지 무대무용으로서의 '한국춤'을 대표했다. 남측의 춤은 일반적으로 한국무용, 발레, 현대무용, 사회무용 등으로 대분류되며, 한국무용은 전통무용과 창작무용으로 나누고 전통무용의 하위에 궁중정재, 민속무용, 교방무용, 의식무용 등이 포함된다. 창작무용이라는 용어가 나오기 이전시기에 등장한 것이 신무용으로, 현대에 와서는 전통의 일부로 봐야한다는 시각도 있으며, 익히 알려진 〈부채춤〉, 〈장고춤〉, 〈화관무〉, 〈칼춤〉 등이 신무용계열의 춤으로 〈부채춤〉(그림 25)과 〈화관무〉(그림 26)는 이북5도무형문화재로 지정되어 전통으로 전수되고 있다.

[그림 25] 부채춤

[그림 26] 화관무

남북측은 최승희에 의해 무대화를 이루면서 정립된 신무용을 각각의 정치적 이념과 사회문화적, 정서적 특성을 토대로 발전시켜 왔다. 그 현재적 양상은 다른 듯 유사성을 보이고 있는바, 북측은 외래무용기법을 수용하면서 인민들의 정서와 미감에 맞게 하기 위해 서사적 스토리를 갖고 전개되는 춤들이라면 남측은 창작자의 미학적 감성을 기준으로 창작되는 개별성이 우위에 있는 춤이다. 여기서 문화적 상대성을 인지하고 이해해야 할 필요성이 존재한다. 한반도 내에서도 각 지역별 특성을 이해하고 그 문화를 인정하듯이 남북측의 사회체제가 반영된 춤문화 역시 지역적 특이성으로 이해한다면 오늘의 변화된 모습을 객관적으로 바라볼 수 있는 관점은 조성될 수 있을 것이다.

남북측 상호의 만남이나 교류는 국가 간의 의도와 목적에 의한 것이 아니라 민족 간의 교류를 의미한다. 때문에 북측의 민족무용은 더 이상 북측만의 무용문화가 아니라 “우리 민족의 무용유산”이 될 수 있는 것이다. 이는 정치적 이데올로기의 차원을 넘어 북측의 무용문화도 광의의 의미에서 현대 한국민족의 무용문화에 포함시켜야 하는 시대적 흐름을 반영하는 것이다.

우리는 지금껏 세계화라는 이름으로 소위 미국과 유럽을 선진국으로 삼아 그들과의 동일시를 통해 문화예술을 선진적으로 발전시켜왔다고 자부하고 있다. 안과 밖, 내부와 외부, 강자와 약자, 도시와 시골, 중심과 주변이라는 이분법적 사고로 상대를 재단하고 평가하는데 길들여지는 메커니즘 속에서 살아왔다.

무용문화와 무용예술인의 상호교류와 이해는 서로의 사회문화를 지배하는 정치적 이데올로기를 포함하여 다양한 문화예술에서 대화창구의 한 대안이 될 것이다. 또한 북측무용에 대한 이해는 주체사상과 사회주의 예술의 창조원칙에 대한 깊은 이해를 기초로 해나가야 하며, 외래 무용문화의 일방적 유입을 통제하면서 독자적으로 해석하여 발전시켜 나가는 인민중심의 민족적 조선무용을 민족의 주체성 고수라는 측면에서 외압으로부터 유지, 발전할 수 있도록 협력해 나가야 할 필요가 있다. 이런 관점에서 본 강좌를 통해 북측 무용의 실체를 이해할 수 있는 계기가 되었으면 하는 바람이다.

인용 및 참고문헌

김정일(1992), 무용예술론, 조선노동당출판사.

김종화(1958), 귀중한 선물, 조선예술 7월호, 문학예술종합출판사.

김채원(2008), 최승희춤-계승과 변용-, 민속원.

리영환;정남선(1986), 조선무용사2, 예술교육출판사.

박경실(1984), 무용작품 창작에서 새로운 혁명적 전환을 일으키자, 조선예술 7월호, 문학예술종합출판사.

백향주(2006), 최승희 〈조선민족무용기본〉의 형성과 변화, 한국예술종합학교 전통예술원 예술전문사학위논문.

서만일(1958), 조선을 빛내고저(4), 조선예술 1월호, 문학예술종합출판사.

이유경(2007), 90년대 이후 북측의 사상적 변화에 따른 무용특성 연구, 한양대학교대학원 석사학위논문.

이해원(2001), 북측무용의 창작경향과 기초동작 훈련에 관한 연구, 전북대학교대학원 석사학위논문.

양재성(2007), 북측, 어떻게 볼것인가?, 북측이해, 통일부 통일교육원.

전영선(2002), 북측의 문학예술 운영체계와 문예이론, 역락.

정병호·최동선 외(1981), 북측의 공연예술1, 고려원.

정지수 외(1960), 안무가들의 모임에서, 조선예술 4월호, 문학예술종합출판사.

편집부(1979), 우리의 무용예술을 더욱 높은 단계에로 발전시키자, 조선예술 4월호, 문학예술종합출판사.

남북한의 인문적 통일과 삶

저　　자 : 최성호, 김태옥, 양수경, 엄순천,
김종군, 남영호, 천현식, 김채원
발 행 처 : 충북대학교 출판부
발 행 인 : 정 의 배
주　　소 : 28644 충북 청주시 서원구 충대로 1
전　　화 : (043) 261-2952, 3014
팩　　스 : (043) 274-1256
이 메 일 : presscbu@chungbuk.ac.kr
등　　록 : 제1983-2001-7호
초 판 1 쇄 : 2022.08.31
인 쇄 처 : 삼성디자인기획 042)221-3111

ISBN 978-89-7295-540-5(93340)

값 18,000원

* 이 저서는 2022년 통일교육 선도대학 사업 지원으로 발간되었음.